与古为新

中国书法经典的媒介化研究

袁志坚 著

复旦大学出版社

宁波市重点文艺项目

陈振濂书学馆研究成果

序

"经典性"和"经典化"是中国书法取法和研究的永恒主题。作为中华民族古老而最有特色的一门艺术和具有世界意义的东方文化门类之一,中国书法凭其笔法、审美、人文和哲学的"四重品格"焕发出独特的艺术魅力。什么是中国书法的"经典性"?中国书法的"经典化"何以形成?"经典性"和"经典化"的意义是什么?如何在创作和研究中"发现"和"激活"经典的密码?这些问题是讨论中国书法时要常常思考的。

友人袁志坚先生即将在复旦大学出版社出版专著《与古为新:中国书法经典的媒介化研究》,试图以"媒介化"替代"传播",解释中国书法经典的变化历程。他在书法研究和传播研究之间搭建一座桥梁,思考中国书法既作为媒介艺术又作为艺术媒介的历史逻辑和哲学逻辑,打开了新的研究视角。

在他看来,"媒介化"是传播研究提出的概念和理论解释,通过研究"媒介"在人的自我塑造和社会交往中的作用,指出"媒介"在自身变迁中受到了历史语境的影响,又改变了历史语境。中国书法的"经典"是集体性社会建构的符号,是由经典书家、经典作品的"实践"和"阐释"共同构成的,物质的、技艺的、文化的、社会的、话语的种种关系对其"媒介化"产生了复杂影响,是经过历史的反复选择和强化后建构想象的"共同体",是中国文化精神的"媒介象征"。

在这部书中,他从书法的媒介本质与本体意涵、审美主体与符号互动、传播载体与呈现空间等三个维度讨论古典语境下中国书法经典的"媒介化"建构,归结于"文化纪统""审美传统""知识系统"等三个方面讨论其"媒介化"效果。他还从文化语境与知识型转变、延异性主体与现代性价值、教育与学术的范式转换、中国书法的再媒介化转向等四个方面讨论中国书法"再媒介化"的历史使命。全书把书法史和社会史、文化史、传播史结合起来,强调媒介化脉络的"源流互济",揭示了中国书法经典的多样性、复杂性和丰富性。

我虽长期从事书法创作和书法史研究,但对中国书法经典的"媒介化"问题没有涉猎。读了袁志坚先生这部书之后,我觉得他对中国经典书论中"与古为新"的命题进行了多元而细致的阐释,既有本体论层面"何为经典"和"何以经典"的讨论,又有方法论层面的"经典何为"的讨论,他借用传播研究的概念和方法进行了新的尝试,为当代语境下中国书法经典的传承提供了理论参照。我乐于向读者推荐这部对于中国书法经典具有"思考力"的新书。

中国书协理事兼学术委员会委员
北京大学美学与美育研究中心研究员
北京语言大学中国书法国际传播研究院执行院长

2024年11月4日于北京

前　言

中国书法是中华优秀传统文化的瑰宝，是既古老又富有活力的书写媒介。传播学研究对前技术媒介时代的书写媒介罕有关注。本书以中国书法这一基于象形文字、文意结合的书写媒介为研究对象，聚焦中国书法经典的媒介化议题，面向中国语境，显示中国视角，对书法发展与社会文化变迁的关系进行阐述，以期从媒介与人、与社会的互动中还原历史现场的真实面貌，为传播学研究提供深入本土学术传统和传统文化资源的可参考案例。

中国书法经典在历史中生成，可归纳为文化纪统、审美传统与知识系统等结构性维度。本书以雷吉斯·德布雷用"媒介化"替代"传播"的解释框架来理解中国书法经典的演化历程。当书法渗透到中国人的日常生活和文化情境之中，它就已经成为一种特殊的媒介，并对社会建构产生了潜移默化的影响。从社会建构视角来看，中国书法经典的演化反映了其媒介化的复杂进程和长期效果。本书围绕何为经典、何以经典、经典何为展开论述，旨在用还原思维描述媒介角色，用在场意识理解传播情境，用发展眼光观照经典传承，并以历史为方法展开对当下的批判和对未来的想象。

本书将中国书法经典媒介化的进程和效果描述为"与古为新"，即在继承经典中突破经典，在阐释话语中重构话语。中国书法经典媒介化，在文化纪统上演绎了象征性权力塑造，在审美传统上实施了主体间性对话，在知识系统上操作了人的主体性递归。"书肇于自然"的自然性、生命性书写同"经艺王政"的教化功能构成中国书法文化纪统的内在张力，形成了"自然－诗－哲学"的话语网络。中国书法通过"技艺"的媒介化累积了审美传统，打开了复数主体的进路，在"复古风格－未来风格"的调适中一再强化了"与古为新"的媒介实践。中国书法经典的传播是意会知识的整合，指向媒介的自反性递归与人的主体性递归。"与古为新"反映了中国书法经典的"回溯－前瞻"式萃取与演化特征，体现了"以复古为解放"（梁启超语）的文化鼎革意图，"质文三变"（孙过庭语）的审美嬗变体验和"古化为我，我化为古"（刘熙载语）的知识意会方式。中国书法经典的再生产、再创造，需要通过再媒介化寻找新的界面，统合人与世界的共在关系。面对创造性转化与创新性发展的文化使命，"与古为新"意味着文化转型与文化认同的互相接洽，穿越媒介深层时间且返回媒介的本原、历史的本原和人的本原。

经典的萃取与演化反映了媒介认识论的历史。本书运用媒介考古学和考据学的研究方法，从历时性与共时性两个向度观照书法经典的媒介化变迁，以期借古开今，返本知新。本书将书法史与文化史、社会史、政治史统合起来，对历代书迹、书史、书论进行考古，从书法的物质载体、文化技艺和社会话语的变迁中打捞出分散的叙事，强调历史"缺席的在场"，揭示中国书法经典的多样性、丰富性及其复现性、仍新性。中国书法的发展处于从古典话语向现代话语转换的进程之中。"与古为新"的媒介化动态实践启发我们，中国书法的"两创"前景，在于激活文化记忆，并促进传播变革与现代化变迁有效互动，塑造文化自信和自觉。

本书将中国书法的媒介化脉络描述为"源流互济"，区别于西方媒介考古学将媒介史描述为"星丛"式话语网络。中国文化"求同存异"的价值观念更加强调历史叙事的多元一体、分合连贯，以此描述书法作为媒介的历史既非进化又非断裂的样貌，并阐释"与古为新"的媒介化构型力作用，具有一定理论新意。

目 录

绪　论 001

第一章　古典语境下中国书法经典的媒介化建构 035

　　第一节　道进乎技：书法的媒介本质和本体意涵 041

　　第二节　浑融感知：书法的审美主体与符号互动 053

　　第三节　随物赋形：书法的传播载体与呈现空间 059

第二章　中国书法经典媒介化与文化纪统 071

　　第一节　汉字构造："人即媒介"的自然性和生命性书写 078

　　第二节　正草交替：文化一统与文化转折的话语重组 085

　　第三节　字学规范：儒家价值和王政话语的工具模型 092

　　第四节　书礼约定：文本伦理与文化规训的日常渗透 101

　　第五节　言外之意：自然－诗－哲学的话语网络 108

第三章　中国书法经典媒介化与审美传统 115

　　第一节　纵横可象：从形质到神采的认识图式 121

　　第二节　出入法度：作为媒介基础的"技艺"的体验与复现 ... 127

　　第三节　书风流派：媒介主题的"变体"和流动 136

　　第四节　碑帖各异：重写传统与重构复数主体 147

第四章　中国书法经典媒介化与知识系统......169

第一节　家法师法：以人为媒介的传播......174
第二节　手摹心追：以图像为媒介的传播......184
第三节　字内字外：隐性知识与精神相应......190
第四节　复制传播：知识扩散与文化资本流通......197
第五节　海外衍芬：媒介文化的移植与异变......204

第五章　"两创"使命与中国书法再媒介化......215

第一节　话语更替：文化语境与知识型转变......221
第二节　标新立异：延异性主体与现代性价值......233
第三节　传承经典：教育与学术的范式转换......241
第四节　探问未来：中国书法的再媒介化转向......246

结　语......257

绪　论

中国书法是中国文化的代表性符号，并在历史发展过程中不断被媒介化，与社会、文化不断互动。中国书法以汉字为书写对象，以汉语文本为书写内容，以毛笔为书写工具，以直观形象与本质抽象相结合的视觉表现方式进行传情达意，体现了丰富的文化内涵、审美内涵和知识内涵。如果把汉字的诞生作为人类历史上一次伟大的文化创造，书法的诞生则是建立在汉字基础上的又一次伟大的文化创造。媒介对于文化传播的意义重大，汉字的构造方式影响了中国书法的字体流变、书体流变和书风流变，极具特色的书法媒介文化被列为弥足珍贵的人类非物质文化遗产。

所谓媒介化，是传播研究提出的一种概念工具和解释框架，侧重于研究媒介和社会的关系，媒介的使用嵌入到人的自我塑造和社会交往之中，媒介在自身变迁的同时既受到历史语境的影响又改变了历史语境。虽然媒介化理论目前主要用于阐释当下的媒介现实和现代性的社会转型，但是也可以将它扩展为理解长期社会文化变迁的一种历史视域。在前媒介化社会，汉字契刻和书写以记录信息为主要功能。成为面向他人或官方公开的载体之后，书法与社会的互动便突破了单向传播模式，它对个体和群体的塑造，体现于对日常生活的渗透、对文化技艺的操作、对社会交往的参与、对权力话语的介入等诸多方面。在此过程中，中国书法经典成为集体性社会建构的符号。

所谓中国书法经典，是由经典书家、经典作品的实践以及对经典书家、经典作品的阐释所共同构成，物质的、技艺的、文化的、社会的、话语的种种关系对其媒介化产生了复杂作用，经过历史的反复选择和一再强化而建构为想象的共同体。中国书法经典是中国文化记忆的重要部分，亦构成中国文化精神的媒介象征。

20世纪90年代西方提出了媒介考古学的研究范式，在艺术史研究中应用媒介考古的方法已产生一些研究成果。书法作为中国传统文化的代表性媒介和古老媒介，即媒介考古学所说的"技术媒介"之前的"书写媒介"，面临着在新的文化语境中的传承问题，它不仅涉及如何保存文化记忆，而且涉及美国学者埃尔基·胡塔莫所提出的"复古风格－未来风格"的调适问题，即"旧事物也可能为文化的创新和重新定位提供'模板'"[1]，

---

[1] 埃尔基·胡塔莫、尤西·帕里卡编：《媒介考古学：方法、路径与意涵》，唐海江主译，复旦大学出版社2018年版，第14页。

书法的创造性转化和创新性发展需要发掘"古"对于"新"的意义。我国学者潘祥辉等提出了媒介考古学的中国化、在地化主张，综合多学科视角和方法对华夏文明中独特的传播现象、传播媒介和传播观念进行知识考古，达到溯源析流、返本知新、鉴古开今的研究目的。

对中国书法的媒介化历程进行考察，阐述何为经典、何以经典、经典何为，理解书法经典演化体现出的媒介化表征，对于建构中国书法的媒介认识论以及拓展华夏文明传播研究的领域具有一定意义。

本书将中国书法经典作为一种延续而变动的文化传统，运用媒介考古和考据的方法，将"古"对应于历代书迹、书史、书论，从中打捞出分散的、碎片化的叙事，将书法经典的媒介化与历史文化变迁联系起来，阐明其背后的话语机制，并提炼出"与古为新"这一关键词描述其媒介化进程及其效果。研究中国书法经典媒介化，探讨书法再媒介化的趋势，有助于对中国书法的创造性转化和创新性发展进行前瞻性思考，也体现了一种重新理解媒介的历史哲学观。挖掘本土传播历史，深入本土学术传统，还原本土文化语境，是着眼当下、启发未来的需要。

一、研究问题的背景

习近平指出，弘扬中华优秀传统文化，"重点做好创造性转化和创新性发展"。[1] 书法是中华优秀传统文化的瑰宝。提炼何为中国书法经典，分析中国书法经典何以形成，思考中国书法经典对于书法创新发展何为，是"两创"的题中应有之义。

习近平还要求人文社会科学研究形成"中国特色、中国风格、中国气派"。[2] 从传播的视角来考察中国书法史，考察中国书法经典媒介化的理论依据，考察中国书法与中国古代社会的物质工具、文化制度、话语权力、审美观念、知识传播等之间的关系，考察书法经典媒介化的构型方式，需要具有相对系统的思考能力和相对全面的学术视野，立足于中国文化语境，吸收中国传统文化的精华，讲好传播研究的"中国话"。

以往的中国书法史基本上以通史或断代史书写为主，注重对经典书家、经典作

---

[1] 中共中央党史和文献研究院、中央学习贯彻习近平新时代中国特色社会主义思想主题教育领导小组办公室编：《习近平新时代中国特色社会主义思想专题摘编》，党建读物出版社、中央文献出版社2023年版，第324-327页。
[2] 中共中央宣传部：《习近平新时代中国特色社会主义思想学习纲要（2023年版）》，学习出版社、人民出版社2023年版，第199页。

品以及经典书论的介绍和书法内部问题的研究，忽视对书法作为媒介连接人与社会的话语分析，更忽视对中国书法经典媒介化的知识考古。传播学研究对于中国书法这一极具中国特色、既古老又具有活力的书写媒介罕有关注，而在华夏文明传播历史中，书法不只是一种艺术形式，更具有鲜明的媒介功能、文化内涵和话语属性。对中国书法经典的研究，需要内视角，即关注书法传承与创新的内部问题，同时又需要外视角，即关注与此相关的外部问题，讨论书法与社会、文化互动的复杂关系。考察中国书法经典的媒介化，辨别媒介主题在媒介文化中的话语作用，应尤其注重对外部问题的研究。

中国书法在今天的发展处于从古典话语向现代话语转换的进程之中，相关研究需要从理论上回答"两创"的认识论问题，即如何认识书法作为媒介的本体意涵，以及书法经典媒介化的社会建构机制，如何建立"两创"与经典传承的连接关系。中国书法的经典性是什么？经典化何以形成？经典性和经典化的意义何在？在当下和未来，如何发现、解开、激活存储于经典中的"基因""密码"？这是本书的研究背景。

二、研究动机与目的

面向中国语境，彰显中国视角，注重挖掘中国特色的传播媒介，注重对媒介深层时间进行考古，注重对媒介与中国文化、中国历史变迁的互动关系进行阐释，是释放传播学研究中国化、本土化想象力的有益尝试。本书以中国书法为研究对象，以文化、社会、政治的历史变迁为维度，围绕何为经典、何以经典、经典何为的问题，分析中国书法经典所蕴涵的文化内涵、审美内涵和知识内涵，揭示中国书法经典媒介化的机理，进而思考为什么要继承传统，如何继承传统，在此基础上如何实现"两创"。在传播学与中国传统文化研究之间架起一座桥梁，是本书写作的主要动机。

自清末民国开始，中国书法遇到了前所未见的新挑战、新问题，尤其是文言文的使用渐渐退出历史舞台，繁体汉字也逐步被简化，在日常书写中，毛笔逐步为硬笔甚至键盘所取代。一百年以来，中国书法在经历美术化和视觉化两次转向之后，在今天"万物媒介化"的背景下，又出现了书法再媒介化现象。尝试"现代书法"的创作者试图突破传统书法的物质媒介和符号空间，寻求范式转换的可能性。这就涉及福柯所说的知识型转变问题，不同时期的知识型之间存在断裂。现代书法是否还需要继承经典？现代书法与传统书法的边界在哪里？书法经典的历史演化可为当下提供哪些启示？假如不梳理中国书法史，不在大历史观的基础上建构书法本体论和书法传播理论，就会在传统和现代之间，出现文化断裂感和价值失落感。假如不进入新的语境而固守传统，或者不探求新的语境下中国书法经典的再生产、再创造问题，书法有可能失去活力而难以保持源远流长的发展趋势。对于中国书法经典的提炼及其媒介化机理的阐释，是向前看，也是向后看。

在新的语境下，研究书法传承与创新问题，既需要以中国理论、中国经验和中国话语系统为主，又需要借鉴和吸收西方的学术观点及研究思路。在知识考古学、媒介考古学出现之前，西方人文社会科学的研究范式走过了传统的人文主义研究、审美形式研究和文化研究的历程。英国历史学家阿伦·布洛克追溯了人文主义传统的历史，对文艺复兴以来的西方人文主义思潮进行了全面梳理：人文主义传统是以人类经验为起点的，打破了以神为中心的世界观，认为人是万物的尺度。"是历史与人文学研究使我们保持了关于未来的开放意识"[1]，作者交代了其学术意图。审美形式研究关注的是文学、艺术的内部问题，以文本为中心，打破了主客体二分论。西方文化研究则关注的是文学、艺术的外部问题，如意识形态生产、话语权力构建、传播与文化迁移等，结合对阶级、性别、种族、地域、身份等议题的思考，形成了西方马克思主义、女性主义、酷儿理论、后殖民理论等。以上研究范式都是基于前现代和现代语境的。西方媒介考古学对物、技术和媒介的关注，是在后现代语境下开启的"一条研究媒介历史中反复出现、消失、复现的巡回现象的路径，似乎在某种程度上超越了特定的历史背景"[2]，这是一种新历史主义思维，也是对以人为中心的认识论的解构。借鉴西方的媒介考古学范式，我国学者潘祥辉等提出建构中国的传播考古学，综合中西方的研究方法，深入中国语境，关注中国问题，这一主张具有建设性也具有科学性，笔者受到启发且愿意参与有关的探索与实践。研究中国书法的传承与创新，需要贯通过去、现在与未来，而不可局限于某一个特定历史阶段，中国书法经典的媒介化是一个长期的、复杂的过程，既有共时性，又有历时性。笔者认为，对中国书法史的研究写作要跳出断代史或通史的研究写作思路，正是着意于此。

传统的人文主义研究范式可用来解释历史，但是难以将历史与未来贯通起来。比如说，用传统范式很难解读当代数字艺术、媒介艺术（技术与艺术进行了深度融合）；

---

[1] 阿伦·布洛克：《西方人文主义传统》，罗爽译，九州出版社2023年版，第215页。
[2] Erkki Huhtamo. From Kaleidoscomaniac to Cybernerd: Notes Toward an Archaeology of the Media[J]. Leonardo, vol 30, No.3, 1997:221-224.

又比如说，要对古典艺术在当代所遭遇的断裂进行阐释，传统范式面临"失语"的困难；再比如说，在凯萨琳·海勒所命名的"后人类"时代，主客体混杂，物与人的界限被打破了，技术改变了自然生命形态，机器与人工智能参与人的身体重构，人文主义遭到了消解。那么，我们需要反思人类中心主义，对哲学、美学、传播学、政治学、社会学、历史学的思考必将跨越学科的分野。虽然不能断言人文主义已经终结了，但是我们需要用新理念来思考人在当下语境中的存在意义及其可能性，思考人何以同自然、历史、文化进行互动，这是我们思考书法的传承与发展问题所需要看清的大背景。媒介考古学的"回溯－前瞻"式研究取向帮助笔者打开了新的思路，通过发掘中国历代书迹、书史、书论而揭示书法经典媒介化的机理，思考书法经典演化的未来可能性，有助于重写中国书法经典的传播历史，也有助于探索中国书法经典的再生产、再创造实践，并为此寻找实现人的主体性递归的媒介界面。

基特勒从哲学层面理解书写的媒介意义。他认为："我们先假定哲学（即海德格尔所说的欧洲形而上学）绝不可能去考虑作为媒介的媒介。这种忽略始于亚里士多德：首先，亚里士多德的本体论只涉及各种事物，它们的内容和形式，却不研究这些事物在时间和空间上的相互关系。而（物质的）媒介这一概念则被归入到他关于感知的理论中。其次，由于希腊人不在有声语言因素与书写的文字字母之间做出区分，因此，书写作为哲学自身的（技术）媒介的概念，从亚里士多德以来就一直是缺失的。"[1]基特勒指出了西方媒介研究中对书写本身的忽视这一重要问题，并认为这是媒介本体论的缺席。在基特勒之前，海德格尔关注到打字机的使用导致了手同自然书写的分离："打字机遮盖了写字与手稿的本质。它们把手的本质等级从人那里抽走，而人却对这种抽走没有恰当的经验，没有认识到，在这里已经发生了存在对人的本质的关系转变。"[2]中国书法是"手－书写"契合无间的古老媒介，而汉字作为象形文字明显区别于表音文字，汉字书写的哲学价值体现于人与自然的整体性。此外，汉字书写既是具身性书写又是文化性书写，传达了文化观念与社会实践的联系，将个人与群体、传统连接起来。"心－手"（身体）与社会的交互，"与古"与"为新"的交互，在空间和时间上构成了复杂的动态关系。书法的精髓在书写本身，书法本身就是一种媒介。[3]中国的传播学研究不应该不关注书法这一具有中国特色的媒介。基于中国自身的问题意识，借助媒介考古学的含义与方法，探讨中国书法如何接续可能断裂

---

1 弗里德里希·基特勒：《走向媒介本体论》，胡菊兰译，《江西社会科学》2010年第4期，第249-254页。
2 海德格尔：《海德格尔文集 巴门尼德》，朱清华译，商务印书馆2018年版，第125页。
3 刘亚龙、刘海龙：《找回社会科学的想象力》，《新京报》2022年3月18日，B05-07版。

的传统,如何接洽中国式现代化进程中的文化语境,如何建构新的书法本体论,如何通过发掘媒介主题使书法媒介形成新的文化意义,如何思考书法媒介化、再媒介化与人的本质存在、人的异化之间的关系,是中国传播学学者应该承担的课题。

三、国内外研究现状

(一)关于中国书法经典问题的研究

现有文献多以书法通史、断代史或个案研究为主,对经典性、经典化缺乏基于解释框架的阐释,局限于散点式描述。也有少数研究者关注到书法史的发展脉络、内在逻辑以及书法经典传播与社会变迁的关系。以下文献为笔者所特别注意:

白谦慎第一次系统地提出了关于中国书法经典问题的学术思考[1]。关于何为经典(大致可以概括为经典性问题),白谦慎大胆提问:"民间书法""素人之书"能否进入经典?如何解释古代的"穷乡儿女造像"与今天的"娟娟发屋"大为迥异的传播接受现象?关于何以经典(大致可以概括为经典化问题),白谦慎发出提醒:当代书法如何突破路径依赖?"与古为徒"是不是一种迷思?如何看待书法的经典化与历史文化、社会体制的关系?虽然《与古为徒和娟娟发屋:关于书法经典问题的思考》一书无意于建构理论体系,作者也明确表示其写作意图侧重于提问而不是解答,但是此书提出的问题期待更多的学者来参与讨论。

香港大学何碧琪的著作《〈淳化阁帖〉史话》,以《淳化阁帖》的刊刻与流传为线索,考证了它作为物质性媒介与中国书法帖学经典塑造之间的关系,并指出了帖学走向衰微与刻帖日益商品化、粗鄙化有关[2]。显然此书具有传播学视野,而且它所采用的历史研究方法是可取的,即根据对不同刻帖的图像比较来分析版本信息,但仍不足以描述书法经典传播的全貌。增田知之在著作《明清法帖丛考》[3]中对明清法帖刊行、出版以及文人交游、艺术市场和文化政策进行了较为细致的考察,思考了中国书法文化何以形成连续性,以及民间与官方如何互动、雅致文化怎样扩大再生产等传播社会学问题,体现了媒介化研究的社会建构视角。此书以明清法帖为"横断面",切入巧妙,饶有新意,可惜论述较为分散。

---

1 白谦慎:《与古为徒和娟娟发屋:关于书法经典问题的思考》,荣宝斋出版社 2009 年版。
2 何碧琪:《〈淳化阁帖〉史话》,国家图书馆出版社 2017 年版。
3 增田知之:《明清法帖丛考》,姚宇亮等译,浙江大学出版社 2022 年版。

对王羲之作为中国书法经典书家的研究一直都没有停止，王羲之的确值得被不断阐释。祁小春在《柳斋兰亭考》中自述其写作意图在于"以《兰亭序》作为一件历史文献而不仅仅是一件书法作品来考察"[1]，祁小春的另一著作《山阴道上：王羲之书迹研究丛札》同样侧重于梳理《兰亭序》的文本文献、实物文献和记录文献的变迁情况，对《兰亭序》的真伪提出各种疑问，且谨慎地未给出确定性结论[2]。虽然以上两部著作并未聚焦于书法本体问题，但是可以引发人们对于《兰亭序》何以成为经典的注意，且体现了福柯意义上的知识考古理念。意大利汉学家毕罗的中文著作《尊右军以翼圣教》[3]，以怀仁《集王圣教序》（《大唐三藏圣教序》）为研究对象，重点分析了《集王圣教序》的立碑过程及不同拓本传播所承载的历史文化价值。祁小春、毕罗等学者的研究方法注重从书法范本的物质性层面、技术性层面来考察书写痕迹和文化印记，试图重新回溯书法作为媒介进行社会建构的历史。

颜真卿是中国书法史上另一座高峰。美国学者倪雅梅在对颜真卿书法的个案研究中揭示出书法艺术与社会政治、文化价值之间的张力关系，并以此来理解颜真卿在中国书法史上的地位变化，以及颜真卿书法被利用为儒家文化标准的叙事逻辑[4]。朱关田的《思微室颜真卿研究》[5]，集古今颜真卿研究之大成，考据精谨，在图像学和文化社会学研究方面俱有新见，对颜真卿书法的后世影响也作了纵向叙述，只是个案研究毕竟不同于整体研究。德国汉学家雷德侯的著作《米芾与中国书法的古典传统》提出，"中国书法的赓续取决于强大而稳定的古典传统"[6]，米芾借晋人书法的知识对传统进行了筛选、阐释和创造、发展，因此米芾的个人风格建立于前人经典的框架之内。这本书以纵向思考得出中国书法的古典传统具有"阶级同一性"的结论，论证逻辑连贯，但是材料占有不足，专业深度亦不够。

将古代经典书家与他们的同时代人联系起来的研究，也是以大历史观为基础的研究方法，一些研究者已注意到书法与社会之间的互动关系，代表性研究成果如下：白谦慎在《傅山的世界》[7]和《傅山的交往和应酬》[8]两种著作中，将傅山的书法活动置于特定时代的文化架构中，对当时的学术思想、物质文化、出版传播、政治状况进行考察，

---

1 祁小春：《柳斋兰亭考》，四川人民出版社2021年版，第8页。
2 祁小春：《山阴道上：王羲之书迹研究丛札》，中国美术学院出版社2017年版。
3 毕罗：《尊右军以翼圣教》，四川人民出版社2020年版。
4 倪雅梅：《中正之笔：颜真卿书法与宋代文人政治》，杨简茹译，江苏人民出版社2018年版。
5 朱关田著，姚建杭编：《思微室颜真卿研究》，西泠印社出版社2021年版。
6 雷德侯：《米芾与中国书法的古典传统》，许亚民译，中国美术学院出版社2008年版，第5页。
7 白谦慎：《傅山的世界：十七世纪中国书法的嬗变》，生活·读书·新知三联书店2006年版。
8 白谦慎：《傅山的交往和应酬：艺术社会史的一项个案研究（增订本）》，广西师范大学出版社2016年版。

分析了中国书法在十七世纪的嬗变情形，将书法史与社会史、政治史结合起来，文献搜罗广泛，学术视野开阔，以今观古，以点带面，关注到中国书法经典媒介化的外部情境。陈志平的《黄庭坚书学研究》[1]也是个案研究，分析了黄庭坚的书写实践、书学思想及其同禅宗、儒家的关系，为了解北宋书法上接晋人的风气打开了一扇窗户，也打开了研究具体传播情境下的媒介表现的一条路径。中国艺术研究院杨家伟2020年的博士学位论文《宗唐溯晋：复古视角下的元代士人法书鉴藏研究》[2]，提出了元代书法复古倾向对以赵孟頫、鲜于枢为中心的士人群体法书鉴藏活动的影响，并揭示了其背后所隐藏的政治、文化因素。中国美术学院周峰2016年的博士学位论文[3]从传播与接受的关系视角看待赵孟頫在书法史中的地位，分析了明清学术思潮和政治因素与书法接受史的互动关系。中国艺术研究院王民德2014年的博士学位论文《晚清碑学思潮研究（1814—1911）》，指出师古求新既是晚清碑学代表性书家的普遍诉求，又是他们探寻新的书法艺术规范的集体行动。以上研究对"复古"与创新的关系以及书法传播与社会历史的关系都有所涉及，然而都无意于贯通中国书法的演化史和传播史。

（二）关于书法传播的研究

吉林大学王壹2020年的博士学位论文《中国传统书画艺术的当代传播研究》[4]，对新传播格局下中国传统书画艺术生态的变化进行考察，分析了书画艺术的传播逻辑、传播思维、传播形态。中国美术学院金萌2022年的博士学位论文《中国书法文化的国际传播模式研究》[5]，在描述书法文化的国际传播情形的基础上，对人际传播、大众传播和网络传播三种模式进行了案例分析。以上两文虽然注重当下实践，涉及在特定语境下的媒介逻辑，但是缺乏理论创新和历史观照。

关于以媒介化理论为框架研究书法史的成果非常少见，这与媒介化理论目前主要适用于高度现代性的社会框架有关，然而媒介化理论是可以拓展的，不局限于用来认识现代媒介和社会制度，媒介化理论的阐释力和新意在于批判性地看待媒介与社会、文化变迁之间的互动关系，分析具体社会、文化情境下媒介文化的状况。祝帅关注到传播媒介和传播技术对于书法的影响，他指出，碑拓、刻帖、版刻、石印、珂罗版等复制技术对书法学习从人际传授转向临摹学习起到了重要作用，特别是珂

---

1 陈志平：《黄庭坚书学研究》，上海书画出版社2020年版。
2 杨家伟：《宗唐溯晋：复古视角下的元代士人法书鉴藏研究》，中国艺术研究院2020年博士学位论文。
3 周峰：《元明清赵孟頫书法的接受史研究》，中国美术学院2016年博士学位论文。
4 王壹：《中国传统书画艺术的当代传播研究》，吉林大学2020年博士学位论文。
5 金萌：《中国书法文化的国际传播模式研究》，中国美术学院2022年博士学位论文。

罗版的技术进步性"还原"了古代碑帖的"真迹",具有"赋魅"效果,然而依据本雅明的观点,复制之魅无法等同于本真性的"灵晕"(aura)。[1] 在研究书法的物质与技法方面,还有一些成果值得注意,如孙晓云的著作《书法有法》[2],探讨了古人执笔法的变化与不同时代的纸笔工具、桌椅坐具等之间的关系;台北故宫博物院何炎泉博士的著作《物质、技法与书风:风格内的新视野》[3],探讨了晋唐节笔与折纸,北宋的毛笔与桌椅,清代笺纸等之于技法、书风的关系。此类研究颇有意义。媒介考古学注重对媒介物质性的研究,并将其关联到社会文化体制之中,这与媒介化理论的视域是可以结合起来的。

关于媒介考古方法应用于书法传播的研究,目前能见到的论文很少。陈嘉杰的论文《媒介考古学视野下的唐代题壁文化的传播研究》[4],对唐代题壁书法的文化传播功能进行了考古,题壁书法作为久已不传的媒介,是媒介考古学定义的"失败媒介",此选题有新的发现,然而作者缺乏对历史情境的深入考察。卢忠敏的论文《媒介考古视角下书论与墨迹的间性及互证——以陆柬之书风取法为例》,通过书论与墨迹的互证比较,以唐代陆柬之的书风取法为个案,考察了书法文化的历史传承方式。作者指出,媒介考古学对于重返历史现场具有方法意义,而"处在文化传承中的我们在自身书法实践和风格形成上如何与古为徒"?这是媒介考古学回溯过去并且关注未来的学术着眼点[5]。卢忠敏所提炼的"与古为徒"同本书所提炼的"与古为新"有一定差异,"与古为徒"只是"崇古""师古","与古为新"则意味着既有传承又有创新,既有回溯又有前瞻。

本书以中国书法的经典性和经典化为核心概念,这是以上研究所未聚焦的基本问题。按照福柯的观点,"考古学"方法更重视对话语对象进行系统性描述。阐述书法传播历史中的经典性和经典化问题,无疑需要立足于媒介谱系,纵向理解经典所承载的话语秩序和权力影响。如果不考察媒介与社会、文化、政治的互动关系,就无法从历史的媒介对象中发现媒介文化模型和媒介演化逻辑。

---

1 祝帅:《影像及其赋魅——媒介、传播与二十世纪中国书法风格的变迁》,《东方艺术》2017年第16期,第68-95页。
2 孙晓云:《书法有法》,知识出版社2003年版。
3 何炎泉:《物质、技法与书风:风格内的新视野》,浙江大学出版社2022年版。
4 陈嘉杰:《媒介考古学视野下的唐代题壁文化的传播研究》,《文物鉴定与鉴赏》2022年第24期,第115-118页。
5 卢忠敏:《媒介考古视角下书论与墨迹的间性及互证——以陆柬之书风取法为例》,《中华文化与传播研究》2022年第1期,第3-13页。

（三）关于媒介化的研究

"媒介化"（mediatization）是西方学者在媒介史研究和传播社会学研究中提出的范畴，旨在描述媒介传播形式的变迁和传播结构的融合，以及媒介在社会和文化中形成的角色和影响力。媒介化理论是对西方传播学"结构－功能"范式和受众研究范式的突破，是建立在重新理解媒介的认识基础上的新的研究范式。结构－功能范式注重研究媒介效果，受众研究范式注重研究媒介使用，丹麦媒介学者夏瓦认为此二者是关于"中介化"（mediation）的阐释，即基于过程模式的内部回路和具体循环，而忽视了媒介与社会、文化的关系。夏瓦指出，媒介化研究的主要取向，是关注媒介在社会和文化中的结构变迁，即媒介既在社会和文化的结构之中，成为社会和文化的表征，又参与了社会和文化的建构，产生了媒介后果。[1]德国学者安德烈亚斯·赫普指出，"媒介化研究与其他方法一样，都植根于社会建构主义"，"媒介化研究更多在'相互关系'（interrelations）和'过程'（processes）等方面进行思考"[2]。所谓"相互关系"，指的是媒介与社会、文化的进程形成了结构性的互动关系。所谓"过程"，指的是超越特定传播实例的、长期传播实践的历史变迁，强调的是媒介对于社会和文化的长期影响。夏瓦认同赫普对于媒介的认识，媒介不应被狭隘地理解为具有因果关系的媒介逻辑或特质动力，而应被理解为一种形塑力，要将媒介逻辑植入于制度框架之中。尤其是在高度现代性的历史环境中，媒介与其他的社会和文化制度之间构成了一种互文性关系，[3]媒介已经成为所有社会机构运作的一部分，媒介的自我赋权和行动场域扩张重构了社会关系。

今天，人类生活于"万物皆媒"的"泛媒介"时代，故而需要重新定义媒介。媒介化理论所理解的媒介，不仅仅是媒介物本身（包括技术），即物质性媒介，而且是传播过程，即媒介场域的展开；不仅包括传统的大众传播媒介，而且要将一切内容的传播界面都视为媒介[4]，即不同形态的媒介及其所具有的形塑力。也有学者将媒介区分为作为渠道的媒介、作为语言的媒介和作为环境的媒介，分别对应于描述媒介的不同定位，即信息和传输、形式表征和文化形态、机会机构和网络。[5]尤其是在制度

---

1 施蒂格·夏瓦：《文化与社会的媒介化》，刘君等译，复旦大学出版社2018年版，第3-6页。
2 常江、何仁亿：《安德烈亚斯·赫普：我们生活在"万物媒介化"的时代——媒介化理论的内涵、方法与前景》，《新闻界》2020年第6期，第4-11页。
3 施蒂格·夏瓦：《文化与社会的媒介化》，第15-22页。
4 Krotz F. Mediatization. A Concept with Which to Grasp Media and Societal Change[M].in Lundby K.(ed.) Mediatization. New York: Peter Lang, 2009:19-38.
5 Meyrowitz J.Image of Media: Hidden Ferment—and Harmony—in the Field[J].Journal of Communication, vol 43, No.3, 1993:55-66.

框架内，研究者们侧重于将媒介视为一种不同社会机制交互所共同建构的社会情境，"媒介不仅仅是科技，也包括不同语境下组织和规范媒介的社会与美学形式"[1]。

美国传播学者舒尔茨提出了媒介化的四种方式，用以描述媒介－社会演化的进程：扩展（extension）、替代（substitution）、融合（amalgamation）和适应（accommodation）[2]。这四个概念大致也可视为媒介化的四个阶段。扩展，即媒介对人的交流能力的扩展，人类可以突破时空限制进行传播。替代，即媒介替代并改变了其他社会机构和传播活动的功能。融合，即媒介活动与非媒介活动的融合，媒介对日常生活的渗透已无所不在。适应，即社会行动者对媒介逻辑的适应，行动者利用媒介进行传播、交流而吸引注意力并扩大影响力。

西方的媒介化理论将媒介化作为社会高度现代性的一种转型进程，也就是说，当今社会越来越依赖媒介以及媒介逻辑，媒介化是一个社会过程。[3]因此，媒介化研究较多地从制度视角入手，关注当代媒介化社会中制度和行动者之间的关系。

在制度主义视角之外，还形成了以社会建构主义为取向的研究。库尔德利、赫普认为社会建构视角的媒介是复数形式的，而制度视角的媒介是单数形式的[4]。库尔德利指出："决定复数的'媒介文化'形式的是各种深层的人的需求的动态关系，正如与媒介相关的生活形式在很大程度上是由需求决定的一样，媒介文化也是由需求决定的。"[5]媒介文化的多样性表明了人们使用媒介的需求的多样性，对于我们理解媒介文化的变迁而言，以中国书法为例，我们需要从书写实践（行为）和书法文本（语言）之间的动态关系中看到日常生活中书写需求变化和社会情境建构之间的动态关系。对于人类传播实践的历史性考察，需要理解人与媒介的关系，媒介一方面表征为文化符号，另一方面构成了社会话语。

媒介化理论的思想来源是多元的，从媒介化理论的一些核心概念出发，可以发现媒介化理论对于前人学术资源的有意吸收和改造。

"制度"：夏瓦将媒介理解为一种参与社会建构的制度性力量，乃至具有"半自治权"的"半独立机构"，显然受到安东尼·吉登斯的结构化理论的影响。[6]吉登斯的

---

1 施蒂格·夏瓦：《文化与社会的媒介化》，第 23 页。
2 Schulz W. Reconstructing Mediatization as an Analytical Concept[J].European Journal of Communication, 2004（1）: 97-101.
3 罗昕、林蓉蓉：《制度视角下媒介化理论的回顾与展望——哥本哈根大学施蒂格·夏瓦教授学术访谈录》，《新闻大学》2022 年第 7 期，第 106-115 页。
4 孙婧：《媒介化：共识、分野与中国语境下的研究路径》，《新闻界》2022 年第 12 期，第 75-90 页。
5 尼克·库尔德利：《媒介、社会与世界：社会理论与数字媒介实践》，何道宽译，复旦大学出版社 2014 年版，第 165 页。
6 郭静：《关键理论亦或概念潮流：媒介化理论再反思》，《新闻界》2022 年第 8 期，第 66-80 页。

贡献在于打破了主客体的二元论，认为作为主体的人与作为客体的社会结构不是分立、对立的，行动者的行动既受社会结构制约，又在改造社会结构。延森将吉登斯1984年出版的著作《社会的构成》视为社会结构化的媒介化，媒介化既是社会结构的组成部分，也是社会结构的必要条件。[1]

"实践"/"场域"：布尔迪厄用"实践"来阐释"场域"，强调符号权力对于构建现实的作用，媒介场域和权力场域形成了互为依存、互相侵入的关系。在维特根斯坦的语言学转向意义上，语言就是一种社会性行为，而表征和主体间性是在实践中建构的。米歇尔·卡龙、布鲁诺·拉图尔的行动者网络理论将行动者描述为人和非人相互依存的行动者网络或主体间性，内容、物质、技术、观念、制度等形成了社会联结。雷吉斯·德布雷提出的"媒介域"由逻各斯域、书写域、图像域所组成，此四个阶段的媒介化实践反映了在不同技术条件下的传播关系和社会结构[2]。德布雷认为，媒介的核心是媒介化。他主张，传播研究要在媒介技术（人与物的关系史）和文化（人与人的关系史）之间进行跨学科研究[3]，用"媒介化"概念取代"传播"概念。德布雷提出了媒介化的4M逻辑：信息（message）、中介（medium）、领域（milieu）、调节（mediation）。信息通过中介（物质设备、技术、组织机构）进入领域并被领域改写，对原本的信息进行调节。通过这一线性逻辑，媒介技术和文化形成互动。也就是说，在德布雷看来，媒介化是一种媒介技术和文化互动的社会实践。库尔德利提出的"媒介实践"涵盖的是人们使用媒介的"惯习"，而"惯习"来自布尔迪厄的实践理论，即个体社会化的知识习得倾向，"惯习"形成于特定的社会、文化情境，反映了主体与社会结构的互动。

"媒介逻辑"/"构型"：夏瓦提出的"媒介逻辑"和赫普提出的"构型"都是描述媒介化机制或传播框架的概念，皆受到德国古典社会理论家乔治·齐美尔关于社会化形式的方法论的启发，齐美尔认为社会化形式是社会交往中个体与社会的相互作用模式。媒介化是由媒介逻辑所形塑或所构型的具有高度现代性特征的进程。[4] 夏瓦认为媒介在当今社会成了半独立机构，他还从制度视角提出了"制度逻辑"的概念，关注制度化的媒介或媒介对于制度的介入。

"深度媒介化"：赫普认为数字媒介、互联网媒介已经构成当今社会的操作系统、

---

[1] 克劳斯·布鲁恩·延森：《界定性与敏感性：媒介化理论的两种概念化方式》，《新闻与传播研究》2017年第1期，第113-125页。
[2] 雷吉斯·德布雷：《普通媒介学教程》，陈卫星等译，清华大学出版社2014年版，第272页。
[3] 雷吉斯·德布雷：《普通媒介学教程》，第34页。
[4] 黄显：《作为实践制度的媒介：理解媒介化研究》，《中国传播学评论》第8辑，2019年，第72-86页。

底层逻辑。"'新'媒介业已经成为日常生活的内容，成为我们基础结构中理所应当的一部分。"[1] 美国社会学者曼纽尔·卡斯特曾提出"信息化社会""网络社会"的概念，他认为互联网深刻地改变了社会结构，网络社会形成了开放、流动、不确定的空间。赫普在《深度媒介化》一书中提出了"先锋社群"的概念，用以指代媒介发展与社会变革的先行者；提出了"平台集体"的概念，用以描述不同社群的人与人的关系；提出了"深度媒介化"的概念，用以揭示新技术对人的能动性的增强与对社会组织形态的改变。

总体而言，媒介化理论从社会学理论中获取资源甚多，体现关于实践、社会转型的思考的意图更为明显。当然，媒介化理论也存在种种困境，特别是在经验研究和思辨研究之间徘徊，难以调和、兼顾两个方向。[2]

需要指出的是，媒介化并没有精确的研究方法设计，将它理解为一个解释框架或许更为合适。正如赫普所说，"它既不是一种封闭的理论，也不是一种特定的方法，而是一种研究社会的特定视角"[3]。延森将媒介化理论分为"界定性概念"与"敏感性概念"，前者意在清晰描述对象的共性，却对于经验事例及其情境不够敏感，而后者的有效性在于可以验证经验事例及其情境，故而前者关注作为机构／制度的媒介，后者可以适用于探索更多社会领域的媒介化。[4]

本书是在更宽泛的意涵中使用"媒介化"概念并以之代替了"传播"概念。用媒介化来阐释人与媒介的关系，对于媒介文化研究而言，是为了强调人类传播实践与社会历史语境的关联性。兰德比认为，从社会建构的视角看，媒介化研究的对象范围包含了从人类交流开始以来的所有媒介[5]，这就区别于制度主义视角只关注作为机构的媒介或现代意义的媒介，或者只用媒介化来描述当代社会与文化。当书法渗透到中国人的日常生活和文化情境之中，它就已经成为一种特殊的媒介，并对社会建构产生了潜移默化的影响。此外，德布雷指出，"媒介学自认为是媒介化的学问，通过这些媒介化，一个观念成为物质力量，而我们的媒体只是这些媒介化当中一种特殊的、后来的和具有侵略性的延伸"[6]，媒介化的范畴区别于大众媒体、传播，它在人

---

1 尼克·库尔德利：《媒介、社会与世界：社会理论与数字媒介实践》，第3页。
2 马新瑶、胡翼青：《拥抱理论抑或面向经验：媒介化研究的困境》，《现代视听》2020年第3期，第71-75页。
3 常江、何仁亿：《安德烈亚斯·赫普：我们生活在"万物媒介化"的时代——媒介化理论的内涵、方法与前景》，第4-11页。
4 克劳斯·布鲁恩·延森：《界定性与敏感性：媒介化理论的两种概念化方式》，《新闻与传播研究》2017年第1期，第113-128页。
5 Lundby K. Introduction: Mediatization of Communication [M].in Lundby K. (ed.) Mediatization of Communication, Berlin:De Gruyter Mouton, 2014:5.
6 雷吉斯·德布雷：《普通媒介学教程》，第3-4页。

与人的关系史、人与物的关系史之间建立联系，意在发现技术、物质同文化的互动结构。德布雷的研究回溯到文字的出现，"早在麦克卢汉之前，文字历史就曾经把媒介即信息予以物质化，表明物质如何影响记录工具，而这个记录工具又支配书写形式"[1]。媒介化研究由物质化力量延伸到精神和象征世界。

关于媒介化理论的适用性及本土化应用，目前我国学者多关注中国当下的媒介事件（特别是公共危机事件）、中国的社会治理等热点问题，多集中于制度主义视角。也有少数研究从社会建构视角关注当下媒介使用者的媒介化实践。还有学者运用媒介化理论研究中国传统文化的传播问题，如王懿认为，民俗文化的当代传播需要适应话语转向，通过媒介化生产受众[2]。车致新认为，传统文化在现代性背景下的转化，不仅仅是内容层面的转化，更是媒介层面的转化[3]。吴飞、吴妍认为，传统文化在演进过程中会形成新的阐释，由此对传统文化的再生产形成反作用力，传统文化的媒介实践应有利于推动"想象的共同体"建构[4]。上述研究关注的主要是媒介化社会背景下传统文化的传播策略问题。

实际上，可以从更长的历史时期来思考媒介与社会、文化的互动，也就是说，将"媒介化"视为更开放的敏感性概念，赋予媒介化研究更自由的想象力。书写技术和印刷术的媒介化早在现代大众媒介出现之前就深远地影响了人类社会文化进程。对于"媒介"和"媒介化"的理解，从人类历史来看，应注重人与媒介的关系，不同媒介在不同历史情境下的形塑力或构型作用值得深入考察。

（四）关于媒介考古学的研究

媒介考古学是西方20世纪90年代兴起的一种研究形式，米歇尔·福柯关于"知识考古学"和"知识型"的学术观点的提出，瓦尔特·本雅明关于巴黎拱廊街的研究以及"星丛"认识论的提出，皆是其重要的理论来源。福柯和本雅明都主张破除总体性的认识论，这直接影响了媒介考古学的学术观念，并启发了媒介考古学发现"考古"这一研究维度。其他的理论来源，包括马歇尔·麦克卢汉和保罗·莱文森对于媒介的研究，媒介考古学对技术媒介的关注、对媒介和话语的物质性的关注显然受

---

1 雷吉斯·德布雷：《普通媒介学教程》，第225页。
2 王懿：《从民俗事象到媒介景观：媒介化社会语境中民俗文化的话语转向》，《艺术广角》2023年第3期，第76-85页。
3 车致新：《触屏游戏与传统文化的再媒介化》，《澎湃新闻》2021年12月25日。(https://baijiahao.baidu.com/s?id=1720084335711638 1322&wfr=spider&for=pc.)
4 吴飞、吴妍：《媒介化社会中国传统文化的传承与创新》，《江淮论坛》2017年第5期，第14-17, 22页。

到了他们的启发；还包括英美在20世纪80年代兴起的新历史主义，新历史主义注意到历史学家可能受到当下所处的意识形态的暗示而形成历史研究的主观性，因此媒介考古学为了体现研究的客观性，对物质和技术予以特别重视并试图以此理解媒介文化和还原历史。

　　福柯的知识考古学对媒介考古学的启发作用甚大。在《词与物》一书中，福柯已经提出了"知识考古学"的概念。他认为，知识是在秩序空间被构建的，而事物的秩序"存在于由注视、检验和语言所创造的网络中"[1]。换而言之，注视、检验和语言表达了事物的秩序，而事物的秩序是为人所附加的，由语言所形成的话语产生了知识。话语是对人的思维行动的控制，话语内在地包含了权力。在《知识考古学》一书中，福柯展开了对传统的历史方法论的批判。他指出，传统的历史方法论是"重建"过去，通过把历史记录作为序列化的档案而形成线性叙事、连续叙事、总体叙事、模式叙事，这就意味着，话语以档案为载体，档案构成了话语的实证性，各个时代的话语就是档案的集合；历史分析变成了连续的、系统的话语，历史、知识、思想都是由话语权力所建构的。福柯为了推翻话语的连贯性、系统性、规则性，用"考古"的方式来对待档案。知识考古学就是要追根溯源，追问这些档案在说什么、为什么这样说、为什么采取这样的话语方式，将历史、知识、思想还原到话语形成的环境和过程中去，而不是解释这些档案，不是确定这些档案的价值，只是描述这些档案。福柯又说，"档案在它的总体性上是不可描述的；而且它在它的现时性上是无法回避的"，"它（对档案的描述）证实差异远非被遗忘、被掩饰的起源，而是我们所是的、我们所造成的这种弥散"。[2] 福柯主张力图避免对档案的主观误读。

　　福柯认为，知识考古学对传统历史方法论的颠覆，除了对被构成序列的档案进行还原、描述之外，还要寻找更多的未被列入序列的话语实践，即寻找那些不连续的、断裂的、非全面性的、被遗忘或筛漏的、个别的话语实践。他提出，是为了"现在"而书写历史，而不是"重建"过去；要"对过去细致地阅读"，"它（档案）绝不是把那在某个话语庞杂的窃窃私语中所说出的一切加以统一的东西，甚至绝不是保障我们在得以维持的话语中间安身立命的东西，而是某些话语在其多种多样的存在中得以区分和在其自己的绵延中得以详述的东西"[3]。历史是对"现在"的叙述。为什么"现在"被丢失了？因为人们被话语所控制，用话语表达信息意味着并非在场。知识考

1　米歇尔·福柯：《词与物：人文科学考古学》，莫伟民译，上海三联书店2001年版，第8页。
2　米歇尔·福柯：《知识考古学》，董树宝译，生活·读书·新知三联书店2021年版，第155-156页。
3　米歇尔·福柯：《知识考古学》，第153-154页。

古学、媒介考古学注重使历史在场,"在媒介考古学中,一件被忽视的媒介人工制品(无论是现实存在的,还是仅仅为想象的和／或计划中的)似乎立刻变得既熟悉又陌生。因此,它的突然'在此'(并且一直'在那里')产生了一种'在场'效应,这种效应能够推翻已建立的媒介等级制度和媒介历史的前提(及其理解)"[1],在场意味着历史的传递并参与到历史叙事中,或者说,是为了找到过去之于当下的在场可能性,努力还原历史,拒绝对媒介历史的成见。

福柯的历史方法论区别于前人之处,在于对话语的理解不同:"考古学试图确定的并不是隐藏或是显现在话语中的思想、再现、影像、主体、烦扰,而是那些话语本身,那些作为遵从规则的实践的话语。"[2]福柯对话语的把握,是为了反对话语的所谓深刻性,反对按照主观思想去解释历史,反对所谓本质及本质主义的形而上学,回到对物的关注和对物的描述,回到丰富和复杂中,回到矛盾和差异中,回到不确定和无限中。福柯拒绝对历史进行总体的归纳,只对历史、对事物进行一种现象学的描述,是为了借助权力技术来揭示话语的产生。

媒介考古学对于福柯理论的解读有着不同的视角。"当人们尝试对媒介考古学进行分类时,通常形成一种二元划分,一方是以社会性和文化性为导向的英美研究,另一方是以技术－硬件为导向的德国学者。"[3]"在英美传统中,福柯被定义为一名强调话语作用的思想家","他认为话语是场域,在此场域中,知识与文化和社会力量紧紧联系在一起,物体、事件和制度都受其话语类型的制约,'硬'技术的影响力则被认为次于那些区分并调解其用途的非物质力量。"[4]而德国学者的代表基特勒更强调技术对于历史的影响,媒介技术在知识生产和话语建构中具有认识论的效果。基特勒在《话语网络1800/1900》一书中关注了媒介的物质性,从媒介技术到技术媒介,话语和知识所形成的条件、过程及实践都与媒介的物质性有关。基特勒对福柯的话语理论的批判在于不同的历史事实不可以用简单的方法论来判断,而话语分析显然是一种方法论。英美学者对基特勒的批评,则集中于技术决定论窄化了媒介历史研究的论点,技术是从它所得以引入的语境中获得意义的。然而,不论是英美研究还是德国研究,都受到了福柯的历史观的影响,即对物、对历史进行一种现象学的描

---

[1] 维维安·索布切克:《后记:媒介考古学与昨日重现》,收录于埃尔基·胡塔莫、尤西·帕里卡编:《媒介考古学:方法、路径与意涵》,第316页。
[2] 米歇尔·福柯:《知识考古学》,第161-163页。
[3] 埃尔基·胡塔莫、尤西·帕里卡:《导言:媒介考古学的考古》,收录于埃尔基·胡塔莫、尤西·帕里卡编:《媒介考古学:方法、路径与意涵》,第7页。
[4] 埃尔基·胡塔莫、尤西·帕里卡:《导言:媒介考古学的考古》,收录于埃尔基·胡塔莫、尤西·帕里卡编:《媒介考古学:方法、路径与意涵》,第8页。

述，反对黑格尔式的总体历史观和历史目的论，强调历史的非线性和断裂性，反对黑格尔式的历史连贯性和进步性。黑格尔认为技术的发展遵循从落后到进步的逻辑，而媒介考古学对于媒介技术的认识是无所谓新媒介、旧媒介，新媒介并不意味着进步，旧媒介并不意味着落后，"新""旧"只是一种修辞。[1]齐林斯基说："勿寻旧于新，然获新于旧。"[2]他的意图在于反对黑格尔式的进步历史观，不要对历史发展的连续性以期许，反过来，从媒介的深层时间里发现"新"事物乃至为未来提供新启示。回溯－前瞻式研究取向表明媒介考古学对过去的考古学挖掘是为了寻找媒介发生的动机，回到旧技术仍然为新的现场。这一点，受到了麦克卢汉、保罗·莱文森的影响又区别于他们。麦克卢汉、保罗·莱文森认为，一切新媒介都以旧媒介为内容，如电视的出现以电影为内容；电视出现以后，电影并没有消失并且仍在发展，它们处于并存、叠加的状态，故而媒介技术的演化不是线性的；人在媒介演化过程中的选择是通过后来媒介补偿过去媒介的不足。在媒介考古学看来，旧技术、旧媒介具有可以为新、仍然为新的可能性。

西方媒介考古学对于福柯知识考古学的继承，在认识论层面，是福柯的历史观所体现的现象学转向。西方认识论的现象学转向，是对康德的主客体二元论的质疑和反对。埃德蒙德·胡塞尔做出的"回到事物本身"的论述，是将那些原本地展示于我们眼前的事物当作它们自身所给予的那样来接受，而不是像康德那样认为世界是由主体构建的。康德主张，对象必须符合主体的先天认识形式，即对象在认识之内，这与中国宋代陆九渊的"吾心即是宇宙，宇宙即是吾心"颇有些相似，胡塞尔关于主体是客体存在的依据的观点则接近于明代王阳明的"心外无物"，如果我们看不见某一事物，这一事物就是不存在的。胡塞尔区别于王阳明的地方在于，胡塞尔认为世界不是某一个单独的主体构建的，而是由许多个主体共同构建的，这就是现象学还原的复数进路。胡塞尔用"主体间性"描述了复数主体之间的交往形式，世界即复数主体所构建的共同世界，主体间性所决定的这个共同世界具有客观性。媒介考古学所关注的是打开复数的历史，在认识论上的开放性，使它更加关注福柯意义上的碎片化历史或本雅明意义上的"拾垃圾"，尽可能挖掘未被注意的历史事实及其可能性。本雅明对于历史记忆的重视，如同在垃圾堆里寻找历史的意象，以过去唤醒当下，以当下叠加过去，使当下和过去并置于一个既互相联系又各自独立、既互相

---

[1] 施畅：《视旧如新：媒介考古学的兴起及其问题意识》，《新闻与传播研究》2019年第7期，第33-53，126-127页。
[2] Siegfried Zielinski. Deep Time of the Media: Toward an Archaeology of Hearing and Seeing by Technical Means[M].Cambridge: MIT Press, 2006:1-11.

吸引又形成张力的"星丛"。本雅明对现代性的批判也是对历史的概念化的批判，拾取和激活被贬损、被遗弃的"垃圾"是为了让复数的历史开口说话。

媒介考古学试图去除话语和语境，从媒介的物质基础的角度，来重新理解媒介和媒介文化[1]。甚至以媒介而不只是人作为媒介考古的主体，它在方法上或者在认识论上是为了避免主观化。沃尔夫冈·恩斯特认为，"媒介考古学是进行媒介批判的一种方法和美学，一种认识论上的逆向工程，它还意识到——此刻媒介自身（而不再仅限于人类）成了活跃的知识'考古学家'"，"媒介不仅是媒介考古学的对象，也是其主体（'作者'）"，"媒介考古学关心的是重读、复写认识论的（而不仅仅是时间的）要素"[2]。恩斯特还说："我为文化的深层物质时间而着迷。"[3] 德国的研究取向中对媒介的物质性尤其重视，基特勒甚至秉持媒介中心论。我国学者施畅概括指出："基特勒坚称，考虑话语的同时必须考虑话语得以存储、转化、传播的物质基础与技术条件。他由此创设'话语网络'的概念，意指'技术与机构的网络，使得某个特定的文化可以选择、存储和处理相关数据'。"[4] 作为物质的媒介及其技术，如何在传播过程中体现对人的身体认知、对身份建构的影响，如何参与文本信息、社会话语的生产，这些探讨凸显了媒介考古学追求所谓客观性的问题意识。但是，媒介考古学难以摆脱福柯的话语理论的影响，也并不可能将媒介变迁与话语、语境的变迁脱离开来。

施畅还指出媒介考古学注重寻访媒介的异质性。维维安·索布切克的表述是"坚持媒介的多样性、特异性和差异性"[5]。有的学者寻访"过时的"媒介，如日本学者草原真知子研究 Baby Talkie，一种作为西洋镜的翻版的光学玩具，如今早已无人使用，但是曾经是一个时代的流行物，作者的研究目的在于弄清此媒介（物体）在其历史语境中的意义，思考其所折射的日本传统与现代生活方式的关系。有的学者研究无法实现的技术装置或概念性的技术装置，即"虚拟媒介"，在《媒体考古学》一书中，德国学者西格弗里德·齐林斯基参考了德国吉尔德《幻觉之进步》一书所引入的与线性思维相对立的范畴——深层时间的理念："不仅包括一种量的方面的尺度，而且首先

---

1 Sanne Krogh Groth. Provoking, Disturbing, Hacking: Media Archaeology as a Framework for the Understanding of Contemporary DIY Composers' Instruments and Ideas[J].Organized Sound, vol 18, No.3, 2013:267.
2 沃尔夫冈·恩斯特：《媒介考古学：方法与机器VS媒介历史与叙事》，收录于埃尔基·胡塔莫、尤西·帕里卡编：《媒介考古学：方法、路径与意涵》，第231-333页。
3 Elodie A. Roy. For a Radical Media Archaeology: A Conversation with Wolfgang Ernst[J].European Journal of Media Studies, vol 6, No.1, 2017:3-14.
4 施畅：《视旧如新：媒介考古学的兴起及其问题意识》，《新闻与传播研究》2019年第7期，第33-53, 126-127页。
5 维维安·索布切克：《后记：媒介考古学与昨日重现》，收录于埃尔基·胡塔莫、尤西·帕里卡编：《媒介考古学：方法、路径与意涵》，第320页。

包括了一种质的方面的尺度。这深层时间的理念，同样也关乎多样性及其分布之密度。总而言之，其结果是使得迄今为止一直被称作进步的那幅图像，产生了巨大的变异。关于从低级到高级，从简单到复杂的持久进步的思想，就如同以前和现在一直用来描述这种思想的那些隐喻一样，都应该遭到抛弃。"[1]齐林斯基对虚拟媒介的研究，是为了穿越深层时间，反对经验化的普遍法则和进化论的思想隐喻，倡导媒介世界保持开放性和不受强权制约。他的这一研究取向，对于我们研究媒介与技术、艺术的发展具有一定启发性。齐林斯基特别强调从媒介史研究转向媒介考古学研究的意图在于：媒介已经系统化、体制化了，不能进行媒介革命了，因此要研究深层时间中的另类媒介，对在过去发生的深层时间和在未来的运动进行研究，研究被遗忘或未实现的"变体"，从被抛弃的历史中寻找出动态的、异质性的、对抗强权的要素。

另外，施畅注意到媒介考古学所揭示的媒介的复现性，即着眼于发现"那些似曾相识、彼此呼应的媒介变体，考察它们交错纠缠、循环往复的情形"[2]。媒介变体可以是从"过时的"媒介、未实现的"虚拟媒介"复现于新的、多样化的媒介，胡塔莫表述为"媒介主题的复现"，而齐林斯基创造了一个新词"变体学"(variantology)[3]。还有学者指出，研究死去的"僵尸媒介"的意义在于使之"复活"为新的用途、语境和改写体，我们相信媒介从未死亡，它衰败、腐烂、改良、合成，并且被历史化、被再阐释、被采集，通过艺术的、修补的方法论得到回收利用。[4]这些研究，都是为了通过考古发掘而让历史得以被征引，让历史得以在当下在场。

有中国学者对西方媒介考古学的观点和方法提出了质疑和反思。黄旦针对中文版《媒介考古学：方法、路径与意涵》撰写的书评《媒介考古：与小人儿捉迷藏？》[5]，媒介考古学借鉴了福柯知识考古学的概念与思路，福柯的知识考古"显示的是在知识空间内那些产生了经验认识之各种形式的构型"，区别于传统意义上的历史叙事，故而将这样的叙事命名为"考古学"，而媒介考古学也是要研究话语形式的构成以及对人的影响，但是媒介考古学的落脚点是物质技术——"媒介"，而不是福柯的"档案"。黄旦同时指出，《媒介考古学：方法、路径与意涵》所使用的"媒介"这一概念是含混的，

---

1. 西格弗里德·齐林斯基：《媒体考古学》，荣震华译，商务印书馆2006年版，第7页。
2. 施畅：《视旧如新：媒介考古学的兴起及其问题意识》，《新闻与传播研究》2019年第7期，第33-53，126-127页。
3. Elodie A. Roy. For a Radical Media Archaeology: A Conversation with Wolfgang Ernst[J]. European Journal of Media Studies, vol 6, No.1, 2017:3-14.
4. Garnet Hertz, Jussi Parikka. Zombie Media: Circuit Bending Media Archaeology into an Art Method[J].Leonardo, vol 45, No.5, 2012:424-450.
5. 黄旦：《媒介考古：与小人儿捉迷藏？——读〈媒介考古学：方法、路径与意涵〉》，《国际新闻界》2021年第8期，第90-104页。

或者说是随意使用这一概念的，它可以是文化意义上的"主题"，可以是媒介式的虚构想象，也可以是技术，等等。在黄旦看来，媒介考古学似乎不是严格意义上的学科，是"与小人儿捉迷藏"式的"自娱自乐"，是"旌旗招展空翻影"。也有西方学者批判了媒介考古学的理论视野，指出其局限于微观现象而忽视更大的历史事件，局限于机械文明和现代技术而忽视更古老的媒介。[1] 对此，笔者表示认同，故而本书将书法这一古老的书写媒介作为对象，聚焦于书法经典媒介化这一长时期且仍未有穷期的历史叙事，将历史与当下连接起来，将书法经典重新历史化、重新阐释，尝试拓展媒介考古学的研究视野。

媒介考古学否认总体的、线性的历史观。有学者认为，"它关注的是媒介叙事中的断裂和转型研究，通过揭示其中的矛盾和冲突，探寻媒介史中的多样性和丰富性"[2]。与此同时，也有学者指出，"历史的非连续性本身就包含连续性"，"历史上新与旧的交替、更换（非连续性）同时又是对新旧间界限的冲破和新旧间差异的融合，而这正可以叫作连续性"，"理解总是后人对前人的理解，今人对过去了的事件的理解，因此，该理解就不仅包含着古和旧，而且必然包含今和新。也可以说，对历史事件的理解就是古今之间的对话"，"在这古今的对话中，古固然影响着今，今同时也改变着古"。[3] 笔者认为，媒介考古学借鉴的是新历史主义对后现代文化断裂问题的观念以及福柯知识考古学关于主体的非中心化与历史的非连续性的观念，对于中国前现代或漫长的古代社会历史而言，其解释力需要得到修正，故而笔者更接受张世英的历史观，辩证理解媒介历史的非连续性与连续性，展开古今的对话。中国书法至今不失活力，书法史叙事虽然展现了经典媒介化过程中的转型与断裂，但是古今对于经典的理解一再强化了更多共识，对于书法本体的理解一再强化了客观性，书法史叙事总体上是流动的、开放的，而并非僵化的、单调的。

从另一个角度看，西方媒介考古学是流动的、开放的，因为它生成于跨学科、多样化的学术谱系。从瓦尔特·本雅明对物、技术和空间的社会学探询，从米歇尔·福柯的知识考古学、权力话语理论，从弗里德里希·基特勒从技术媒介的角度对物与时间、空间的关系的思考，从吉尔·德勒兹对电影作为艺术媒介的"时间-影像""运动-影像"特性的界定，从马歇尔·麦克卢汉"媒介即信息"所蕴含的媒介自反性表述，

---

1 Sanne Krogh Groth.Provoking, Disturbing, Hacking: Media Archaeology as a Framework for the Understanding of Contemporary Diy Composers' Instruments and Ideas[J].Organized Sound, vol 18, No.3, 2013:266-273.
2 唐海江：《转向媒介：中国传播史的探索与反思》，社会科学文献出版社 2019 年版，第 92-94 页。
3 张世英：《历史的连续性与非连续性》，《江海学刊》1998 年第 1 期，第 76-81 页。

到齐林斯基关于媒介深层时间的假设,沃尔夫冈·恩斯特对于历史蕴藏于媒介的深层档案中的思考,埃里克·克塔滕贝格对于人类历史上构想"虚拟媒介"或"潜在媒介"的追踪,保罗·迪马里尼斯对于在历史叙事中被遗忘的技术或艺术实践的关注,以及埃尔基·胡塔莫对于过去不同时期的媒介或媒介文化的辨别,等等,我们可以看到,尽管媒介考古学还称不上是一种成熟的、规范的学科范式,只是一种游牧式的研究方法(来自不同学科背景或不同文化背景的学者,有着不同的研究目的及不同的研究路径),但是它试图在媒介与历史之间建立一种秘密的联系。媒介考古学的学术志趣,不仅在于通过介入不同的媒介形态来挖掘历史,特别是介入那些被忽视的、被遗忘的、被遮蔽的媒介形态,用考古发掘的方式从时间叠合的地层里展开隐秘的历史场景,而且致力于将历史、当下和未来联结起来,将媒介的发生、演变及其发展的可能性与对技术文明、艺术实践的反思和展望联结起来,这既是对历史进程的回顾、巡视,又是对未来面向的理解、探求。

媒介考古学不是概念先行的研究,虽然它强调历史叙事的非线性时间和非统一规则,强调"文化在话语和物质层面的证据"[1],但是,媒介考古学并非只关注物质、技术而不关注话语和意识形态。实际上,它是借助媒介来分析话语和意识形态,"还原了媒介与艺术、媒介与人、媒介与社会的关系,以媒介的小切口切入了对社会机制和意识形态的分析"[2]。德国学者西格弗里德·齐林斯基对于媒介考古学的学术价值的评价值得深思,在接受唐宏峰等中国学者采访时,齐林斯基说,"媒介考古学突破了学科界限","打破学科之间的界限很有必要",对于传统的线性历史书写,媒介考古学并不完全否定其意义,"重要的是理解线性结构的复杂性如何构成,以及如何将各种线性结构归到一起","我们需要永远更新这种连贯性,将之复杂化"[3]。这一论述对于我们研究中国传统的媒介文化尤其值得借鉴,一方面,可借鉴媒介考古学注重"文化在话语和物质层面的证据"这一方法,另一方面,可借鉴其跨学科、多样化的学术视野,从媒介史中梳理和归集各种线性结构,进而研究媒介演化变迁与话语演化变迁的关系。媒介考古的方法论意义在于尽可能还原历史,在于让历史在场,在于抵制表面化、模式化的叙事,在于开启古今之间的鲜活对话。

传播考古学是潘祥辉等学者在西方媒介考古学的基础上提出的研究范式,即注

---

1 埃尔基·胡塔莫、尤西·帕里卡:《导言:媒介考古学的考古》,收录于埃尔基·胡塔莫、尤西·帕里卡编:《媒介考古学:方法、路径与意涵》,第 3 页。
2 李立:《电影本体论的嬗变——媒介考古学引起的思考》,《艺术评论》2019 年第 6 期,第 140-150 页。
3 埃尔塞瑟、齐林斯基、唐宏峰等:《在媒介与艺术的历史中探险——埃尔塞瑟、齐林斯基同中国学者的对话》,《文艺研究》2020 年第 5 期,第 91-99 页。

重媒介考古学的中国化、在地化，而且加入了中国传统学问的研究内涵与方法，如考据学、史学等。潘祥辉反对生搬硬套西方理论，反对把西方的问题当作中国的问题，把西方的文化当作中国的文化，把西方人的体验当作中国人的体验[1]。有学者指出，近年来，"华夏传播对自身范式的思考也愈发深入"，"华夏传播的学术目光投向更加多元的研究对象，同时在对研究文本的选取和处理方式上也有了更多的新认识"。[2] 潘祥辉等强调了媒介考古学应用于华夏传播研究"深入本土"的学术追求及其对西方话语体系的反思意义，这也是中国学者的共同努力方向。[3]

（五）对国内外研究现状的思考

无论是媒介化理论，还是媒介考古学，都主张从更开阔、更宽泛的视野来理解媒介。书法作为媒介，既是知识习得的技艺，又是人文传承的主题，还是审美想象的共同体，更是文化符号的表征和社会建构的形式。不可狭隘地将书法理解为有形之物或"中介"意义上的传播工具，而应侧重于分析书法的技艺、载体、符号、空间的象征建构及书法经典的媒介化实践进程。德布雷主张媒介化研究将向上游的线（指向象征功能）和向下游的线（指向行为实践）相交，对媒介者作为存在的历史谱系做出了将象征传递和流通手段进行集合的研究假设。在思想史、艺术史、文化史的意识形态构建和物质、图像、视觉表达之间，建立一种跨学科的联系，揭示作为事实的话语作用在中国书法经典媒介化历程中的客观意义。"过去被带至当下，当下又被带回过去；过去与现在相互知会、相互阐释和发问，指向那可能是、也可能不是的未来"[4]，胡塔莫和帕里卡的《媒介考古学的考古》对媒介变迁在时间中的来回巡游、"主题"在历史情境中的反复被唤醒，进行了对接学术研究和话语实践的想象，而本书的关键词"与古为新"，与胡塔莫和帕里卡的表述之间并非字面上的偶然相似，而是具有共通的发现眼光和可互相借鉴的媒介认识论。"与古"不是简单地复归过去，"为新"也不是粗暴地抛弃历史，"与古为新"是为了通过激活历史、重构历史而释放新的能量，再造新的象征系统和传播条件。

目前，国内对于西方媒介考古学的研究仍处于以译介为主的阶段，在地化、中

---

1 潘祥辉：《华夏传播新探：一种跨文化比较视角》，复旦大学出版社2018年版，第335页。
2 谢清果、王皓然：《中国传播学的"中年危机"与华夏传播研究的球土化展望（2017—2021）》，《国际新闻界》2022年第1期，第61-80页。
3 王学敏、潘祥辉：《深入本土：近10年华夏传播研究的知识图谱及学术走向》，《传媒观察》2023年第1期，第35-49页。
4 埃尔基·胡塔莫、尤西·帕里卡：《导言：媒介考古学的考古》，收录于埃尔基·胡塔莫、尤西·帕里卡编：《媒介考古学：方法、路径与意涵》，第15页。

国化的研究成果还不够多，而且集中于电影、游戏、新媒体艺术等研究对象，很少注意到中国传统文化中的媒介，也缺乏通过媒介考古反思现代性的问题意识。埃尔基·胡塔莫等在《媒介考古学：方法、路径与意涵》中译本序言指出："令我们特别好奇的是，媒介考古学将如何推动中国的文化形式与中国历史的对话，以帮助人们更好地理解中国的媒介环境。"[1] 在中国学者记录的《媒介研究、技术创新与知识生产：来自媒体考古视野的洞见——与齐林斯基教授的对话》中，齐林斯基指出："中国的《易经》以及五行转换学说，让其具有紧凑的思想史和普适的诠释学，能以不断变化的状态理解和描述世界。"[2] 将媒介考古学作为齐林斯基所说的一种"扩展的阐释学"，与中国古代的阐释学传统相对照，从媒介演进、媒介文化演进的层面展开对中国书法经典媒介化的研究，思考中国书法在当下语境的发展前景，应该是具有挑战性和新意的。

潘祥辉等提出媒介考古学的中国化、在地化，即"广泛运用多种研究材料和研究方法对中国古代的传播现象、传播媒介、传播制度、传播观念进行挖掘和阐释"[3]。潘祥辉等提出的研究范式，在研究对象上侧重于中国问题、中国文化、中国语境，加入了中国传统考据学和历史学的思维和方法，笔者深以为然。西方学者对于媒介考古学的中国化、在地化亦有学术期待，如唐海江等记录的埃尔基·胡塔莫的若干观点非常值得注意，埃尔基·胡塔莫认为，媒介考古学的贡献在于"发展了对过去的媒介或媒介文化的不同时刻的关注"，并且"关注到文化具有高度复杂的多层结构"，他还建议"中国的学者可以发现，自己的历史与外界历史能够通过媒介发生连接处"。[4] 笔者对于中国书法经典的媒介化及其传播史的发掘，正是注重对历史文化语境的考古还原，并且归集了文化纪统、审美传统和知识系统等多种复杂结构，试图将其贯通起来，这就是一种扩展的解释学。

中国书法的媒介特征之一是借助视觉表现来传情达意，参与社会文化建构。唐宏峰在《视觉性、现代性与媒介考古》中指出，"艺术史与图像研究视域下的视觉文化研究，以'视觉化'为核心问题，探讨视觉的社会文化建构，并以此与现代性概

---

[1] 埃尔基·胡塔莫、尤西·帕里卡编：《媒介考古学：方法、路径与意涵》序言第 2 页。
[2] 潘霁、李凌燕：《媒介研究、技术创新与知识生产：来自媒体考古视野的洞见——与齐林斯基教授的对话》，《国际新闻界》2020 年第 7 期，第 96-113 页。
[3] 王学敏、潘祥辉：《深入本土：近 10 年华夏传播研究的发展趋势及核心议题》，《传媒观察》2023 年第 1 期，第 35-49 页。
[4] 唐海江、肖楠、袁艳：《媒介考古学：渊源、谱系与价值——访加州大学洛杉矶分校埃尔基·胡塔莫教授》，《国际新闻界》2020 年第 2 期，第 121-129 页。

念和媒介问题形成紧密的关联,形成视觉现代性与媒介考古两种新的研究趋向"[1]。笔者以媒介考古和考据为方法来观照中国书法经典的媒介化,即探讨书法发展历程中媒介与社会文化建构的互动关系,在讨论中国书法近代以来的美术化转向、视觉化转向和再媒介化转向时,强调了回溯传统、与古为新的重要性。对于中国书法,不应仅是技术性的观看,而应加以人文性的观照,不应是对表面形式的追随,而应是对主体意识的张扬,并在现代性语境下理解媒介主题的流动,因为现代性语境并未割裂传统,并且在推动对传统进行转化的各种尝试。这样的研究思路表现在不仅注重媒介史的断裂与转型,而且注重通过沙孟海所提出的"穷源竟流"[2]来整合媒介史,探讨媒介的社会文化建构意义。唐宏峰的论文《艺术与作为时代本质的媒介》,从"作为艺术的媒介"和"作为媒介的艺术"两个方面来理解艺术、媒介与时代的关系[3],在当代语境下,如何思考书法与媒介物质、技术(技艺)的关系,思考媒介与社会的互动可能性,显然是一个重大课题。本书试图围绕中国书法传播展开从物质、技艺到制度、观念的跨学科研究,通过研究视域的调整,于史料挖掘和文本编织方面下了一些功夫,较为清晰地阐释了"与古为新"这一中国书法经典媒介化的命题。

四、研究的内容与方法

在长期探索的书写实践中,在不断变迁的历史语境中,人们认识到书法的文化价值、审美意义、精神内涵,对书法本体、审美主体与传承载体进行理解与阐释,对代表性书家及其作品进行评判与选择,对书法所承载的人格境界与社会功能进行中和与调适,由此形成了中国书法的文化纪统、审美传统与知识系统。

本书将研究议题设定为中国书法经典的媒介化,因为在具有连续性的较长历史时期中,经典的萃取和流传需要满足社会文化的需求,经典的确立需要符合历史叙事的规约,与此同时,经典化进程参与了权力话语和价值观念的建构进程。中国书法经典不仅是中国的汉字史、书法史、书学史的叙事整合,而且体现了中国古代社会渐次形成的整体文化秩序、主流审美趋势与丰富知识谱系,其中的信息量极为庞大,源流互济,历久弥新,不断延展,气象万千。

---

[1] 唐宏峰:《视觉性、现代性与媒介考古》,《学术研究》2020年第6期,第36-43,177页。
[2] 沙孟海:《近三百年的书学》,浙江人民美术出版社2022年版,第126-131页。
[3] 唐宏峰:《艺术与作为时代本质的媒介》,《美术》2020年第3期,第6-9页。

媒介化理论提出，媒介、传播与文化、社会变化之间的关系是一种"元进程"，即在历史性的过程中理解文化建构的长期性。赫普在回答中国学者提问时指出："如果我们想更好地理解媒介化，就必须发展复杂的、非线性的过程思维。"[1] 媒介考古学也提出了非线性时间观，它借鉴福柯关于知识考古的概念及其定义，认为不同历史时期的思想、知识、意义之间的关系不是简单线性的、完全连续的，类似于考古的分层，继而需要研究不同层面出现的文献、实物所存在的条件及其与话语、制度之间的关系，着重分析不同历史时期的思想、知识、意义何以存在、为何存在。笔者将何为经典（第一章论述中国书法经典是什么，并定义了中国书法经典的媒介化）、何以经典（第二章至第四章分别论述中国书法经典媒介化的不同场域和不同方式）、经典何为（第五章论述中国书法经典媒介化的传播影响和传播构型，并思考了书法媒介之于社会塑造的未来可能性）作为主要研究内容。梳理中国书法经典所经历的物质条件、历史语境及其与话语、制度间的关系，也是为了展开论述其媒介化效果。

笔者在研究中国书法经典的媒介化时，梳理和归集了有关文化纪统、审美传统和知识系统的结构，并将三者进行考古学叙事的交织相融。经典的媒介化意味着话语通过书法媒介进行不同场域的想象与塑造，并形成了与政治、社会、文化、教育相互交织的结构化叙事。媒介化不是单一的、线性的过程，而是多维度、多场域的实践。

关于何以经典或经典的媒介化方式，笔者进行了具体阐释：经典既是人与社会的创造，又是物与技艺的叙事；经典是被知识、文化、权力所建构的谱系，经典化进程也是媒介化进程。从第二章到第四章，笔者从书迹考古、书论考古和书史考古出发，梳理了中国书法的文化纪统、审美传统与知识系统的复杂结构。中国书法经典媒介化的历史既有连续性又有非连续性，有断裂也有接合，呈现出源流互济的趋势和与古为新的机理，这正是一种开放的连贯性。书法区别于印刷技术的复制性记录、存储与传播形态，不是标准化、装置化的媒介，书法是人的具身性书写和文化性书写，是人与物、技与艺的共同展现，而不是被机器中介化、操纵化的书写。书法依然有"法"，这个"法"合于话语创建想象力场域和框定性场域的规则，同时体现人的具身性实践和经验性分享的特征，因此，虽然"法无定法"，不可量化，但是在话语变迁过程中仍具有可以复现的特定形式。例如，无论书体、书风如何变化，"法"依然设置了媒介化的表征，例如，赵孟𫖯"笔法千古不易"之论指出在不确定性中还是存在特

---

[1] 常江、何仁亿：《安德烈亚斯·赫普：我们生活在"万物媒介化"的时代——媒介化理论的内涵、方法与前景》，第4-11页。

定形式和客观规律。基特勒所说的"作为文化技术的媒介",可以作为理解书法中的"技艺""法度"的参照,即涉及调节身体以及身体与话语之间的关系的操作,故而人们可以体会、感受书写的具身方法和话语规则。中国书法的"临摹"与媒介的复现性是可以关联的,书法家往往通过摹古而出新,创造新的变体,又让古法"复活",与传统建立连接并进行符号化交换。中国书法从未消亡,一直被激活,这不正是一代又一代的书法家不断捕捉媒介的复现性吗?当然,这里有许多问题需要审视,比如,临摹作为经典传承的重要方法,只是书写的控制技术吗?如果只是书写的控制技术,AI 完全可以通过深度学习逼真地再现古代书法名家如王羲之、颜真卿的笔法。基特勒在《话语网络 1800/1900》中对德国 1800 年代浪漫主义话语生产的研究描绘了母亲、诗和哲学组成的话语网络线性回路,将母亲视为浪漫主义话语网络的源头和终点,将诗视为渠道,将哲学视为接收器或存储器,这个描述是否可以用来理解书法的话语网络回路?书法在前机器时代的自然性和生命性书写,体现了具身性书写和反身性书写的双重特征,也就是说,既体现了媒介对于人的塑造又体现了主体的反思、自反。基特勒认为,以打字机为代表的技术媒介和物质书写遮蔽了书写和笔迹的本质,那么,在键盘几乎取代笔墨工具的当下,中国书法又何以保存文化记忆,何以强化文化认同,何以显现人的主体性?思考媒介与人的关系,无疑可以通过媒介考古发现中国书法媒介化过程中的文化断裂与转型、文化接合与创新,并做出新的阐释,展开对现代性和技术媒介的反思。

就书法的文化纪统而言,笔者抽取了汉字构形、书体演变、字学传统、书礼规训和儒释道融合等不同线索,通过考据爬梳,揭示了书法作为话语的主要内涵以及作为象征性权力的塑造范型。回到历史的话语场域中,书迹所呈现的书写哲学、书写技艺、书写规范,在不同历史时期,与文化、制度中的政治因素、伦理因素、哲学因素始终是联系在一起的。

就书法的审美传统而言,笔者对前人书论进行了考古,论述了神采与形质、入法与出法、书风与流派、帖学与碑学等基本书法美学问题,将中国古典话语对于物我齐一、古今一如的理解对接现代话语关于主客体转化、主体间性形成的观念。探讨深层时间里的主体性建构和媒介主题流动,对于研究书法经典媒介化的历史过程,是不可缺少的视角。

就书法的知识系统而言,笔者梳理了家法与师法两种不同传承路径、师古与悟道两种习得方式、字内功夫与字外功夫两种修养手段等线索,考察中国书法经典媒介化的传播途径、传播范式、传播效果,并对知识流通和海外移植所产生的语境变化和媒介异质性变化进行了讨论。将书法经典媒介化的方法，包括了对经验材料的选择与强化，并通过知识流通确定了社会建构的框架。

以上三章围绕在历史情境下书法与社会、文化的关系进行话语分析，在媒介化视域下，"与古为新"体现为文化连续与断裂的征兆，体现为中国书法经典媒介化的话语逻辑。

关于经典何为，笔者以哈罗德·布鲁姆"影响的焦虑"之说理解经典的不断被改写，中国书法史通过"与古为新"继承经典又突破经典的独特现象，即布鲁姆意义上的有意误读与修正，体现为对权力话语的反叛，又体现为对权力话语的重构。"与古为新"，正是"源流互济"样貌的动态、巡回、周期性的历史叙事形式，与胡塔莫、帕里卡所说的"过去被带至当下，当下又被带回过去；过去与现在相互知会、相互阐释和发问，指向那可能是、也可能不是的未来"[1]具有共通性。胡塔莫还指出："不仅应在某个主题传统内部展开分析，还应通过主题与其出现的文化背景之间的关系进行外部分析。"[2] "与古为新"的媒介主题是由传统所创建的，也在不断打破传统、超越传统、修改传统，但是又接续传统、汇入传统并成为传统的一部分，这是一种实践理性。古老传统如何成为中国书法实现创造性转化和创新性发展的资源，是书法经典媒介化研究和书法媒介认识论研究的重要内容。

所谓"与古为新"，在文化纪统方面，其主要含义可概括为梁启超在《清代学术概论》中所说的"以复古为解放"，尊经重史的中国文化深层特质影响了中国书法经典媒介化，温故知新的儒家思维方式也影响了中国书法经典媒介化。书法史上以复古为旗号的创新，在不同历史时期都有典型案例，虽然诉求各有不同，但是在文化价值观念上都是为了确立"与古为新"的合法性。西方学者对"复古"的认识亦可为我们提供参照，雅各布·布克哈特把意大利文艺复兴作为一个历史对象，在《意大利文艺复兴时期的文化》一书中提出了"古代的复兴"，其意图在于以今说古、借古开今。有研究者指出，可以采取"逆读"的方式来理解此书，即将它视为作者对历史对象的逆向建构，视为作者依据其现代知识对过去的回溯阐释，而现代性的考古学冲动是作者形成修辞策略的内部力量。[3] 前文所引用张世英"对历史事件的理解

---

1 埃尔基·胡塔莫、尤西·帕里卡：《导言：媒介考古学的考古》，收录于埃尔基·胡塔莫、尤西·帕里卡编：《媒介考古学：方法、路径与意涵》，第15页。
2 埃尔基·胡塔莫：《拆除神话引擎：作为主题研究的媒介考古学》，收录于埃尔基·胡塔莫、尤西·帕里卡编：《媒介考古学：方法、路径与意涵》，第32页。
3 吴琼：《作为文化史的艺术史——"文艺复兴"的发明与布克哈特的现代观念》，《艺术学研究》2021年第6期，第4-18页。

就是古今之间的对话"之论断,亦蕴含有此意。

在审美传统方面,"与古为新"的含义体现于唐代孙过庭在《书谱》中所概括的"古不乖时,今不同弊""质文三变""古质而今妍",在经典传承的基础上探索创新求变,在技艺精熟之后复求原初真朴。经典的时代性与永恒性、个性与共性、承上与启下,反映了书法审美的人文探究、时风流变、修辞转化。古人学习书法的以古为新,不是重复前贤,而是溯源返流,不是依靠外铄,而是通过由"师古人"而"师造化"的路径,实现"师本心""道法自然"的生命自觉和审美自觉。"古"的终极意义是"质",即造化的本原、本质,显现主体的本心、初心,而"一元复始,万象更新""一生二,二生三,三生万物"的宇宙观、生命观,赋予了书法本体不断回到本来、不断焕发生机的活力,也使书法审美在多元化、异质性的"文"的变化展开过程中归于"质"的一致性、本真性。媒介考古学意义上的媒介复现性,召唤人对媒介的想象、对物的想象,而人的审美想象能够实现与物和媒介的共在,这种共在,于中国书法审美而言,是得心应手、纵横可象、道法自然,是在"天人合一""物我齐一"语境中形成主体间性。

在知识系统方面,"与古为新"的含义可描述为明代王铎在临《淳化阁帖第五·古法帖》题跋中所说的"古难今易",以及清代刘熙载在《艺概·书概》中所说的"古化为我""我化为古"。经典的媒介化之于知识传播而言,是在已有知识的基础上发现新知识而继续进行媒介主题的社会建构。迈克尔·波兰尼所谓"隐性知识",就是一种以意会为接受与习得的知识生产与传播方法,"所有的认识都是这两种中的一种:它要么是意会的,要么是根源于意会的"[1]。所谓"古难",指的是"意与古会""古今一如"之难。在描述前现代时,西方媒介考古学使用的是"文化技艺"这一术语,以贯穿现代和前现代。书法作为界面,将"文化"和"技艺"进行了互相渗透和交汇。媒介考古学以"递归"来描述自我反思、自我身份认同和自我习得的操作过程,在人的主体性递归中,才能"达到人与媒介、自然和谐共在的理想状态"[2],而中国书法经典观念一再强调"人书合一""书肇于自然""笔歌墨舞"。借用基特勒对"递归"的阐释,"与古为新"是一而再、再而三地允许自我指代的符号技艺。书写者的"与古"是一种具身性、意会式代入,而"为新"是一种反身性、转化式激活。

霍尔在文化研究领域所提出的"无声的语言",可以理解为中国文化语境下的"潜

---

[1] 迈克尔·波兰尼:《认知与存在:迈克尔·波兰尼文集》,马乔里·格勒内编,李白鹤译,南京大学出版社2017年版,第174页。
[2] 郭小安、赵海明:《媒介的演替与人的"主体性"递归:基特勒的媒介本体论思想及审思》,《国际新闻界》2021年第6期,第38-54页。

移默化"。文化是一种交流,而汉字书写和书法对中国人的影响极大。"文化以深刻而持久的方式支配着人的行为,我们对这样的制约却是浑然不觉的,个人意识不到这样的控制"。[1] 实际上,文化创新的活力不可能被完全遏制,在制约与反制约的矛盾中,"与古为徒"是遵循和服从,"与古为新"是具有合法性的解放。笔者借助对历史材料的考古阐释了中国书法经典媒介化的机理,这与媒介考古学所主张的"视旧如新"的媒介认识论可以互为参照。德布雷也指出,"'老'并不是我们扔在身后的东西,而是我们在面前重新找到的东西"[2],也就是说,我们通过"与古为新"将"古"进行了功能的过滤、修补、完善之改变,在当下的时代演绎了"新"的角色,所谓媒介化否定了媒介进化论,"象征和技术并不是在进行着一种零和博弈"[3],这是对媒介本质的深入思考,是对人与物的关系史、人与人的关系史的统合理解。

关于经典何为,本书在最后一章思考了经典对于中国书法实现创造性转化与创新性发展的价值,并展开了如何突破经典的媒介化或反抗影响的焦虑而借古开今、破旧立新的探讨。经典的媒介化很可能导致书法书写的模式化、刻板化,导致媒介的建制化、霸权化,例如明清时期的"馆阁体"效应,从而失去媒介自身的活力和人的主体性意义。围绕书写的话语权力下移趋势、从公共书写到个人书写的演变过程、知识生产的大众参与变迁轨迹,笔者探讨了中国书法经典的再生产和再创造的可能性,探讨了书法再媒介化的可能性,并涉及书法教育与学术现代转型的作用(弗里德里希·基特勒所说的"文化技艺",强调了教育之于文化差异网格生产的方式[4]),媒介与空间拓展边界的作用,以及界面融入人的生命实践、文化实践的作用。再媒介化作为经典传承的新的形态,生成了新的知识空间与文化语境,展现了人与媒介的融合趋势,值得引起进一步探讨与反思。

在媒介化理论视域下,笔者选择了媒介考古的研究方法,同时并未放弃以考据为主的历史研究方法,二者互相对照又互相印证。本书努力做到重文本、重考据、重比较,通过挖掘考古文献、金石文献、刻帖文献、墨迹文献及历史记录、书论文本等考察中国书法经典媒介化的证据,从各种历史事件和前人阐释中找到线索并形成复杂关联,分析中国书法经典媒介化的原因、条件和话语体系,并展望未来中国书法的传承与创新问题。媒介考古和考据学方法都体现了知识社会学的取向,即考

---

[1] 爱德华·霍尔:《无声的语言》,何道宽译,北京大学出版社 2010 年版,第 21 页。
[2] 雷吉斯·德布雷:《普通媒介学教程》,第 90 页。
[3] 雷吉斯·德布雷:《普通媒介学教程》,第 91 页。
[4] 参见王继周:《文化技艺:德国文化与媒介研究前沿——对话媒介哲学家杰弗里·温斯洛普-扬》,《国际新闻界》2020 年第 5 期,第 51-60 页。

察书法史上各种观念和知识对于媒介化建构的影响和作用，侧重于媒介化建构与知识群体、知识群化的联系，侧重于对书法认识论的重新理解和阐释。笔者尝试打开跨学科的视野，在更多学科的语料中寻找依据，引用了有关中国古典文献和现当代研究成果，同时参考了传播学、历史学、社会学和文化研究的一些理论，试图既不脱离书法研究的专业性，又区别于传统书法研究的视域。打通不同学科的综合性研究极具有难度，工作量也极大。虽然如此，对书法这一中国古老又独特的媒介进行深入考古发掘，其研究价值不言而喻，这引起了笔者的学术兴趣也调动了笔者的知识储备。

媒介考古学在艺术史研究领域的应用已经取得一些成果。英美学者受到兴起于20世纪80年代的新历史主义思潮影响，书写新艺术史、新文化史，在此过程中，有的学者关注到媒介对于历史连续性与断裂性的影响，展开了媒介艺术的研究，较多的研究集中关注电影的历史、关注音乐的历史、关注新媒体艺术等。章戈浩对于太极运动的研究是将媒介考古学应用于中国传统文化领域的稀见成果。[1]遗憾的是，中国很少有学者从媒介研究的角度来思考书法史（即作为媒介本体论的书法史），也很少有学者涉足知识考古、媒介考古在书法研究领域的应用。虽然本书较为粗浅，但是笔者期待更多的学者对中国书法进行更深入的传播学研究，并拓展媒介文化研究的领域。

回顾人类文明史，文字及其书写是最原初的媒介和媒介技艺。中国书法又区别于其他类型的文字书写，它与汉字构形的关系密不可分。中国古代的文化纪统、审美传统和知识系统也区别于西方的人文主义传统、审美形式研究和文化研究的范式，特别是中国关于"天人合一"的宇宙观，关于"形质与神采"同一性的审美观，关于"外师造化、中得心源"的知识习得观，都迥然不同于西方的阐释观念。中国文化以"心手两忘""人书俱老"为书法的最高境界，如何将书法的物质性、媒介性及其人文性、实践性统合起来研究，需要我们既借鉴媒介研究的学术资源、知识视野和研究方法，又能够以物见人、以物论史，从材料到问题，从古代书契实物和文本中理解其所在历史语境的意义以及历时性变迁的内在逻辑。如果没有大的历史观照，简单地套用西方的研究方法，很可能"只见树木，不见森林"，难以梳理中国书法经典媒介化的主要脉络。笔者采用以媒介考古为主的研究方法，就是希望从更多的微观层面和不同的历史时期来发掘之前被忽略的书法史叙事线索。从媒介的物质性看，

---

1 Zhang Gehao. Invented Tradition and Translated Practices: the Career of Tai Chi in China and the West[D].Loughborough University(2010).

对于中国汉字历史的研究，对于承载书法的甲骨、青铜器、简牍、摩崖、砖瓦、石碑、缣帛、纸张等物质媒介的研究，对于刻帖之于书法传承的图像传播史的研究，对于文房四宝作为"行动者"或"作者"参与书法表现效果的研究，对于书写时的桌椅、身体空间的研究以及书法呈现的物理空间的研究，等等，都是非常有意义的。这些分布于各章节的具体论述中。例如笔者提出"中国书法经典的文化纪统"，着眼于阐释中国书法经典内涵中的中国古代思想、文化与社会制度，而媒介考古方法对于书法媒介物质性的发掘，为此找到了必不可少的立论依据。从书写的技艺性看，对于书写与契刻技艺在书体演化过程中所发挥的作用的研究，对于书体演变与书风演变的过程及其关系的研究，对于"笔法"的造魅与祛魅的研究，等等，以古代书契之迹、书史记载和书论文本为材料，皆可能还原文化记忆，使书法技艺的现象学与笔者所提出的"中国书法经典的审美传统"并置于同一叙事结构之中，二者互相渗透，突破想象与实践的边界。从书法的传播史看，笔者特别强调书法传承的具身性和社会性的相互作用，对于巫史记录的两种书写溯源、家法与师法两种传承路径、师古与悟道两种习得方式、字内功夫与字外功夫两种修养手段、帖学与碑学两种学术脉络的研究，都涉及笔者所提出的"中国书法经典的知识系统"之架构，今天面向书法知识系统的赓续与更新，与媒介研究致力于面对文化失忆、文化断裂、文化转型的问题有关。以上所列举的对书法经典媒介化进行稽考的一些具体问题，行文时注重对历史材料（它们并非新知识）的新阐释，笔者有意对各种历史事实和文献进行勾连，既列举了其中的话语分歧，又整合了其中的话语联系，以期避免空疏议论或拾人牙慧。

笔者思考中国书法经典的媒介化变迁问题，也是为了寻求书法创造性转化和创新性发展的出路。从物质性和技术性层面看，在中国大陆，繁体汉字和文言文的使用已经脱离实用性，脱离日常生活实践，而书法经典依托于繁体汉字"取象自然"和文言文"雅正为体"的传统；中国书法从古代的书斋、庙堂走向展厅、美术馆，其现代艺术属性被强化而传统人文属性被弱化，空间的变化与媒介功能的变化则呼唤新的阐释方法。中国书法在当代艺术实践中突破了边界，如有的书法家寻找新的媒介材质和空间甚至使用了跨媒介、超文本手段，传统媒介形式的合法性遇到了质疑和挑战……面对这些矛盾，媒介考古学可以帮助笔者打破思维定式，对中国书法的发展可能性展开更多想象。正如C.W.希拉姆在《电影考古学》中所说，"影响历史的不是某些偶然的发现是否出现，而是它们是否产生了作用"[1]，我们需要重新理解福

1　Quoted in Erkki Huhtarno. From Kaleidoscomaniac to Cybernerd: Notes Toward an Archaeology of the Media[J].Leonardo 30, 1997（3）:221.

柯意义上的对话语对象的系统描述，从书法作为媒介本身来考察其中的物质、技术因素，由此可以思考物质、技术是如何影响到中国书法经典的媒介化变迁的。在本书中，媒介考古学更多的是作为一种方法论植入进来，"它在审视历史对象时，与当下对话，并且批判当下"[1]，笔者将中国书法经典媒介化的叙事概括为"与古为新"，而不是线性历史观的"与时俱进"，在认识论上反对线性的进化论，同时并不否定历史的累积性与贯通性。今天，我们重写书法史和凝视书法经典，是为了传承和重写书法经典，基于让历史在场并且面向未来的思维。在笔者看来，"与古为新"体现的正是中国书法经典媒介化的一种历史思维或方法论。赵汀阳指出，"在文化基因里，价值观是相对不稳定的，而方法论才是几乎不变的深层结构，或者说，一种文化的元定理一定是方法论，不是价值观"，"历史思维才是中国文化的元定理"。[2]

西方媒介考古学将福柯的知识谱系学作为一种重要的学术来源。福柯在《必须保卫社会》一书中说："局部知识……的复兴反对科学和认识的等级化及其固有权力，这就是无序的、片断的谱系学的计划。"[3] 福柯的知识考古学策略基于谱系学的观点，强调把知识从形而上学中，从历史进步论中，从所谓"统一的话语"中解放出来。所谓知识考古，就是发掘权力和具体事件是如何成为知识生成的可能性条件的。本书则吸收了沙孟海提出的"穷源竟流"的方法，虽然"穷源竟流"完全不同于福柯的谱系学，但是它同样提醒我们注意从具体的事件中发现线索，比如王羲之、颜真卿这两座高峰是如何在历史中形成的，权力在其中是如何起作用的，后世又是如何试图改写传统的，需要通过发掘和梳理发现历史的作用，又比如对碑学兴起的历史条件展开考察，需要将历史叙事的特殊性与共时性进行统合。笔者认为，媒介考古学本身应该是开放的，如果过于强调无序性、偶然性、断裂性，则可能陷入一种历史虚无主义。在中国书法史上，书风创新屡屡发生发掘被忽视、被遗漏的资源，探寻"变体"和"破体"的举动，这是对"与古为新"的另一种理解和实践。因此，本书对媒介考古学和历史研究方法的综合应用，既注重发掘书法史的微观时间、典型个案和秘密地层，又试图梳理书法史的复杂结构、内在逻辑和客观趋势。

正是在不断书写的实践中，书法媒介变迁不是断裂的也不是重复的，而是不断回到书法本体，它永远不是进化的，也永远没有止境，故而不但没有衰亡并且不断

---

1 埃里克·克塔滕贝格：《虚拟媒介的考古学》，收录于埃尔基·胡塔莫、尤西·帕里卡编：《媒介考古学：方法、路径与意涵》，第50页。
2 赵汀阳：《关于'巫史传统'的非实证分析》，《开放时代》2024年第3期，第27-31页。
3 米歇尔·福柯：《必须保卫社会》，钱翰译，上海人民出版社1999年版，第10页。

激发出活力，这是对"与古为新"的又一种阐释。"媒体的历史，并不是从原始的东西发展到复杂的复合的东西这种全能趋势的表现。以事物目前所处的状态而言，我们未必就达到了在古尔德所说的'卓越'意义上尽可能最优的状态。媒体，乃是为业已进行的想把被分开的东西加以结合的那种尝试提供行动的空间。"[1]齐林斯基在这段话里表达的媒介史观，对于笔者理解书法以及书法史颇有启发性：甲骨文是原始的吗？草书是进步的吗？提出这样的问题显然是对书法的误解。中国书法把在历史上出现的各种书体和各种书风都作为同样重要的资源，而且在历代能变的书写者那里，可能是诸体兼擅，可能是诸法互通，可能是破体创新，可能是碑帖融合，但是没有哪一种状态是最优的，故而才可以有无穷变化。中国古代书论所说的"古质今妍""古难今易"，我们理解其中的古、今概念，展开古、今对话，与齐林斯基所说的"深层时间"是一致的，它不是线性时间所指涉的从低级到高级、从简单到复杂，而是多样化、异质性的浓密分布和互相渗透。与此同时，笔者并不否定书法作为媒介文化的连续性发展的事实，正如美国学者约翰·菲斯克所言，文化是"超越经验领域的连续性的产物"[2]，经过了长久的积累与传承，所谓"古质""古难"更多地指向媒介母体、媒介主题，避免"今妍""今易"的简化、窄化，突破古、今之间的界限，不断演化媒介母体，流动媒介主题，从而拓展媒介的丰富性。中国书法经典的媒介化和再媒介化，在反思与批判的动态调整中，通过物质传递、技术演进与社会结构、文化变迁相互动，在反复、曲折之间循环不已。

五、本书研究的创新之处

本书的研究创新之处主要体现如下：

一是将中国书法经典的形成与传播置于媒介研究领域，用"媒介化"来描述媒介与社会、文化的长期联系。中国书法经典既受到历史情境下社会、文化的影响，又介入了社会、文化的生产，并成为社会、文化结构的一部分。中国书法经典不是个别书家偶然创造出来的，它是历史整合而成、媒介社会化实践的文化现象、话语规则、经验共识。关于何为经典及经典的媒介化，本书以"三体""三统"为维度进

---

1 西格弗里德·齐林斯基：《媒体考古学》，第8页。
2 Fiske. J. Audiencing: Cultural Practice and Cultural Studies, in N. Denzin and Y. Lincoln(eds).The Handbook of Qualitative Research[M].CA:Sage, 1994:194.

行了梳理和归纳：书法本体、审美主体与传承载体分别对应为中国书法的文化纪统、审美传统与知识系统的关键概念。在古典语境中，书法本体、审美主体与传承载体三者构成互动关系，分别涉及本体论、认识论和方法论。

二是用"与古为新"来描述中国书法经典"媒介化"的历程，反对将书法经典演化进行线性历史观的阐释。中国书法区别于西方媒介文化的一个重要特征在于它反映了中国文化的稳定性和连续性，虽然不同历史时期也有复杂变化发生，但是并不能够以瓦尔特·本雅明的"星丛"结构来描述中国书法媒介史的样貌，笔者代之以"源流互济"的网络结构进行描述，这个隐喻意味着中国书法的传播历史不是简单的线性关系，也不可分割为断裂的微观时间，更不是分散的均质结构，而是形成了有主流趋势、有众源汇入、有流变万千故而源远流长的总体情状。"与古为新"是一种回溯－前瞻式的媒介历史观，也是一种返本开新的媒介认识论。

三是在试图回答知识型转换背景下中国书法面临"两创"使命的出路问题，对"再媒介化"进行了思考。再媒介化是为了表达和分享新的人类经验和人类价值，借助于新的媒介、新的界面，结合新语境下的多元文化需求，但需要警惕被异化为"媒介景观"，仍须回到书法本体论上来，以本质直观的现象学还原和主体间性对话赋予"与古为新"的当代阐释意义。

四是用媒介考古学和历史考据方法来统合历代书迹、书论和书史材料，注重用还原思维描述媒介角色，用在场意识理解传播情境，用发展眼光观照经典传承。本书特别借鉴了媒介考古学跨学科的游牧式研究方法及其对媒介深层时间的挖掘，将媒介史与社会史、政治史、文化史统合起来，试图提供传播学研究深入本土学术传统和传统文化资源的可参考案例。

本书的不足之处主要体现如下：一是在理论架构上对文化纪统、审美传统与知识系统作了较为详尽、深入的梳理与阐释，但对三者之间的交叉重合的剖析显得不足。二是在论据选择上难以兼顾点、面结合，为了说明某一个观点，有时不得不以个案阐述为主，或者以串接若干个案取代全面分析。三是在研究意图上仍以提出问题为主，对于解决问题较为审慎。

第一章 古典语境下中国书法经典的媒介化建构

图1-1 从左至右分别为大汶口文化大口尊刻符、良渚文化鸟立高台刻符、仰韶文化陶纹

文字传播比口语传播更能跨越时空，更具有稳定性和抽象性。文字的出现是文明社会形成的标志，有了文字，人类就进入了有历史记录的文明社会。许倬云说，文字的出现是"从史前文化进入历史时代的分界线"，"商代文字有其前身，只是商代使用的文字，不仅成熟，而且与后世中文文字之间的演变谱系，可以步步还原"。[1] 他论述中国历史文化，是从早期文化的刻符和殷商文字开始溯源的。李学勤认为，早期文化已经出现"原始文字"（图1-1）：大汶口文化和良渚文化"有共同的文字联系"，将从大汶口文化遗址和墓葬中发现的陶器上的刻符和良渚文化出土的玉器上的刻符进行对照，可发现其中有相似特征。[2]

汉字是记录和传播华夏文明的载体，是中华文化的组成部分，是中华文化的独特基因和标志性符号。汉字保存了中华民族久远的文化记忆，推动了中华民族的文化交流和文明传承，深刻影响了中华民族的表达方式和思维方式，为国家和民族形成文化共同体起到了涵养、维系和整合、改进作用。

汉字自诞生之时就是会意文字，美国媒介史学家约翰·杜伦·彼得斯认为，

---

1 许倬云：《万古江河：中国历史文化的转折与开展》，湖南人民出版社2017年版，第65-66页。
2 李学勤：《考古发现与中国文字起源》，收录于丁守和、方行主编：《中国文化研究集刊（第二辑）》，复旦大学出版社1985年版，第156页。

会意文字是最早的有意义的图像和书写的开端，在媒介史上具有特殊地位。[1] 如果把甲骨文视为最早的汉字体系，汉字的历史有三千多年。汉字从无到有，从少到多，至今仍然在生长，在更新。汉字的演进史与文化的发展史是并行的。汉字的文化价值是人文与社会科学的研究对象，如人类学、语言学、历史学、考古学、社会学、政治学、哲学、传播学等，对汉字独特的形体结构、意义系统、表音方式、交际功能以及汉字对于人们的思维理念、文化观念、价值信念之影响展开了诸多研究。

汉字的书契、书写形成了中国书法这一独特的艺术媒介或媒介艺术形式。

从媒介的物质性层面来看，用毛笔进行汉字书写是书法在发展过程中形成独特性的重要因素。書（书）从聿，聿即笔。汉字的书写形式是独特的，"笔墨"是汉字的书写工具，也是书写者留下的物化痕迹，还是表达精神文化的抽象作品。书法可以反映汉字的书写能力——所谓"笔墨功夫"，是一种艺术化的、主体性的书写价值显现，由技而艺，技进乎道。卢甫圣指出："抽象的美学修辞需借助形式构成达到可视化，而介于随机与可控之间的形式构成传感器，没有任何一种工具能像毛笔那样适合于汉字的衍形表现特征，适合于人格物化与见证的艺术表现功能。不言而喻，毛笔与书法艺术的关系，镶嵌于华夏文明史这个特定文明框架内。"[2] 毛笔的表现力丰富，汉代蔡邕《九势》[3] 云"惟笔软则奇怪生焉"，也就是说，毛笔也成为了书法的"作者"，与人的心－手（身体）共同留下书写所呈现的痕迹，使用毛笔这种独特之物所形成的书写效果介于随机与可控之间，在天然与人工的共同作用之间。有研究者强调了毛笔与西方书写工具不同所导致的特殊书写效果："盖中国之书，所以能进为艺术者，其最要之因素，即系其所使用之笔。古人埃及作字用苇笔，巴比伦人用角笔，欧洲古代用鹅管笔，近世代之以钢笔，皆简单拙硬，无多变化。"[4]

蔡邕《九势》开篇云"夫书肇于自然。自然既立，阴阳生焉。阴阳既生，形势出矣"[5]，这一论断既有汉字创制源于对自然的观照之含义，又有书法媒介以自然为客观根据之含义，即书法反映自然、阴阳，体现辩证、形势，是主体与自然的统合界面。书法的生命同自然的生命一样，在对立统一的矛盾运动之中，周行不息。

---

1 常江、邓树明编著：《从经典到前沿：欧美传播学大师访谈录》，北京大学出版社 2020 年版，第 19 页。
2 卢甫圣：《中国书法史观》，上海书画出版社 2021 年版，第 27 页。
3 有学者认为《九势》为后人伪托蔡邕所作，华人德指出："而《九势》如'藏锋，点画出入之迹，欲左先右，至回左亦尔。'"" '疾势，出于啄磔之中，又在竖笔紧趯之内'云云，皆为楷书之笔法。"参见华人德：《中国书法史·两汉卷》，江苏教育出版社 2009 年版，第 203 页。不管《九势》的作者是谁，它在中国书学史上已形成重大影响力。
4 胡小石：《中国书学史》，浙江人民美术出版社 2022 年版，第 1-2 页。
5 杨成寅：《中国历代书法理论评注／先秦两汉魏晋南北朝卷》，杭州出版社 2016 年版，第 68 页。

毛笔的物质性和汉字造型的象形特征，意味着书法不仅是人的书写，也是毛笔和汉字的书写。各种书写工具和载体都是书法的"作者"，它们体现了不同的书写效果，形成了不同视觉图式和技艺表现，并且体现了不同的符号空间和传播功能。

古人对于书法的理解见诸各种历史文献记载和论著，包含媒介功能、书写技法、书体演变、书家作品、书史传承、书法美学、书法哲学等方方面面内容。在长期探索的书写实践中，在不断变迁的历史文化语境中，人们认识到书法的文化价值、审美意义、精神建构，对于书法本体、审美主体与传承载体进行领会与阐释，对于代表性书家及其作品进行评判与选择，对于书法所承载的人格境界与社会功能进行中和与调适，由此形成了中国书法的文化纪统、审美传统与知识系统，并构成古典话语关于中国书法经典的核心内容。

陈来在论述春秋时代产生的经典的传播价值时指出，"经典的性质并非取决于文本的本身，而取决于它在共同体实际被使用、被对待的角色和作用"，"诗书的经典化的特点，是一方面在引证的实践中把诗书经典化，另一方面又在引证中把诗书加以伦理化、训诫化"[1]，经典从而被塑造为价值权威和主流话语。这一论述从一个方面阐明了经典媒介化的角色和作用，另一方面，我们也可以根据历史事实看到，经典自诞生之时就具有话语属性。书法经典的媒介化同诗书经典的媒介化是相似的，中国书法经典的媒介化，取决于经典反复被引证、被临仿、被阐释，表征为社会与文化借助经典化的媒介与经典的媒介化而强化影响力，动态性地接合特定的历史情境，故而中国书法经典是中国的汉字史、书法史、文化史、社会史的叙事整合。中国书法经典的媒介化，体现了整体的文化秩序、主流的审美趋势与丰富的知识谱系，在深层时间中积蓄了不断调适与变迁的可能性。

时至今日，书法如何传承下去？倘若不了解经典及其媒介化变迁，就无法对接经典和反思经典。偏移文化纪统、割裂审美传统、出离知识系统，则行之不远，正如江河不通源头而枯竭断流。经典的媒介化是通过历史视角建构和确认的，随着时代变迁而被赋予新的功能，具有延续性和贯通性。经典的媒介化过程是一个既有立、又有破，既有回溯、又有前瞻的过程，一方面将那些合乎历史文化语境、体现主流审美趋势的书家、书作、书风、书论等树立为经典，前人对后来者产生影响，为后来者所模仿和消化，另一方面后来者不断试图超越传统的阴影，对前人文本进行有意的"误读"或重新阐释，打破界限而创新突破，消除前人的影响，努力创造新的经典。后者可以用美国文学理论家哈罗德·布鲁姆研究诗歌史提出的"影

---

[1] 陈来：《古代思想文化的世界：春秋时代的宗教、伦理与社会思想》，生活·读书·新知三联书店 2009 年版，第 216-217 页。

响的焦虑"之说来解释，前人与后人是既对立又统一的，焦虑与反焦虑一直交织为历史的叙事，文本之间的关系体现为不断进行的创造性"误读"和回应性"修正"。经典的媒介化过程是不间断的，其延续性和贯通性体现于江河万古的流传、扬弃、分合。故而胡小石论中国书学史时说："历史为时间之进行，相续无间，不可分割，若江河之流，万古如一者也。"[1]

书法作为媒介的文化和文化的媒介具有历史性，既前后相续也反映出不同"地层"的特征。媒介考古学注重"打通媒介的历史、类型与机制间看似无法逾越的时间性障碍"[2]。媒介考古学要回到历史现场去追问媒介演变和传播扩散的意义，它是一种在场的话语方式，笔者有意于梳理书法史、文化史、社会史的诸多重要线索，将历史与当下紧密联系起来，重估中国书法经典的价值。在此过程中，无法脱离文本材料和话语分析。安托万·孔帕尼翁认为，一切写作都是拼贴和诠释、引用和评论，而经典是通过对意义的不断生产、对历史文本的不断诠释而建构的，他认为："历史是建构，是叙事，这叙事既展现了现在又展现了过去。""史学家必须进入话语，用话语来构建历史对象。"[3]安托万·孔帕尼翁说的是文学传统，借鉴其理，书法经典的媒介化也是如此，这是一个不断变动和调整的共时性系统，因为经典不断被萃取、被选择和被阐释、被继承，经典的媒介化始终与话语变迁相联系。本雅明关于"拱廊计划"的书写，是一种特别的讲述历史的方式，通过搜集、摘录分散的引文而使之成为"辩证的形象"，历史因此可在当下得到辨认。引文的内容很可能在被诠释的同时被移植和串联，与此同时，媒介和话语对于历史的建构有迹可循，媒介和话语都是动态的，不可脱离历史文化语境而忽视中国书法经典媒介化的流动性、过程性、历时性。

丛文俊指出，并非所有的书体和书法现象都能反映历史规律，都能代表书法史的主流倾向。[4]笔者认同丛文俊的观点，中国书法经典的媒介化有其历史客观性，但是也有不少并非代表当时主流倾向的历史事实需要通过考古进行媒介史的发掘。笔者在做媒介考古工作的基础上，像本雅明所描述的那个漫游者一样，与书法史上的前人形成同在感与同理心，从事这样的研究极具有体验感。中国书法经典是被古典话语长期建构的"想象共同体"，在历史时空中生成主流、派系，历史并不是一座废墟，它是一个活生生的现场，这正是考古的意义所在。"夫书肇于自然"，

---

[1] 胡小石：《中国书学史》，浙江人民美术出版社2022年版，第8页。
[2] 唐宏峰：《虚拟影像：中国早期电影媒介考古》，《电影艺术》，2018年第3期，第3-10页。
[3] 安托万·孔帕尼翁：《理论的幽灵：文学与常识》，吴泓缈、汪捷宇译，南京大学出版社2011年版，第210页。
[4] 丛文俊：《中国书法史：先秦·秦代卷》，江苏教育出版社2009年版，第4页。

这是从文字、书法的媒介发生学角度提出的妙论，而书法不仅表现自然美，而且表现人文美，传达出人们对自然生命、社会生命及精神生命的整体理解。中国书法经典的媒介化起源，体现了中国古人对于自然、物性、技艺、心性的贯通性理解，而中国书法经典的媒介化过程，体现了知识、文化和权力的话语建构作用。笔者借由书法本体、审美主体和传播载体来阐释何为经典，乃是阐述中国书法经典的物质性与象征性关联[1]。针对无视经典而盲目"创新"，以个人好恶或一时流弊评骘经典，以及脱离文化语境、罔顾历史事实者而言，笔者的写作旨在纠偏导正，由源析流，通过认识经典而弘扬经典、激活经典。

第一节　道进乎技：书法的媒介本质和本体意涵

考察中国书法在媒介史上的地位，就涉及中国书法的本体论问题，即回答：书法是什么？书法的源头在哪里？书法与写字的本质区别何在？书法之"法"是什么意思？虽然书法在历史进程中形成了书体、书风的各种变化和异质性，不断有人在突破传统的书写观念和书写实践，但是它已经被古典话语建构为想象共同体，具有独特的媒介本质和本体意涵。

首先，谈一谈书法与其他艺术媒介的关系。谷卿在一篇短文《书法，何以如此》中提出了一个有意思的观点：要想知道书法是什么，恐怕还得先明白书法不是什么。[2] "书法不是绘画，却要求有绘画艺术的形象感；不是音乐，却要求有音乐艺术的乐律美；不是舞蹈，却要求有舞蹈艺术的姿致；不是建筑，却要求有建筑的严谨；不是诗，却要求有诗一般的意境；不是生命，却要求其有生命般的形质和神采"[3]。陈方既用形象化的方式说出了书法的语言意涵与美学趣味，书法和绘画、音乐、舞蹈、建筑、诗歌等艺术媒介有共通之处，而这些共通之处即为可抽象出来的美学特征。德国启蒙运动时期的美学家、剧作家莱辛在《拉奥孔》中做出了艺术形式的区分，认为时间艺术所用的形式符号存在于时间中，空间艺术所用的形式符号存在于空间中，据此可以把音乐、诗歌视为时间艺术，把绘画、舞蹈、建筑视为空间艺术。这样的划分，有助于人们把握不同艺术形式的主要特征。然而，

---

[1] 有学者将德布雷的媒介化理论解释为一种方法论："超越技术（物质性）和文化（象征性）的传统对抗，把象征性构建植根于物质性之中"。参见朱振明：《媒介学中的系谱学迹线——浅论德布雷的方法论》，《新闻与传播评论》2019年第3期，第87-97页。
[2] 谷卿：《书画印艺的象与神》，长春出版社2016年版，第93页。
[3] 关于书法语言的论述，参见陈方既：《书法艺术论》，河南美术出版社2020年版，第223-268页。

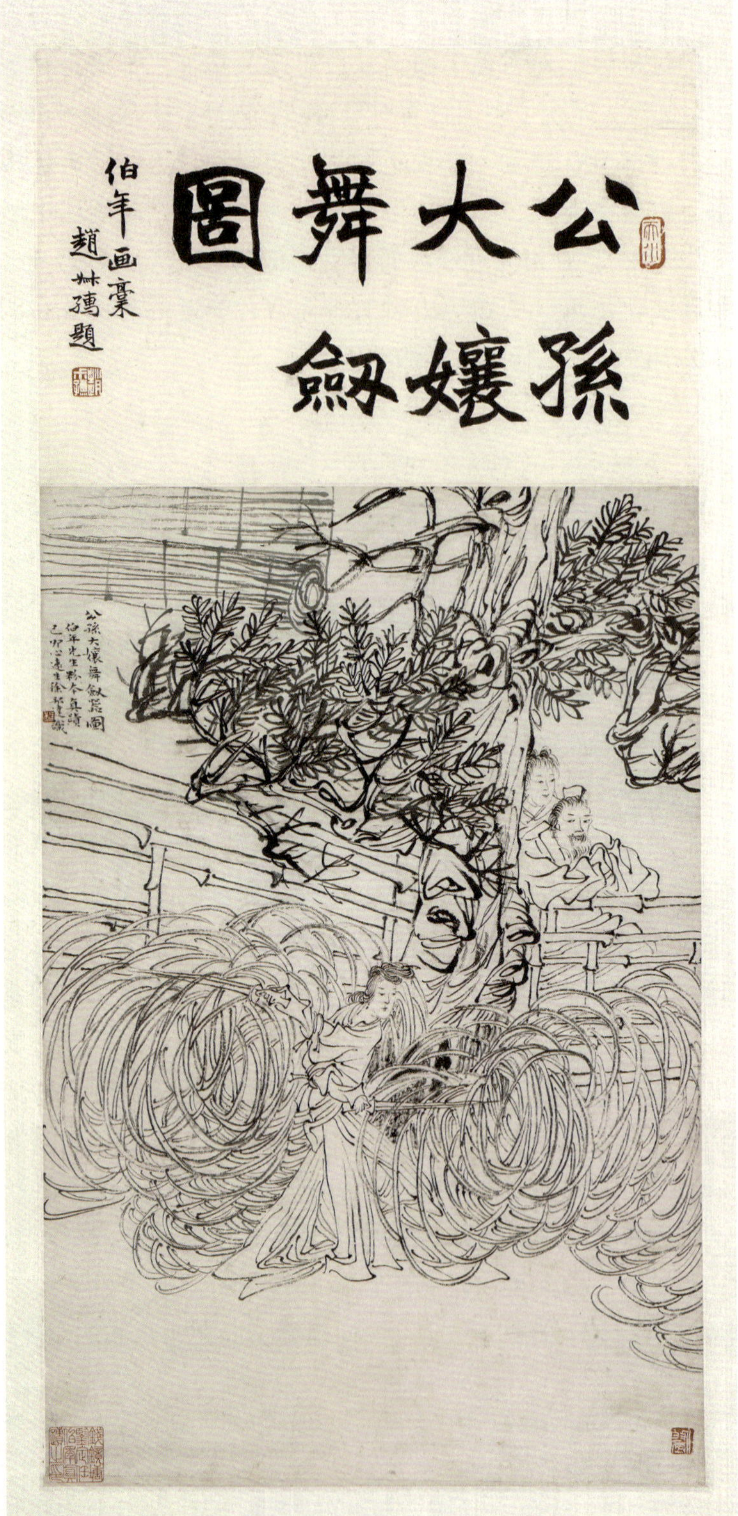

图1-2　清·任伯年《公孙大娘舞剑图》

不同艺术形式之间具有可通约性，譬如德国哲学家谢林把建筑比喻为凝固的音乐，波兰钢琴家霍夫曼把音乐比喻为流动的建筑，不可以简单地以时间艺术或空间艺术、时间媒介或空间媒介来概括书法的属性。书法是从具象走向抽象的媒介，即使是书法所附着的汉字，也是从具象走向抽象的媒介，更何况书法将汉字书写进行了艺术表现，因此，书法在形式上既使用了存在于时间中的符号（如节奏、间隔、时序），又使用了存在于空间中的符号（如线条、层次、章法）；既突破了时间限制，又突破了空间限制。克莱门特·格林伯格在《走向更新的拉奥孔》一文中指出，"中国人甚至从将诗写下来的书法中获得视觉的快感"[1]，按照格林伯格的定义，书法具有"纯粹的造型"价值，具有抽象和偶然的价值，是"具有理解难度的媒介"。[2] 格林伯格认为现代艺术走向表现与抽象性，难以返回再现与文学性。笔者认为，书法的魅力在于它具有精神上的文学性，也具有视觉上的自然性，所以它既是古老的又是现代的，既是再现的又是表现的，既是具象的又是抽象的，既是经验的又是偶然的，既是时间的又是空间的。

　　书法与其他艺术媒介的可通约性，兹举一例为证。唐代张旭以草书著称于世，张旭的草书与李白的诗歌、裴旻的剑舞被唐文宗李昂御封为"三绝"，杜甫《观公孙大娘弟子舞剑器行并序》记录张旭观公孙大娘舞西河剑器而感悟到草书的势态、韵律、神采（图1-2），可通约性反映了媒介属性的相似、相近。宗白华在《美学散步》中说："中国的绘画、戏剧和中国另一特殊的艺术——书法，具有共同的特点，这就是它们里面都是贯穿着舞蹈精神（也就是音乐精神），由舞蹈动作显示虚灵的空间。"[3] 胡小石在《中国书学史》中有类似论述："书之表现，既为抽象的，而非具体的，则与其谓书同于图画，毋宁谓书同于音乐。书之与乐，可谓皆以抽象的符号为基本因素者，惟音乐为时间上之抽象艺术，而书为空间上之抽象艺术。进言之，书者，无声之音乐，以空间上之符号，说明其内心之律动者也。"[4] 书家的艺术修养，不局限得之于书法，往往触类旁通，能够借鉴、吸纳、融入不同艺术媒介的形式之美。在中国文化传统中，诗文书画不仅互相通约，而且经常共同呈现。如吴昌硕《刻印偶成》一诗云："诗文书画有真意，贵能深造求其通。"[5] 从其他艺术媒介中获得启发，融会贯通，由形入神，这是书家高超的修养、高妙的境界。陆游谓"功夫在诗外"，于书法而言亦然，功夫在书外。书家不仅要有艺术修

---

[1] 克莱门特·格林伯格：《走向更新的拉奥孔》，易英译，《世界美术》1991年第4期，第10-16页。
[2] 克莱门特·格林伯格：《走向更新的拉奥孔》，第10-16页。
[3] 宗白华：《美学散步》，上海人民出版社1981年版，第78页。
[4] 胡小石：《中国书学史》，浙江人民美术出版社2022年版，第7页。
[5] 转引自边平恕：《吴昌硕》，中国人民大学出版社2004年版，第100页。

养，而且要有人文修养、人生体验、人格修炼，书法的精神性内涵来自人的思考、实践、创造，这是媒介对人的塑造，书法参与了人的存有意义生产和社会交往实践。模式化、可复制的汉字字体设计、汉字制版刊刻、汉字描摹书写，都不是书法。由程序驱动的电脑字库、智能机器人书写等更不是书法。书法的灵魂在于人文，与人的生命形态、知识结构、文化心理、情感寄托、精神追求等须臾不离。书法与其他艺术媒介的可通约性，其实质在于人的精神活动，在于生命的超脱与解放。书法在沟通人与自然、人与社会、人与文化等方面具有鲜明的媒介意义，张怀瓘《书议》云"囊括万殊，裁成一相"，指的是书法能够实现人与天地万物交流，表达独特的情感、理性与认知。

有了这样的认识，必定可以断言"书法"不等于"写字"，因为书法是高于写字的媒介实践，而写字没有超出信息工具的角色和实用书写的功用，没有上升到具有展现人文素养、表达人文价值的审美层面。写字不会同社会文化形成互动，而书法的媒介化形成了对文化交流与文明互动的改变。与此同时，书法必须立足于写字，不可抛弃汉字之形，不可脱离书写之形，故而格林伯格关注到书法的诗性文本书写。假若不见汉字之形，即使以传统的笔墨纸砚为工具和载体，呈现出来的符号、迹象绝对不可称为书法。比如说，道门符箓不是书法。元好问《论诗三十首·十三》云："真书不入今人眼，儿辈从教鬼画符。"他批评作诗追求怪异、玩弄技巧的风气，主张老老实实打好基础。笔者小时候听到老师批评写字潦草者为"鬼画符"，可是有人竟然以道家符箓为书法的取法资源，真是谬之千里。再比如说，当代艺术家徐冰的《天书》《新英文书法》等作品也不是书法。徐冰的这些作品制造了"假汉字"，使用宣纸、水墨、方块字形、活字印刷等中国传统媒介、材质来尝试开展东西方文化的对话，但是，汉字所承载的文化是不可剥离的，"假汉字"毕竟不是汉字，徒具方块字的外在形式，打破了汉字的文化传统。徐冰的作品是观念艺术，不过离本原意义上的书法和汉字所塑造的共享经验领域相去甚远。在立足于汉字书写的基础上，书法的意图不只是把字写得好看，而在于可以体现其丰富的文化属性、永恒的艺术属性、隐含的知识属性。此外，当我们区分书法和写字的时候，把书法视为一种面向他人的精神展示，而写字无须承载此功能。书法书写的内容应该是文意相对独立的，一幅书法作品不仅具有书写形式，而且具有文本意图。写字则没有这么高的要求，不连贯、不成文的书写练习也是写字。今天，我们把前人遗墨中书写精彩、富有形式美的往来信札、自抄诗册、读书批注乃至药方、便笺、凭条等私人性记录而非公开性展示的书写之迹也视为书法作品，是因为其中同样承载了文化纪统、审美传统和知识系统，同样体现出书写者的人格器识、性情才识和学问知识，同样表征为能够引起共情的图像、隐喻和文化形态，具有媒介的精神交往功能。

其次，谈一谈书法的源头。从时间上说，书法是随着汉字的出现而形成的艺术媒介形式。中国书法史是从甲骨文时期开始书写的。陆维钊将"美术性"作为书法的根本属性，故而将汉字史与书法史作了区分，强调书法的审美意义："从最粗胚的文字，到高级的艺术书法，可分为三级。第二、第三级是美化的，也即是加工过的，都可以欣赏。""第一级的文字，只要人们看懂意思，所以只要求：明确。但文字有其特殊的规律：没有颜色，只有点线，而且大小不能悬殊。所以在明确以后，接着便要求美化，这是人类的普遍心理。"[1] 根据陆维钊的理解，最早明确成形的汉字已经体现了人们的社会审美心理，也称得上是书法了。甲骨文、陶文、钟鼎文、石鼓文等依附于不同材料上的古文字，都流露出书刻之美，都是中国书法地层中的珍宝。

按照本书所提出的"三统"之说，经典的甲骨文、金文、小篆等古文字文本，既承载了美学意义，成为审美传统的源头之一，又承载了文化纪统和知识系统，比如巫史文化、祭祀文化、天人感应文化等以及古文献知识、天文历法知识、历史知识等。文化纪统和知识系统对审美传统的形成是起作用的，这里不展开论述。根据甲骨文的视觉图像，卜骨大体上自右向左、自上而下的书写布局构成了中国书法的章法秩序，古文字具备"六书"体系的字形构造开启了中国书法的字法规范。甲骨卜辞字法、章法的形式美至今值得玩味。中国书法的源头在古文字形成书写格式、留下成熟文本之际，数量可观的甲骨文是确凿的物质证据。而甲骨文书写不仅是记录信息的载体，而且成为宗教与政治的合法工具。也就是说，作为汉字可考的源头，甲骨文是一种信息媒介，同时也被宗教与政治媒介化了（图1-3）。

图1-3　商代甲骨卜辞

---

[1] 陆维钊：《中国书法》，浙江古籍出版社2021年版，第81页。

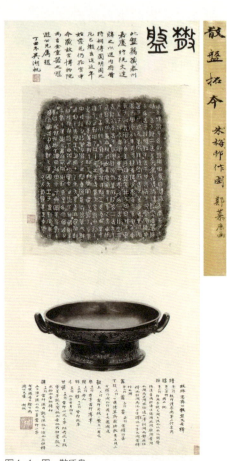

图1-4 周·散氏盘

图1-5 秦·石鼓文

图1-6 秦·峄山刻石

图1-7 《仪礼·士相见》汉简（1957年，甘肃武威出土）

图1-9 晋·王羲之《十七帖》

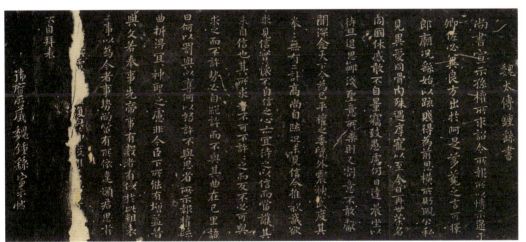
图1-8 三国·钟繇《宣示表》

中国书法的发展史始终贯穿着字体、书体的发展史。从甲骨文、大篆（图1-4，图1-5）到小篆（图1-6），从隶变（图1-7）到新正体的确立（图1-8）、新草书的变革（图1-9），汉字的发展越来越简练、抽象，书写的效率越来越方便、快捷，书法的媒介形态越来越灵活、自由，人们对书法美的追求越来越自觉、多元。一方面是字体的规范与统一，另一方面是书体的完善与丰富，字体与书体之间的矛盾互动、交织演变，形成了长达三千余年的革故鼎新历史，其间连绵不绝的动力机制同时包括了文化纪统的赓续与修正、审美传统的继承与调适、知识系统的扩展与创新。魏晋时期楷书、行书成为普遍运用的字体，旧体的隶书、章草退出了实用书写，今草已经流行普及，到唐代楷书已经发展成熟，完全摆脱了汉隶的影响，唐代抽象奇妙的狂草则体现了书者追求个性、自由抒发、超越体式的冲动。字体、书体的变化，也导致了笔法的变化和审美的变化。当文字基本定型之后，从魏晋开始，书法注入了文人风格，形成了不同流派，此后中国书法的发展脉络由书体创造转向了书风创造，内在语言的动能驱使外在语言的势能，书法的媒介独立性愈加显著，书法经典的建构及其媒介化进程愈加显著。

书法之"法"，是自古至今人们对于书法本体的认识，也可以理解为书法审美的客观标准、基本规律。在中国古代典籍中，对书法的定义有各种各样的视角。无论是从人文教化、人格修养之审美伦理，还是从神游万物、畅通本心之审美哲学，抑或从师法古人、借古开今的审美教育来探讨，书法都不只是单纯的物质技艺，而且是以历史观念和前人经典为"法"的文化载体，个性表达和个人创造的想象都逾越不了"法"。"法"的影响与效力体现了书法经典的媒介化逻辑，即夏瓦所说的"一簇制度的、美学的和技术的制度和资源"[1]。"与古为新"体现了对"法"的影响与效力的理解与阐释。

中国古典话语中书法的定义主要如下：

一是书为"六艺"之一，艺为教化形式。周王朝将"六艺"作为贵族教育的媒介手段，《周礼》记载了"养国子以道，乃教之六艺"的教育制度。孔子注重"六艺"的礼教作用，将书艺进行了普及。[2] 书艺以何为内容？东汉许慎在《说文解字·序》中解释得很清楚，"六书"是核心内容。[3] 懂得"六书"，掌握了汉字的来历和形体特征，可以识字、写字，可以掌握文化资源，以书为艺。这便是中国书法的教化传统。字学、经学，道德、文章，功业、修养，指向的是社会价值的有效表征。自周王朝开始，至秦汉、魏晋南北朝、隋唐五代，乃至宋元、明清，能书是统治者考察人才的重

---

[1] 转引自侯东阳、高佳：《媒介化理论及研究路径、适用性》，《新闻与传播研究》2018年第5期，第27-45页。
[2] 《史记·孔子世家》记载："孔子以诗书礼乐教，弟子盖三千焉，身通六艺者七十有二人。"
[3] 《说文解字·序》："八岁入小学，保氏教国子，先以六书。一曰指事。指事者，视而可识，察而可见，'上''下'是也。二曰象形。象形者，画成其物，随体诘诎，'日''月'是也。三曰形声。形声者，以事为名，取譬相成，'江''河'是也。四曰会意。会意者，比类合谊，以见指㧑，'武''信'是也。五曰转注。转注者，建类一首，同意相受，'考''老'是也。六曰假借。假借者，本无其字，依声托事，'令''长'是也。"转引自杨成寅：《中国历代书法理论评注/先秦两汉魏晋南北朝卷》，杭州出版社2016年版，第38页。

要标准之一。作为"六艺"之一的"书",建立了书法与汉字、文化的重要联系。有学者认为"艺"的本初含义是"技艺","'艺'是那些普遍意义上的能够解决大问题的技能"[1],并以西方中世纪的大学"七艺"(文法、修辞学、辩证法、算术、几何、天文学和音乐)与《周礼》的"六艺"相类比。作为贵族教育的高级技艺,"书"承载了人文教化、知识群化的价值。西方媒介考古学将技艺看作文化的媒介呈现,认为文化技艺先于技术媒介且孕育了技术媒介,这是从媒介本体论出发的,"文化技艺作为一种群体性的、具有一定稳定性和演进轨迹的基础文化操作链,既构成了一般意义上的'媒介'基础,也构成了社会群体意义上的支持性操作基础。"[2]

二是书有道,道为书之哲学本质。晋代书法家卫铄,汝阴太守李矩之妻,世称"卫夫人",她是卫展女,卫恒从女。卫氏家族世代能书,传《笔阵图》[3]为卫铄所作。不过,唐代孙过庭、蔡希综认为此篇乃王羲之所作。传王羲之曾向表姑母卫夫人学书。《笔阵图》中说到了学书要取法传统,师法古人,更要通灵感物,达源知理。此文感叹"达其源者少,暗于理者多","近代以来,殊不师古,而缘情弃道,才记姓名"。不知本源,不通原理,不师古人,便是"弃道"。"自非通灵感物,不可与谈斯道矣",道在主体对宇宙万物的感应中显现了书法的媒介形式和媒介关系:"然心存委曲,每为一字,各象其形,斯造妙矣,书道毕矣",意思是假如每一个字都能够各象其形,于抽象中见具象,以物象写心象,便是通于书道、达于妙境。《笔阵图》提出书法有道的主张,以书道指导书法实践,这是在古代书论中最早形成了"书道"范畴,并且阐释了书道的审美感知、审美理解、审美创造。"书道"侧重于"道",先有道,然后有法。日本使用"书道"这一术语,其文献来源应该有《笔阵图》。一代又一代人学习书法都是为了返回道之本原,这是哲学层面的生命自觉。《笔阵图》的书道之论与老庄哲学的"道法自然"相关联。又,阳明心学受到禅宗影响,王阳明的诗句"不离日用常行内,直造先天未画前"说出了本体与功夫的关系。以此观照,书法实践是一个磨功夫的过程,是日用常行而不可辍,由此悟道,"直造先天未画前"便是证得本体,证得生命的根本。个体生命与宇宙本体贯通,书道形而上的意义正在于此:道是宇宙的本体,也是书法的本体;作为书法本体的道与作为宇宙本体的道是同一的。"媒介意味着关系的存在,而道其实就是关系的创造者与转换

---

1 祁林:《视觉技术与日常生活审美化》,生活·读书·新知三联书店2022年版,第47-53页。
2 曾国华:《平面化文化技艺、社会心智模式及其可能未来》,《福建师范大学学报(哲学社会科学版)》2022年第5期,第81-91页。
3 见张彦远纂辑、刘石校理:《法书要录校理》,中华书局2021年版,第6-9页。

者。'道'既创造了媒介，又内在于媒介之中，从而演绎着道的媒介世界。"[1]

三是书有法，法在碑帖范本中。汉字的演变、书体的演变，都有一个规范、流行的过程，文字的整理者、书写的示范者在"知识／权力"传播中起到了重要作用。许慎《说文解字·序》记载了李斯、赵高、胡毋敬在书同文中发挥的作用，其中李斯书写的泰山刻石和峄山刻石留下来了，为小篆之典范。汉灵帝时期，蔡邕正五经文字，立《熹平石经》，作为楷模、法范。汉字的规范和书写的规范就是这样同步推进的。媒介文化扩散是社会结构变动和话语规则调整的动态中拓展渠道和群体的，书法传播从帝王、贵族而及民间，从刻石立碑、搜集墨迹到辑刊丛帖，从改定文字、小学识字到编纂字书，从家法、师法传授到依据范本临摹、图像传播，从品鉴古今能书者及其作品到自立一家、开宗立派，在官方"立法"的同时不断有创新活力涌现。这便是结合了实用与审美功能的正脉延展，这便是包容了规范与个性的文明传播。书法范本构建了人们对书法经典的选择和信任，书法传播借助书法经典的象征性表征产生了不断的社会互动，经典成为建构社会文化的框架性媒介。

魏晋南北朝时期在中国书法史上留下了辉煌印记，各种书体基本成熟。篆隶刻于石碑，魏正始年间立于洛阳太学门前的石经，以古文、小篆和隶书刻录《尚书》《春秋》，江式《论书表》赞誉"其文蔚焕，三体复宣，校之《说文》，篆、隶大同，而古字少异"。这里说的"大同""少异"就是一种书写格式的规范。汉隶向章草、行书和楷书发展，索靖的《月仪帖》《出师颂》为章草代表作，陆机的《平复帖》为章草向今草过渡的书迹，王羲之、王献之父子的今草面貌一新，神采焕然；西晋卫恒《四体书势》[2]云："魏初，有钟（钟繇）、胡（胡昭）二家为行书法，俱学之于刘德昇，而钟氏小异，然亦各有其巧，今大行于世。"颍川钟繇、胡昭以刘德昇为师，行书写得巧妙，卫恒赞为"行书法"；钟繇的章程书令人赞叹，据南朝羊欣《采古来能书者人名》[3]，章程书又称"传秘书"，"教小学者也"，是正书（楷书、真书）的早期形态，南宋姜夔《续书谱》[4]评价"古今真书之神妙，无出钟元常，其次则王逸少"。王羲之对钟繇也非常认同，他在《自论书》中说，"寻诸旧书，惟钟（钟繇）、张（张芝）故为绝伦"。后人追慕、学习的，不仅是名家的技艺、方法、理论，而且是他们敢

---

[1] 谢清果：《彼得斯媒介哲学视角下"道"的基础设施型媒介意义解析》，《江西社会科学》2023年第6期，第35-44，206-207页。
[2] 华东师范大学古籍整理研究室选编校点：《历代书法论文选》，上海书画出版社1979年版，第11-18页。古籍引文中，括号内文字为笔者所加，下同。
[3] 张彦远纂辑、刘石校理：《法书要录校理》，中华书局2021年版，第16页。
[4] 华东师范大学古籍整理研究室选编校点：《历代书法论文选》，第383页。

于推陈出新、善于领异标新的精神。以经典碑帖为范本，因循古法，吃透"法书"，心摹手追，然后"似而不似""写到熟时是生时"，得心应手，游心信手，心手两忘，渐次体悟到"书无定法""打破成法""我为我法""无我无法"。南朝王僧虔说："必使心忘于笔，手忘于书，心手达情，书不忘想，是谓求之不得，考之即彰。"[1]"神采"是精神的图像，"形质"是语言的图像，王僧虔所说的"绍于古人"是将形质转化为神采，继承古人的传统而传达主观的情意，在与古人的对话中，在人文的观照中，通过语言图像反映和表现精神图像，故而曰"考之即彰"。从"有法"到"无法"，书写体现了行动者对于古人、传统和社会文化语境的互动关系之理解与改写，这也是中国书法经典媒介化进程中的转化、拓展、融合方式。

四是书以畅志，书以表意。唐代张璪提出"外师造化，中得心源。"[2]何以为"心"？心是我之本心、性情。清代刘熙载说："是则理性情者，书之首务也。"[3]心也是天地之心，万物皆备于我，我与天地万物是一体的，心源与造化是融通的。清代梁巘《评书帖》"晋尚韵，唐尚法，宋尚意，元、明尚态"[4]的说法影响广泛。韵为内在，态为外在；意表个性，法表共性。书法的奇妙之处在于不是简单地将韵与态、意与法对立起来，而是将形式语言节奏与内在生命律动汇合为流畅的书写，笔歌墨舞，达到活泼泼的境界。蔡邕《笔论》云"书者，散也"，书写者的性情在无拘无束的状态下方显现为本真。然而，这并不意味着放任、野蛮，而是追求自我心灵的圆满、美好、完善。辜鸿铭说："汉语是一种心灵的语言、一种诗的语言，它具有诗意和韵味。"[5]书法的文意结合、抒情表意功能，基于汉字书写和汉语意义系统，体现了诗性文化，蕴含着生命内涵，升华为艺术形式。

古人所说的心灵实体，在不同时代有不同理解，使用的范畴也多有不同，这是一个复杂的哲学问题。但是，其中有一点趋于一致：书艺与人品分不开。南朝梁武帝萧衍在《草书状》中说，"传志意于君子，报款曲于人间"[6]，书法作品可以传达志意，即君子的节操、人间的衷情可以流露于笔墨之间，人品与书品互为映射。

---

1 转引自杨成寅：《中国历代书法理论评注 / 先秦两汉魏晋南北朝卷》，杭州出版社 2016 年版，第 246 页。
2 张彦远《历代名画记》记载，张璪"尤工树石、山水，自撰《绘境》一篇，言画之要诀，词多不载。初毕庶子宏擅名于代，一见惊叹之，异其唯用秃毫，或以手摸绢素，因问璪所受。璪曰：'外师造化，中得心源。'毕宏于是阁笔"。阁笔，同搁笔。
3 转引自张长虹：《中国历代书法理论评注 / 清代卷》，杭州出版社 2016 年版，第 369 页。
4 转引自刘小晴：《中国书学技法评注》，上海书画出版社 2020 年版，第 423 页。
5 辜鸿铭：《中国人的精神》，海南出版社 1996 年版，第 106 页。
6 转引自杨成寅：《中国历代书法理论评注 / 先秦两汉魏晋南北朝卷》，第 280 页。

萧衍在《古今书人优劣评》中，以人喻书，以书论人[1]。唐代柳公权谓"心正则笔正"[2]。清代刘熙载《艺概·书概》谓"书者，如也：如其学，如其才，如其志，总之曰如其人而已"。直至今天，"书如其人"仍然被作为一种批评方法。潘天寿在《谈艺录》中写道，"吾师弘一法师云：'应使文艺以人传，不可人以文艺传'。可与《唐书》'人能弘道，非道弘人'一语相印证"[3]。技道并进，须先立人品，然后才有艺品；修炼艺品，也是提高人品。李瑞清说："学书先贵立品。右军人品高，故书入神品。决非胸怀卑污而书能佳，以可断言也。"[4] 在中国书法经典的媒介化历程中，"文艺以人传"，体现的是一种文化理性或话语建构，反映的是媒介的社会功能和意义模式，书法将个人与群体连接起来，构建可以交流的文化意义，形成社会价值认同。

在中国文艺批评传统中，有"以意逆志"和"知人论世"两种方法，都来源于《孟子》[5]。王国维在为《玉溪生年谱会笺》[6]所作序言中指出，"以意逆志"与"知人论世"要联系起来，解诗不至于误解、曲解，陷入主观臆断。王国维将此两种文艺批评方法结合起来，是符合孟子的思想本原的，只有理解古人所处的时代，还原古人言说的语境，设身处地体会古人之志，才可能全面、准确地理解和阐释古人留下的书迹、书论和书史文献。解诗如此，论书亦如此。媒介考古学主张避免对历史的主观想象或固守成见，反对对历史语境的理解被话语牵制："作为现在的历史，或正在形成的历史，并不是在历史之外，它是那些更指向在真实时间变化的、伟大的创造性时刻，而不是一直有利于特定目的和权力形式的，被捕捉的历史叙事。"[7]

艺、法、志、道，四者之间体现的是宇宙秩序观、生命整体观、诗性价值观。书艺载道，文字是经艺之本，弘道先立本；至法无法，法无定法，道为万法本原；抒情言志，"志"，乃心之所之，心是志之所在，心源、造化的畅达，就是道之贯通。宇宙整体归于大道，要求个体生命回到本原，合于秩序；个体生命复归其位，意味着宇宙规则达到一体，臻于圆融。中国书法的无穷活力，体现在个体生命从

---

[1] 萧衍称赞"张芝书如汉武爱道，凭虚欲仙"，"王献之书绝众超群，无人可拟，如河朔少年，皆悉充悦，举体沓拖而不可耐"，"王僧虔书如王谢家子弟，纵不复端正，奕奕皆有一种风流气骨"，批评"羊欣书如婢作夫人，不堪位置，而举止羞涩，终不似真"，"徐淮南书如南冈士大夫，徒尚风轨，殊不卑寒"，云云。转引自杨成寅：《中国历代书法理论评注·先秦两汉魏晋南北朝卷》，第286页。
[2] 刘昫等：《旧唐书》卷一一五，中华书局2000年版，第2935页。
[3] 潘天寿：《谈艺录》，潘公凯编，浙江人民美术出版社2017年，第56-57页。
[4] 崔尔平：《明清书论集》，上海辞书出版社2011年，第1539页。
[5] 《孟子·万章上》："故说《诗》者，不以文害辞，不以辞害志，以意逆志，是为得之。"《孟子·万章下》："颂其诗，读其书，不知其人，可乎？是以论其世也。是尚友也。"
[6] 张采田：《玉溪生年谱会笺》，上海古籍出版社1983年版。
[7] Goddard, M. Breaking Open the Black Boxes: Media Archaeology, an Archaeology and Media Materiality [J].New Media and Society, vol 17, No.11, 2015:1761-1766.

来不是孤立的，而是倾注于笔墨，会意于古人，感通于造化，融合于大道，生命意识往来运动于整体宇宙之中，与天地万物一体同构，表现为生生不息的创造力。清代魏源《默觚上·学篇二》云"技可进乎道，艺可通乎神"，《庄子·养生主》云"道也，进乎技矣"，《庄子·天地》云"能有所艺者，技也"。在中国古典话语中，形而上之道与形而下之技是没有区隔的，由技而艺，神乎其技，能够进乎道。道是媒介的本体，技是媒介的显现，媒介与人共生，技艺与道共在。

综合书法史叙事和前人共识，本书认为，中国书法是体现中国传统文化、体现中华民族的审美观念和审美方式、体现中国人的精神活动的一种艺术媒介，它以汉字表达为意义依托，以书刻之迹为物质载体，以器识涵养为人文底蕴，是书者的经验与创造的结合，是技与道的融通。书法一方面是媒介艺术，另一方面是艺术媒介，而且是克莱门特·格林伯格定义的具有"理解难度"的媒介。对媒介文化的研究，有一个重要关注点是将对于媒介本体的认识和对于媒介形式的考古关联起来，进而思考媒介的未来。对书法经典媒介化的历史回顾，需要重溯书法的起源，返回书法的本体，阐释书法的媒介意涵，考察书法越来越符号化的形式是如何生产与传播的，而人工的书写技艺、物理的书刻之迹、视觉的形式符号、有形的传播空间，都是理解"载物之道""道进乎技"的界面。

第二节　浑融感知：书法的审美主体与符号互动

中国书法是艺术化、主体性的书写。人的审美情感、审美意识，人的激情、理性，人的思维方式、精神追求，在书法审美活动中都会表现出主动性、积极性、创造性。审美是媒介感受的有效经验。中国书法的审美主体是人，人通过审美活动将书法本体呈现出来，阅读、临摹、品鉴、创作，皆是如此。人们学习书法，很多时候是借助客体之物进行交流。在中国古典文化语境中，物性和人性相通，这是华夏文明传播意义上朴素的主体间性特征。中国古典哲学的认识论打破了主客体二分的对立思维，将世界纳入本体范畴。人对天地万物的浑融感知，于书法审美而言，可以用苏轼的话来表述："其神与万物交，其智与百工通。"与万物交、与百工通，反映了人借助媒介而获得沟通万物的理解与同情。

按照美国社会学家G.H.米德提出的符号互动论，符号具有象征意义，自我与社会的互动依赖于共享符号而进行有意义的交流，而书法审美活动通过对作为符号的书法的理解与阐释建构了意义，并且建构了自我的文化身份或个体与群体的文化身份认同。书法经典是人们通过反复选择和协商所共同确认的象征性符号,经典性实则是社会互动的产物。

中国书法经典的媒介化始终处于传播-接受关系之中,其中审美主体对书法的审美能力、审美观念以及审美心境,影响到经典接受的可见性。媒介研究不局限于物质主义视野,更多的是关注主体和技艺、话语的结合。所谓审美能力,就是"眼力"的高低。"眼力"的训练途径,包括:熟悉书法史上的名家名作,能够感受经典作品的内涵;了解中国文艺批评的传统,熟悉中国古代书论中蕴涵的审美原则;熟悉汉字书写规范、书体演变规律,懂得书法的一般原理、技法与依据;具有书法临摹、创作的实践体会,在动手中学会思考,感悟孙过庭《书谱》所云"心手双畅"的审美愉悦;按照"功夫在书外"的说法,还需要具备综合的人文修养,具备全面的审美观念。董其昌论画的一段论述,亦可视作论书之见解:"读万卷书,行万里路,胸中脱去尘俗,自然丘壑内营。"[1] 读书、行路,不仅是知识、见识的积累,而且是人格、气格的养成,提高书法审美能力之要在于精神世界的建构,即"自然丘壑内营"。审美能力反映了自我意识,而自我意识需要通过社会化的学习和分享才能形成积极的符号互动。

所谓审美观念,是在感受式、观察式、直觉式的审美经验的基础上,对书法所反映的人文内涵和艺术精神、传统范式和时代价值以及书法经典演化的媒介逻辑和变化趋势具有整体性思考。德国哲学家康德认为,审美不是偶然的,而是内在于理性、观念,"作为一种无目的的合目的性"而构成审美的动力。人们对于书法范本的选择、对于书法范式的认同、对于书法经典的理解,体现的是审美主体在实践中建立的自觉需求与自主目的。失去主体自觉就可能形成自我在生命体验中的迷失,脱离符号互动就可能引起他人在审美心理上的反感。虽然康德区分主客体二元,但是意义世界的建构始终与主体性相关。即使媒介考古学反对将主客体对立起来,但并非只关注媒介的物质性向度而忽视主体与世界的通达。

所谓审美心境,指的是审美主体所处的审美活动现场、当下对审美主体的心态的影响,以及审美主体所处的情绪、情感状态。好的审美心境能够帮助审美主体感受"象外之意""言外之意",提高对书法美的感知力、领悟力和理解力。中国古典美学有"澄怀观道"说,书法、书道之观,应预先做到"澄怀",放空自己的心思,解除自己的执念,纯粹自己的精神。刘勰《文心雕龙·神思》云:"是以陶钧文思,贵在虚静,疏瀹五藏,澡雪精神。""虚静",指的是文章创作的心境,

---

[1] 董其昌:《画旨》,四库全书存目丛书·集部第171册,别集类,齐鲁书社1997年版,第722页。

也可以理解为书法审美的心境。审美主体的审美观念和审美心境都作用于其审美能力，塑造其审美个性。"澡雪精神"，指的是感受审美愉悦，得到心灵净化的美感经验与价值判断。黄庭坚用"入神"概括书法审美的心境，他在《论书》中说："大要多取古书细看，令入神，乃到妙处。"借助"古书"这一媒介而跨越今古，追溯本原，专心致志，聚精会神，然后进入妙境，自由自在。心境打开了，万有相通，主客一体，这就是审美的"高致"。王国维有"出入说"[1]，从生命实感到审美超越，从现实世界到天地大化，能入能出，出入不隔。南朝宋宗炳在《山水画序》里提出的"畅神"，描述的也是这样的审美体验。

书法学习之路，每向前一步都意味着审美能力的提升，反过来说，审美能力提升不了，也是主体性迷失。主体性绝不是主观性，主体性建构是在特定情境下借助符号互动、交流协商而形成自我认同的。如果不借助经典进行学习和思考，任笔为体，聚墨成形，凭着主观感觉进行"创新"，只会是自欺欺人。善于阅读、品鉴、批评，就会形成临摹学习和创作的自觉，取精去粗，扬长避短。书法史上，审美风尚一直处于变动之中。清代梁巘"晋尚韵，唐尚法，宋尚意，元、明尚态"的说法虽然过于概括，但是它能被普遍接受，因其综合了前人的审美共识[2]。不惟书法，中国文学在不同时代也有着不同的风尚特征，借书论之晋韵、唐法、宋意及元明之态的见解来概括文学潮流，似无不可。以诗歌为例，晋人诗歌摆脱了经学束缚，风神独具，阮籍、嵇康的感怀诗沉郁真切，陶渊明的田园诗平淡醇和，大小谢的山水诗清新流丽，皆以气韵为上；唐人在诗体上很好地继承了前代的传统，兼收并蓄，变革完善，不仅发展了歌行体的样式，而且在格式和音律上完善了五言诗、七言诗，诗法既立，成就了"近体诗"的地位；宋人"以文为诗"，议论较多，诗歌讲求理趣，注重从前人才学或日常经验中抽象出"己意""新意"，当然，风气一盛就过分了，钱钟书批评这是"把末流当作本源"[3]；元、明之诗，正统逐渐衰微，故而流派众多，各自偏颇，王英志认为"元明诗基本复古，缺乏创造，前不能与唐宋诗平起平坐，后不能与清诗相提并论"[4]，但是不可否认一些诗人表达主观性情而求自得、自适的价值，故有个人情态。将书法与诗歌进行类比，不免粗略，

---

1 王国维在《人间词话》里说："诗人对宇宙人生，须入乎其内，又须出乎其外。入乎其内，故能写之；出乎其外，故能观之。入乎其内，故有生气；出乎其外，故有高致。"参见况周颐、王国维：《蕙风词话·人间词话》，人民文学出版社1960年版，第220页。
2 例如，明末清初冯班也认为，"结字，晋人用理，唐人用法，宋人用意。用理则从心所欲不逾矩。因晋人之理而立法，法定则字有常格，不及晋人矣。宋人用意，意在学晋人也"，"唐人用法谨严，晋人用法潇洒，然未有无法者，意即法也"。参见刘小晴：《中国书法技法评注》，上海书画出版社2020年版，第166-167页。
3 钱钟书：《宋诗选注》，人民文学出版社1958年版，序第8-17页。
4 王英志：《元明诗概说》，《苏州大学学报（哲学社会科学版）》1997年第4期，第51页。

但是有助于思考书风与社会历史语境的总体关系，从历史地层中发掘证据，理解中国书法经典的媒介化与社会历史的演变之间的相互作用。

所谓审美主体性，就是审美主体在审美活动中所表现出的特性，古人书论中，包含了人格、志向、学识、才华、天赋、本性、情感、神思，等等。这些特性，构成了主体精神，体现了创造能力，审美主体在审美活动中投射生命能量、突破时空限制、形成语言表达、构筑精神世界，离不开这些特性。尚韵、尚法、尚意，皆为审美主体之自觉作为，主动地将韵、法、意视为审美观照的范畴，并在审美实践中习得、体悟、实证。经典所体现的审美共识，反映了互动者对于共同传统、共同文化的协商与呼应，对于符号的象征意义的传递与共享。

本书讨论的主体性，是有意识的主体性、实践的主体性，而不是法国精神分析学家雅克·拉康所说的无意识的主体性、本能的主体性。有意识的主体性具有人文规定性和社会互动性，不是任由本能欲望驱使的冲动、放纵、诉诸幻象、妄念。在中国古典话语中，"心"指的是主体性。"外师造化，中得心源"，宇宙万物与本心是一体的，外在万物可以转化为内在心象，内心灵府可以创造出万千形象。心与造化构成了主体间性。胡塞尔的现象学和哈贝马斯的交往行为理论为媒介文化研究提供了认识论的启发，主体性在主体的交往行为中转换为主体间性，自我与他人、人与世界万物都是可交流的，具有交往的同一性、对等性和可换位性。在中国古典话语中也可以找到相关依据，王阳明的诗句云："大道即人心，万古未尝改。"人心、道心是相通、一致的。人心、道心如何和合、交互呢？《尚书·虞书·大禹谟》云："人心惟危，道心惟微；惟精惟一，允执厥中。"对这句话，历代思想家作了各种各样的解读。王阳明在《传习录》中的解读是"无心外之理,无心外之物""外心以求理，此知行所以二也；求理于吾心，此圣门知行合一之教"。"心即理""知行合一"是实践的主体性，心与物不是二分的，心是物存在的依据。王阳明认为，每一个人都能够立定主体。万化（即世界的各种事物）存在于心,则构成了复数主体。书法审美以大道、人心为终极境界，体现的是审美观念与审美实践的一致性。

或许有人问：当代的"吼书""射书""盲书"，已经成为了一种"书法现象"，它们和传统没有多大关系，甚至是颠覆传统、解构传统的，其中有没有主体性呢？所谓"盲书"，是闭着眼睛胡乱写；所谓"射书"，是用针管往纸上喷墨；所谓"吼书"，是边舞墨边吼叫。此类表演方式的共同之处是不控制书写工具，强调随机效果，没有预先构思，缺失对话意图，否定技法规范。如果有人说有主体性，那就是拉康所说的本能的主体性，因为他们释放的不是激情、性灵，而是本能、欲望，没有人文属性，其实是一种"失语症"。"吼书""射书""盲书"之类，不是书法，抽离了书法语言，不见笔墨，更不见精神。

或许有人问：康有为说"穷乡儿女造像，也骨血峻宕，深厚中皆有异态"，难道"穷乡儿女造像"不是传统、不是经典吗？从敦煌发掘出的经生和信众的写经、抄经之作，其中不也有精美之作吗？今天，白谦慎所注意的"娟娟发屋"，看上去是无名氏"野路子"的书写，能够否定其质朴之美吗？黄惇以"四个不分"归纳了书法审美观念的混乱："一、文化层次不分；二、雅俗不分；三、写刻不分；四、有法之书与无法之字不分。"[1] 笔者认为，黄惇的批评是对以上问题有针对性的回答，"不分"意味着缺乏对话与认同。从前人对经典的理解来看，不文不雅称不上经典，不成熟不系统也称不上经典。从主体性的定义来看，无意识、不自觉地书写、刻画，难以上升到主体性高度。笔者认为，对北碑、写经的认识，不是否定其在书法史上的意义，而是要区分不同作品，区分不同历史情境，判断其在书法史上是否形成了经典性。北碑书法、写经书法，从书体而言大部分是不成熟的，处于从隶书到楷书的过渡阶段，其中少数不乏稚拙、古朴、率真之趣的作品，能进入经典之列。因此，需要分辨精华与糟粕，不能简单地"拿来"。这就对书法审美提出了更高的要求。沙孟海指出，"碑版文字，一般先写后刻，历来论书者都未有将写与刻分别对待"，"刻手好的，东魏时代会出现赵孟頫的书体，刻手不好的，《兰亭》也会变成《爨宝子》"[2]，不能偏激地一概而论。

讨论审美的主体性，必须说到审美创造。对于人们追求书法审美效果的历程，陈方既概括得较为准确："人们初识书之美在精熟时，书者便力求精熟，讲求功力。认识到美在具有生命般的神采后，便力求所书有饱满的神采。更认识到美在具有独立的风格面目时，书者便着力寻求个人的风格面目了。"[3] 审美认识不断提高，审美创造也更加主动。讲求功力，是实现"我手写我心"，以充分的表现力实现丰富的感受力，实现形式美与内在美的一致。讲求神采，是将书法的形体、姿态、韵致与主体的心理结构、生命形态、精神气质实现"同构"，以形写象，以象立意，以意传神。讲求风格，便是书家的创作生命已然成熟，如苏东坡所说"我书意造本无法，点画信手烦推求""吾书虽不佳，然自出新意，不践古人，是一快也"。戛戛独造，不囿成法，自然而然，体现了审美快感。[4]

---

1 黄惇. 为何当今书坛个个都敢自称书法家？！[Z/OL]. 大众书法，2020年12月13日。（https://www.163.com/dy/article/FTNDHTBO0514D190.html?f=post2020_dy_recommends.）
2 沙孟海：《漫谈碑帖刻手问题》，《中国书法》1989年第2期，第6-16页。
3 陈方既：《中国书法精神》，河南美术出版社2020年版，第221页。
4 米芾也有类似的说法，在写给薛绍彭的一首诗里，他启发书法同道薛绍彭："要知皆一戏，不当问拙工。意足我自足，放笔一戏空"。个人面目的出现是一种精神自足，即心无挂碍，进入"无法""戏空"的书写状态。

在古人看来，最高的审美创造是巧夺天工。米芾有诗《寄薛绍彭》："已矣此生为此困，有口能谈手不随。谁云心存乃笔到，天工自是秘精微。"米芾在评价前人优劣的前提下，坦言自己的困惑与不足："有口能谈手不随"。手不随心则笔不到位，这便是陈方既所说的精熟问题，而米芾将此困惑与不足归结为是否守"古法"，是否循根本。"谁云心存乃笔到，天工自是秘精微"，在米芾看来，"人工"究竟不及"天工"，天工才是真正的创造，而人工只是主观的探究。古代诗学关于天工、人工的讨论不少。如南宋陆游有诗云："文章本天成，妙手偶得之。粹然无疵瑕，岂复须人为？"人为不过是雕琢之工，天成才是完善之作。清代赵翼有论诗之诗，其一云："满眼生机转化钧，天工人巧日争新。预支五百年新意，到了千年又觉陈。"天工的变化、出新是无穷无尽的，而人巧不可能常新、永新。清代袁枚在《随园诗话》里的看法较为客观，人工和天工终须相济。审美创造最终"须从人功求之"，不下功夫则等不来天籁。虽然书法与诗歌有别，但是审美创造的规律是一样的。《尚书·皋陶谟》云"天工人其代之"，《易·系辞》云"开物成务"，皆反映了唯物主义的朴素美、自然美的观念。南朝梁庾肩吾在《书品》中以"上之上"为书法的最高品级，"疑神化之所为，非人世之所学，惟张有道、钟元常、王右军其人也"[1]，他把张芝、钟繇、王羲之列为"上之上"，将"天然""工夫"作为书法批评的范畴，注重"工夫"之积学，更推崇"天然"之"神化"。何谓天工、造化？《庄子·天道》说"朴素而天下莫能与之争美"，老子《道德经》说"大音希声，大象无形"，朴素美、自然美是美的最高境界。明代胡应麟在《诗薮》中提出"话语天成，尽谢斧凿"，强调不露痕迹，追求天成、生机，这是美的诗性创造。

天工体现的是主客不分、物我相通、天人合一的境界。中国古典美学强调个体生命与整体宇宙的浑然交融，强调直觉感知与内在超越的无形统一，对于书法审美而言，由人工臻于天工，是主体间性的确立过程。在中国古典美学看来，媒介对于人与世界的矛盾以及自我与他者的冲突进行中和、化解，天工反映了主体与对象的融洽和合。

二十世纪西方审美形式研究扬弃了主客体二分的认识论，在文学、艺术研究中关注文学、艺术的内部问题，以文本为中心而不是以作者为中心进行阐释。审美形式研究的源头是古希腊毕达哥拉斯学派的"数理形式"说，二十世纪审美形式研究出现了英美新批评、俄苏形式主义、神话原型批评、结构主义与符号学、格式塔心理学美学等各种思潮，在审美世界中设想了主客体的统一。西方媒介考

---

[1] 转引自杨成寅：《中国历代书法理论评注／先秦两汉魏晋南北朝卷》，杭州出版社2016年版，第296页。

古学曾将媒介之物与人分离开来，试图从物质媒介的共时性层面寻找自由与解放的想象力，这是中国的学者难以接受的。当我们回溯到中国古典话语体系中，会发现古人所言的"天然""天工"是一种纯粹形式、本原形式，是纯粹文本、理想文本的极则。消除了主客体界限的浑融感知，不就是自由与解放的状态吗？

不过，我们也要看到，西方传播学对媒介、物、技术的重视，是对几个世纪以来西方人文主义的反思。西方人文主义高扬人的主体性而忽视了媒介、物、技术，故而西方媒介考古学重新理解人与物的关系，赋予媒介、物、技术以主体性，这一观念是可取的。基特勒认为书写工具和媒介也可以为我们说话："并非通过一些需要被破译的东西来呈现我们的主体，书写使得我们的主体成为其所是的东西。"[1] 孔子说："天何言哉？四时行焉，百物生焉，天何言哉！"天、道，以不言之言而言，"四时行焉，百物生焉"就是天、道的本源性言说。由此理解"言之有物"，不是把物视为对象，而是让物显示出来，还原存在，这是人的言说与物的言说所形成的主体间性。中国古典话语中的"万物有灵""心与物齐""神与物游"，阐释的是朴素的宇宙观、生命观和价值观。对中国古典话语的媒介考古，有助于我们重新思考媒介、物、技术与人、文化、存在的关系。阐释中国书法经典媒介化，需要始终结合书法审美传统所寄寓的中国历史语境，因为符号只有在具体情境中才能表示其真实的涵泳。

第三节　随物赋形：书法的传播载体与呈现空间

展示汉字形体与书法形态的材料，自古以来有龟甲、兽骨、陶器、玉器、青铜、石头、砖瓦、货布、竹简、木牍、丝帛、纸张，等等。在私人空间的呈现包括书简、手札、扇面、屏风、题跋、册页等人际交流的媒介，在公开空间的呈现包括铭器、刻碑、造像、摩崖、题壁、匾额等社会化场景。字形、书体、书风的演变，同物质载体和展示空间的关系都非常密切。

上一节论述中国古典诗学浑融感知的审美特征，这种审美交互主体性强化了"物对心的主动感发功能"，人在与世界的共在之中，人在对物的灵性的感动之中，以"感兴"的审美方式，感受了整体的宇宙生命。[2]《庄子·知北游》云："其用心

1　Friedrich Kittler. Discourse Networks 1800/1900[M]. Stanford: Stanford University Press, 1992:196.
2　张晶：《中国诗学所呈现的审美交互主体性》，《北京大学学报（哲学社会科学版）》2016年第4期，第54-59页。

不劳,其应物无方。"欧阳修《道无常名说》云:"无常以应物为功,有常以执道为本。"应物而游心,是中国人善于变化又执道为本的智慧,由此从本体意义上理解书法的媒介意义和书法审美的主体交互,便可以把书法理解为主体间的存在方式和共享媒介。

同样,中国古人注重书写内容、书写形式同书写的物质载体及其展示空间的相协调、相匹配,也就是说,书写的物质载体及其展示空间都是有生命的,它们在无声言说,在与书写内容、书写形式同时言说,而且同声相应。所谓随物赋形,指的就是注重对物性的理解,对传播载体和传播空间的理解,并且将其转化为传播形态和语境的书写方式、展示方式和交流方式。随物赋形是审美、文化、话语的现象学转换,其实质是书法的媒介化形态。

考古学、人类学等学科在方法上注重对物的研究,物既是物质,又是文献。媒介考古学研究注重物的文化属性,因为"中国传统学问中有博物学,又有名物学","博物学着重在博闻广见,集纳奇珍异物;名物学侧重在讲求物之名实体用"。[1] 考察中国书法的传播载体,核心是物。物是表意载体,也是视觉载体;物也是表意的主体和视觉的主体("作者")。

"随物赋形"本指绘画的技巧,然而中国古典话语强调"书画同源",故而用来描述中国书法在物质载体、空间上的图式和观念变化,以及技法和动作变化,亦很贴切。中国书法对于物的处理,一方面体现了物性与心性的互融,另一方面体现了物质与制度的互嵌。

基于媒介化理论的社会建构视角,可以从对媒介特性的理解中看到物的形制与人文礼制的关系。这也是对话语的媒介工具、媒介符号的考察。例如,汉代简牍的长度依书写内容而定。书翰、文牍,汉制长一尺,故称为"尺牍"。皇帝文书的形制一般要长一些,据东汉胡广《汉制度》记载:"帝之下书有四:一曰策书,二曰制书,三曰诏书,四曰诫敕。策书者,编简也,其制长二尺,短者半之,用篆书,起年月日,称皇帝,以命诸侯王。三公以罪免亦赐策书,而以隶书,用尺一木,两行,惟此为异也。"儒家经典的形制长度是汉制二尺四寸,据东汉王充《论衡·谢短篇》记载:"二尺四寸,圣人文语。"而解释经典的《传》的形制长度仅六寸,据东汉许慎《说文解字》记载:"专(传),六寸簿也"。记载律令的简牍形制,长三尺,《汉书·朱博传》记载:"如太守汉吏,奉三尺令以从事耳。"再以隋唐墓碑的形制规格为例,官方有明确的制度约束。《隋书·礼仪三》记载:"在京师葬者,

---

[1] 程章灿:《作为物质文化的石刻文献》,南京大学出版社2023年版,第23页。

去城七里外。三品已上立碑,螭首龟趺,趺上高不得过九尺。七品已上立碣,高四尺,圭首方趺。"《唐六典》记载:"碑碣之制,五品已上立碑,螭首龟趺,趺上高不过九尺。七品已上立碣,圭首方趺,趺上高不过四尺。"出土文物证实了文献记载,物的形制体现了礼法的规定性或话语的规则,所谓"礼藏于器"也。

以字形大小来看,日常书写的字形大约在人体的操作范围以内,同时也与书刻载体的尺幅相符合。甲骨文的字形大小,受龟板骨片的大小影响,单个字多不超过一厘米见方。甲骨文用笔多为直线且粗细均匀、方折劲利,既满足了契刻的便利,又显露了刀锋在坚硬的龟甲上留下的痕迹。甲骨文的章法布局,受龟甲形状的影响,利用空间合理,又错落自然,天真朴素。差不多与甲骨文同时期的金文,字形大小和字数多少随青铜器皿空间而变,线条与甲骨文相近。到西周后期、东周,线条的装饰性增强,这应与范铸工艺愈加成熟有关,也与礼制标准转向世俗有关。用于祭祀和宴饮的青铜器上的书法体现了礼器的典雅正统(图1-10)。后世所概括的所谓"金石气",其实不是书写的本来效果,而是刻造、铸造之后的效果,甚至还有锈蚀的效果,但是被解读为高古浑穆,具有上古三代不流于俗的风范。简牍文字的特点同样受简牍的形制影响,简牍大多宽度在一厘米上下,故而字形不大,又因毛笔直接书写于其上,故而灵活轻便,波磔横生。简牍文字在形制的纵向安排之下,扁平取势,点画律动,

图1-10 周·大盂鼎

简捷性、抒情性、世俗性越来越明显。隶变的发生与简牍这种书写载体大有关系。秦代刻石和汉代丰碑、石经，空间张扬，令人仰观，呈现出明显区别于日常书写的特征：不仅扩大其字形，以增强视觉上的震撼力；而且典雅其书体，以增强教化上的权威感。

汉代草书兴起，与纸张宜于信手表现有关。魏晋书帖，是亲友交流情感信息的媒介，也是上流社会游心翰墨的载体。书帖又称为尺牍，空间有限，加上古代枣心笔锋短毫硬，只能写小字，又适合无胶墨水，蓄墨不多，故而蘸一次墨写不了几个字，故而甚少字形连绵。无心的散卓笔出现以后，可以多蓄墨了，书写的流畅性大为提高。直至唐宋时期，受到物理材料和书写空间影响，书帖、手卷、册页还是主要的纸本形态，随之还有团扇和屏风。明代中晚期出现了挂轴书法，文震亨《长物志·卷五·书画十一》记载："宋元古画断无此式，盖今时俗制，而人绝好之。"中堂、条幅等挂轴书法的出现，与当时出现了高堂大屋的建筑空间有关，也与长锋羊毫和巨幅纸张的生产有关，明清行草连绵跌宕，适合表现于挂轴书法。

书写工具、书写空间的变化，必然引起图式和观念的变化，引起技法和动作的变化。正是有了如此丰富的变化，故而中国书法的书体、书风千姿百态，不拘一格。层出不穷的书法技艺表现特征，是在书写历史中形成的，受到媒介物质影响，也出于传播功能需要。面向私有空间的传播，对应近距离"凝视"的观看方式，而面向开放空间的传播则对应远距离"观止"的观看方式。"凝视"要求"尽精微"的技艺表现，"观止"要求"极广大"的技艺表现。纸张发明之后，不仅可以用于书写，而且可以用于复制、摹刻，转化为刻石等其他载体而公开展示。面向私有空间的书写侧重人际传播，面向开放空间的展示侧重公共传播。

有意思的是，意大利汉学家毕罗考察了署款时"写"与"书"的不同："宋代以前写本和石刻文本题记中经常出现的'某某人书'和'某某人写'两种题法，实际上有一定的区别：前者是指面向社会的一种对开放空间的书写签署，后者属于私有空间的写卷范围。"[1] 毕罗将中国书法常见的纸张、石刻这两种物质载体，对应于两种不同的书写空间和传播功能，并归纳于书法广为流传和持久留存的主要因素。

关于纸张和金石的区别，涉及中国书法的碑学、帖学之分以及书法经典传承的观念问题，这里略展开讨论。纸张出现以前，中国的文字载体主要为甲骨、金石、简牍。甲骨书刻不便，简牍年久易腐，唯金石以其寿永而流传不已。《墨子·明鬼下》记载："古者圣王必以鬼神为（有），其务鬼神厚矣。又恐后世子孙不能知

---

[1] 毕罗：《写与书——中古中国的书写世界》，姚宇亮译，《中国书法》2018年第5期，第180-188页；毕罗：《中国书法的私有和开放空间：从书法环境到书法生态》，《美术大观》2022年第3期，第133-141页。

图1-11 《北齐天保造像题记》墨拓本

也,故书之竹帛,传遗后世子孙。或恐其腐蠹绝灭,后世子孙不得而记,故琢之盘盂、镂之金石以重之。"纸张出现以后,代替了竹帛金石,成为书写和复制的主要载体。中国古代的金石学研究,既是考古学的学问,又是书法学的学问。"金"者,"以钟鼎彝器为大宗,旁及兵器、度量衡器、符玺、钱币、镜鉴等物,凡古铜器之有铭识或无铭识者皆属之";"石"者,"以碑碣墓志为大宗,旁及摩崖、造像、经幢、柱础、石阙等物,凡古石刻之有文字图像者皆属之"。[1] 金石学肇始于汉唐,兴起于两宋,刘敞、欧阳修、赵明诚等人留下了诸多著录。清代朴学大盛,

---

[1] 朱剑心:《金石学》,文物出版社1981年版,第3页。

图1-12 魏·《石门铭》墨拓本

三代遗物和历朝碑志出土甚多，金石学研究进入鼎盛时期。[1] 作为媒介物，石刻（图1-11至图1-14）耐久却不可移动，具有传播上的时间优势；书帖便携却不易保存，具有传播上的空间优势。二者的物质性差异对文化性差异、艺术性差异形成了影响，故而毕罗将其表述为私有空间与公共空间的文化功能、书写特征的差异，字形、书体和书风随着物质载体及其空间的变化而变化。书法的物质质地与空间经验契合了媒介化的具体情境，由此形成了特有的媒介逻辑。

---

[1] 有学者指出，"从明末清初王时敏、郑簠首倡汉碑隶书以来，这一细流随着时间的推移，渐而汇成了洪流，裹挟的人数之多不可枚举。所以，杨守敬在《学书迩言》中说：'乾嘉间之书家，莫不胎息于金石'。盖风气如此，已成潮流"。之后，张琦、包世臣等人"已把视野由汉碑拓广到北碑，这是有重要意义的，它使得清代全面意义上的碑学兴起成为现实"，何绍基、赵之谦、张裕钊、沈曾植、王闿运、郑文焯、康有为、李瑞清等师法北碑，"虽成就不一，亦皆时代之佼佼者"，"清代金石家中写篆书者有两类，一类主要师法斯、冰之小篆"，秦李斯和唐李阳冰的小篆成为此类范本，"另一类则是取法《石鼓》或钟鼎金文"，杨沂孙、吴大澂、吴昌硕是清代学习石鼓文和钟鼎文的高手。参见崔树强：《宋、清两代金石学对书法的影响及其背景分析》，《书法研究》2002年第3期，第74-104页。

在德布雷看来,"载体也许是最不起眼但却最重要的东西"[1],从逻各斯域(文字)到书写域(印刷)、图像域(视听),载体的变迁反映了时间的外形从圆形(永恒、重复)到线形(历史、进步)以及点状(新闻、事件)的变迁,载体的属性同物理记忆的寿命、精神世界的等级是相关联的,也就是说,文明的历史和物质载体的历史是相关联的。金石作为坚硬沉重的载体,纸张作为柔软轻便的载体,不同的载体反映了不同文化时期的精神特征,金石所暗示的神圣、权威与宣纸所暗示的世俗、趣味显然具有不同的象征意义。特别有意思的是,德布雷还注意到"人类倒退着进入自己的媒介域",例如印刷术最初对书法的模仿,摄影术最初对绘画的模仿[2]。中国书法的"与古为新",在字体、书体乃至载体的选择上,无疑体现了对媒介的象征意义的理解,举例而言,选择书写篆书、隶书和石碑、印章,以显示庄重严肃,德布雷将其定义为"理性的礼仪规则"[3]。

图1-13 唐·佚名石刻《大唐故昭容上官氏铭》

讨论中国书法的知识传播,不能不了解中国文化关于本体与功夫的思想,这就关联到书法本体、审美主体和传播载体的关系。"书肇于自然"之说,既涉及书法的起源,又涉及宇宙的本原,即"自然"。中国书法受到儒释道的影响,其中儒家思想产生的作用更为显著、更为长久。儒家的"天人合一"思想和道家的"道法自然"思想有共通之处,

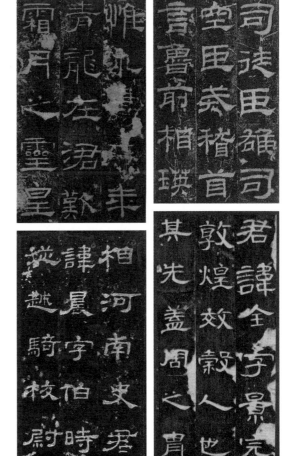

图1-14 自上左至下右分别为汉代礼器碑、乙瑛碑、史晨碑、曹全碑(局部)

---

1 雷吉斯·德布雷:《普通媒介学教程》,陈卫星等译,清华大学出版社2014年版,第223页。
2 雷吉斯·德布雷:《普通媒介学教程》,第231页。
3 雷吉斯·德布雷:《普通媒介学教程》,第238页。

都主张顺应自然,人与天地万物一体。《九势》云:"书肇于自然。自然既立,阴阳生焉。阴阳既生,形势出矣。""自然""阴阳"之运动变化有其规律。《周易·系辞上》云:"一阴一阳之谓道。"道,是宇宙万物不停地运动变化的规律。《周易》云:"柔来而文刚,刚上而文柔。""刚柔交错,天文也;文明以止,人文也。"汉字媒介、书法媒介皆体现刚柔相济的人文,取法阴阳相生的自然。唐代张怀瓘在《六体书论》提出"夫物负阴而抱阳,书亦外柔而内刚",解释了书法的哲学内涵:合乎阴阳之道,展示刚柔之美。

儒家义理所讲的本体,指的是宇宙本体,也是人之性体。在朱熹的话语体系中,本体、道体、太极、天道,都指的是宇宙的起源、本原;"理"是宇宙法则,是本体论的核心范畴、最高意义、普遍价值;天地之体是人之体,天地之心是人之心,二者没有分别,故而道体备于己;道体是观念性的实体,有实体必有发用,必有化育。[1]朱熹以体、用之关系为主题写了一首《训蒙绝句·体用》:"体用如何是一源,用犹枝叶体犹根。当于发处原其本,体立于斯用乃存。"体、用的关系犹如树根、枝叶,树根、枝叶同一源,且无树根则无枝叶,先有树根后有枝叶。《朱子语类》卷六:"如水之或流,或止,或激成波浪,是用;即这水骨可流,可止,可激成波浪处,便是体。"体是事物的本然状态,用是事物的实然形态,本然是整体的,实然是具体的。以上朱熹的两个比方,形象地阐释了体、用的范畴及其相互关系,便于我们从儒家哲学层面理解中国书法。所谓与古为新,"与古"是回到本体,"为新"是创新发用。

在古典语境下,中国书法经典的媒介化,即书法的本体之发用所致,发用是本体的发生、衍生、派生,是新陈代谢的运动过程。借助儒家义理的方法论,明体而致用、由用而达体的路径便是"功夫",便是朱熹所说的"实体备于己"而穷理致知,内外兼修。正所谓技合于道,文以载道。

自古以来的书法教育便是"着功夫"。书法教育形成了稳定而成熟的体系,其中包括公认的书法理论体系、总体的审美标准及主要的批评模式、通用的碑帖范本、授受的教学手段、规范的临摹练习方法、常见的书写形式、基本的书写技法、延续的书法史建构,等等。这些既指明了着功夫的路径(即师古、守正),又确立了着功夫的目标(即人格修养与书艺精进相一致)。如果说汉字是书法的载体,书法

---

[1] 朱熹《大学或问》卷一云:"天道流行,发育万物,其所以为造化者,阴阳五行而已。而所谓阴阳者,又必有是理,而后有是气。"《太极图说解》云:"太极,形而上之道也。"《中庸或问》卷三云:"盖人生天地之间,禀天地之气,其体即天地之体,其心即天地之心,以理言之,是岂有二物哉!"《论语集注·公冶长》云:"性者人所受之天理,天道者天理自然之本体,其实一理也。"《中庸章句》一章云:"道之本原出于天而不可易,其实体备于己而不可离。"

又是传统文化的载体,那么,书法教育便是中国书法经典传承的路径。按照福柯的说法,话语通过知识而彰显权力,书法教育的知识传播体现了话语生产和权力建构所渗透的书法传统,着功夫意味着个体对于知识的形式范畴及其所隐含的权力关系的接受与服从,这是中国书法经典媒介化的知识传播路径。

以前人经典书法作品为物质载体,通过临习、体会乃至有意的"误读""意临",思考"这一个"经典的特色何在、"这一个"与"那一个"经典的共性何在,这便是由传承到创新的路径,或者是打破既定知识系统的路径。特别有意思的是,中国书法的创新每每假以"复古"之名,中国文学、中国学术的创新亦是如此,中国文化的创新需要扬"复兴"之旗而体现合法性。"复古""与古为新"是一种方法、一种范式、一种话语实践。梁启超说:"综观二百余年之学术史,其影响及于全思想者,一言以蔽之,曰:'以复古为解放。'"[1]梁启超主张文学革命、学术革命,同时不得不承认中国文化的复古传统、复古范式,以复古为解放,是中国式文学革命、学术革命的方法论,复古是为了反动、反思,展开对文化秩序的理想化想象。孔子视上古三代为理想,《论语·八佾》记载"周监于二代,郁郁乎文哉!吾从周",孔子光复周礼的思想影响深远;南朝刘勰在《文心雕龙》中提出以"原道""征圣""宗经"为审美原则,此三者皆以古为尊;盛唐李白将"蓬莱文章建安骨"作为诗文标杆,慕古立新;中唐韩愈、柳宗元发起古文运动,"文以明道";明代前后七子倡导"文必秦汉,诗必盛唐",如此等等,复古思潮一再兴起。惠鸣在《中国文学复古现象透视》一文中指出,一方面,"因贵古而贱今,因贱今而复古,这是中国文化也是中国文学的复古辩证法。从文化启蒙到经世济用,中国古代的文人学士终身浸淫在尊经重史的复古氛围中";另一方面,"在复古思潮的影响下,中国文学在演进过程中始终坚持文学话语和价值观念的纯洁性,不断检讨并克服文学创作中的各种流弊和习气,反对卑俗化与非理性"。[2]这里仅以清代康有为兴碑学而创新书风为例作一论述。康有为打的旗号就是"复古",他说,"然二王之不可及,非徒其笔法之雄奇也,盖所取资皆汉、魏间瑰奇伟丽之书,故体质古朴,意态奇变",[3]"今日欲尊帖学,则翻之已坏,不得不尊碑。欲尚唐碑,则唐之已坏,不得不尊南北朝碑"[4]。康有为把尊碑、学碑、兴碑的合理性置于书法史的语境中,这和章学诚"辨章学术,考镜源流"的论调是一致的,康有为认为二王的取法源头是汉魏古法,他反对帖

---

1 梁启超:《清代学术概论 // 梁启超论清学史二种》,朱维铮校注,复旦大学出版社1985年版,第5页。
2 惠鸣:《中国文学复古现象透视》,北京化工大学学报(社会科学版)2003年第4期,第55-60页。
3 康有为:《广艺舟双楫》// 华东师范大学古籍整理研究室选编:《历代书法论文选》,上海书画出版社1979年版,第794页。
4 康有为:《广艺舟双楫》// 华东师范大学古籍整理研究室选编:《历代书法论文选》,第756页。

学末流时打的旗号是尊碑复古。清人学习书法，尤重学术，清人尚碑，以学术为底子，故而反叛帖学传统是先找了依据的，虽然颇有些片面，但是作了"合理性"阐释。复古作为一种范式，不光有学术传统作为支撑，还有思想文化传统作为支撑，《论语·述而》所说的"述而不作，信而好古"影响了中国人的深层文化心理。儒家认为，承传古圣先贤、遵循道脉本原是正当且合理的，经典的媒介化强调了传统、道脉的权威性和优先性。

西方对于艺术史、文化史的研究，也有涉及"复古"主题，例如雅各布·布克哈特把意大利文艺复兴作为一个历史对象，在《意大利文艺复兴时期的文化》一书中提出"古代的复兴"范畴。值得注意的是，布克哈特认为，不能只看到得到充分发展的文化，还要留意没有得到充分发展的文化，历史文化的变化也不是后来超越往昔。布克哈特逆向建构历史的方式，与本书提出中国书法经典"与古为新"的媒介化方式，在阐释的功能上具有共通之处。"复古""与古为新"的意图在于突破话语边界，动态生成空间，将"古"之在场同"新"之在场同时激发出来。"古"与"新"不是一种线性秩序，而是共存、交互而彼此流动的，"古"并不遮蔽"新"，"新"也并不复制"古"，"与古为新"乃不断从"古"中发掘"新"，既不偏离书法的本体论，又可突破话语秩序的边缘，从已知向未知生发。"古"是动态的，故而形成了"古"与"新"的循环。

康有为所说的对传统碑学资源的挖掘，虽然具有历史眼光，但是也局限于其知识视野。知识系统是越来越扩展的，后人能够见到前人所未见的更多传统资源，也能够挖掘前人所未挖掘的更多传统资源。有论者指出，"经典是一个可扩展的疆域，随着后代书家的开拓，经典的范围会越来越大。元、明时人未必没有见过《礼器》《乙瑛》《史晨》《曹全》（图1-14），但没有开发出其经典意义。汉碑成为经典，只能在郑谷口、邓石如之后。经典也会因研习者而声名大震，《石门铭》以康有为显，《秦诏版》以齐白石显，这样的例子举不胜举"。[1] 又如，随着考古出土材料的增多，人们可以获得新的经典资源。本书写作期间，2022年4月，陕西考古博物馆建成并面向公众开放，首次展出了颜真卿早期书写的墓志，它是唐代龙门县令元大谦夫人罗婉顺的墓志，新近出土于咸阳市渭城区。同年，考古人员在西安市长安区发掘出土了柳公权晚年为他的堂妹夫严公贶撰文并书写的墓志。二十世纪以来，甲骨文、敦煌遗书、居延汉简、马王堆帛书、郭店楚简等重大考古发现，

---

[1] 孟会祥：《书法直言》，海燕出版社2016年版，第6-7页。

都为书法经典的扩展提供了古老而鲜活的资源。[1]

中国书法同中国文学一样,每一代都有每一代之创新[2],文体之变与时代风潮相呼应。南朝梁代萧子显在《南齐书·文学传论》中说:"若无新变,不能代雄。"不同的时代产生不同的文学,使之发出时代的声音,体现时代的特征,契合时代的精神。书法也是如此,刘熙载《艺概·书概》说:"一代之书,未有不肖一代之人文者。"如"二王"书风与魏晋风度不可分,"颜筋柳骨"与盛唐气象不可分,宋代书法的"尚意"趣味与风流文雅的时代气质不可分,清代兴碑书风与乾嘉学派重经学考据的人文转向不可分。书法传播脱离不了时代语境,既反映一代之人文,又充实一代之人文。作为名家名作的经典,必然代表那一个时代的文化特征,为那一个时代所广泛认可,从而在历史上留下痕迹。中国古典话语所表达的经典媒介化,实乃历史主义与理想主义的结合,一方面认识历史差异、展开历史批判,另一方面保持历史敬畏、寻找历史依据,在复古与革新之间构建文化价值。

从传播史的叙事来看,逆向建构历史的方法不可忽视。后世一再挖掘此前被历史叙事所忽视或遗忘的资源,古为今用,以开启新的传统,或超越此前的传播定势,以反抗同化或固化的传统。媒介考古学对于媒介异质性的关注,正着意于释放那些被忽视或遗忘的媒介之价值,并且将它与当下及未来的"复活"联系起来。这是超越历史语境并重新阐释"旧媒介"的方法论,有助于媒介研究、历史研究为传统的创造性转化和创新性发展提供启示。

从传承到创新,由达用而明体,从应物到游心,着功夫者皆以"与古为新"为方法。启功曾说:"每个流派不同,每个古代书法家的特点不同,他们的书写方法也有他们的规律。我们要学习的是他们的方法。"[3]"方法""规律"不只是技艺层面的,只有了解中国书法经典是如何形成的,如何在历史演变中展开媒介化变迁的,知其然且知其所以然,才能够把握方法、规律。不可孤立地看某一位书家某一件

---

[1] 据中国书法家协会2023年统计,中华人民共和国成立以来新发现的书迹,重要者如下:花园庄东地甲骨;西周何尊,西周九年卫鼎,西周墙盘,西周㝬簋,西周逑盘,春秋秦公镈,春秋秦公大墓石磬刻字,战国中山三器,战国秦骃玉版,春秋晋侯马盟书,战国曾侯乙楚简,战国仓山楚简,战国郭店楚简,岳麓秦简,秦两诏权量铭,汉上林铜器群,汉马王堆帛书;张家山汉简,银雀山汉简,海昏侯汉简,定州八角廊汉简,武威汉简,敦煌汉简,尹湾汉简,三国吴走马楼木牍,汉张禹碑,汉裴君碑,汉张景碑,汉鲜于璜碑,汉肥致碑,汉建宁三年残碑,汉景云碑,汉王舍人碑,高昌墓表,大唐天竺使之铭,北魏元苌墓志,北魏高道悦墓志,隋杨文思墓志,隋解方保墓志,唐王女节墓志,唐冯师英墓志,唐冯承素墓志,唐上官婉儿墓志,唐李范书章怀太子墓志,唐白休徵墓志,唐玉真公主书金仙长公主墓志,唐张旭书严仁墓志,唐颜真卿书郭虚己墓志,唐徐浩书独孤峻墓志,唐湛然书郑夐墓志,唐史惟则书韦元甫墓志,唐郭湜墓志,唐柳公权书回元观钟楼铭,唐李商隐书王翊元墓志。这些考古发现对于重写中国书法史的参考价值非常大。
[2] 王国维:《宋元戏曲考》,上海古籍出版社2005年版,第1页。
[3] 启功:《给青少年的十三堂书法课》,长江文艺出版社2019年版,第87页。

作品，而应该把他们的观念和作品放到书法史、文化史和社会史的语境中，看到其中的联系，这就运用了朱熹哲学的"体用一流"的观点和沙孟海提出的"穷源竟流"的学习方式。

传统始终处于变动之中，经典始终处于改写之中。所谓超越"影响的焦虑"，是将传统对立起来，继而完全否定、推翻传统的价值吗？布鲁姆在《影响的焦虑：一种诗歌理论》中并没有陷入如此简单的思维模式，对于经典，他反对摹仿、重复、继承，提倡误读、修正、创造，这是对"权力话语"的反叛，又是对"权力话语"的重构。中国书法经典的媒介化是循环往复的周期性运动，前浪、后浪一起汇入历史的大潮[1]。而这样的运动形成了书法媒介的深层时间和话语实践，提供了"古"之于"新"的转喻模型（理解与参照意义）或在场动力（影响与共识意义）。对书法的媒介考古，可以帮助我们认识经典的开放性、多样性与复现性，可以帮助我们打破对经典的建制化认同或狭隘理解，可以帮助我们重新发现经典、阐释经典和创造经典。

"古"和"新"是我们研究中国书法经典绕不开的关键词，福柯认为知识考古学指出了话语所发挥的不可缺少的规则作用，"古"和"新"对应了这样的话语构型。"古"何以化为"新"以及"新"何以通于"古"，乃中国书法媒介考古研究的重要线索。

---

[1] 英国传播学者尼克·库尔德利和安德烈亚斯·赫普将媒介化的过程描述为"浪潮"（waves），媒介化是一个动态的、连续的、开放的过程，不是新、旧媒介的替代与进化，而是不同媒介形态与媒介技术的交叠与汇合，这样的媒介史观与媒介考古学所主张的非线性的媒介史观具有相似性。参见孙婧：《媒介化：共识、分野与中国语境下的研究路径》，《新闻界》2022年第12期，第75-90页。

第二章
中国书法经典媒介化与文化纪统

理解经典的媒介化，可以借鉴福柯的"权力话语"理论，将其作为一种方法。中国书法的文化纪统、审美传统和知识系统，毫无疑问属于体系化、范式化的权力话语，在中国历史文化叙事中，获得了长久、普遍、深沉的认同力量。对权力话语的阐释，即是对"何以经典"的一种回应：权力话语是如何形成的？或者说，书家、作品及其影响是如何被体系化、范式化、观念化的？书法经典是如何通过后世的选择、树立以及样板化而影响广大的？在被列为经典的书家提供文本贡献之外，接受者是如何同时作为施动者参与权力话语建构的？笔者将书法经典的媒介化作为历史文化的叙事，只有回到历史文化语境中，才能理解中国书法的传播机理。对于书法经典的媒介化，从社会建构的视角来看，可以从文化纪统、审美传统和知识系统三个方面进行考察。

书法所承载的价值是多元的，书法发展演变所经历的历史文化语境也是多元的。从不同的历史时期看，中国书法表现为不同的书体、书风形态，受到当时的文化和价值影响。江河万古，文化和价值的生成与发展必有源流，中国书法经典的演化也因此形成其进路、体系以及规律、走向。从汉字的创制、书写的意识，到书体的演变、字体的规范，从人文的觉醒、交流的汇通，到哲学的总结、审美的独立，从道德的规范、制度的约束，到价值的整合、主体的建构，从媒介的变迁、技艺的介入到知识的实践、语境的更新，中国书法与历史文化形成了互动，同时又是历史文化的重要组成部分。

胡塔莫指出："媒介考古学旨在重新发现媒介文化现象及相关议程中的遗迹，阐明其背后的意识形态机制。同时，媒介考古学也强调历史叙事的多样性，并凸显其被建构、被意识形态决定的本质。"[1]中国文化纪统体现了中国古代社会的意识形态机制并建构了象征性权力，本章所论述的汉字构形、书体演变、字学规范、书礼规训和多元文化价值的植入，皆为书法受到权力话语影响且被意识形态建构的"证据"，亦皆为参与意识形态建构和权力话语塑造的"证据"。

中国书法以汉字为载体，汉字构形是书法存在的基础。胡小石说："世有以作字为艺术者，惟中国为然，日本、朝鲜皆学我者也。"[2]为什么其他民族的文字书写没有成为媒介艺术，只有汉字的书写成为媒介艺术呢？一是汉字的构型具有视觉上的独特优势，点画、线条、结构以及字与字的组合，在形式上可以千变万化，

---

[1] 埃尔基·胡塔莫：《拆除神话引擎：作为主题研究的媒介考古学》，收录于埃尔基·胡塔莫、尤西·帕里卡编：《媒介考古学：方法、路径与意涵》，第26页。
[2] 胡小石：《中国书学史》，浙江人民美术出版社2022年版，第1页。

蔡邕云"纵横有可象者,方得谓之书矣"[1],汉字的图像、形象不仅是一字一形,而且组合起来可以成为一个完整的形式系统,纵横可象。打个比方说,汉字作为象形文字为艺术媒介提供"元语言",书法是在汉字"元语言"基础上形成的"对象语言"。二是汉字的文化含量十分丰富,既肇于自然,又合乎人文,承载自然生命和人文生命的鲜活运动、矛盾统一。在赋形、立象、尽意、入神之间,书写者表达对自然的感受和对人文的感受,既追求形质,又追求神采,反映整体和谐、生生不息的宇宙观、生命观、实践观。按照基特勒的定义,书法是自然性、生命性书写,书写者从对媒介的感受中获得身体经验,形成对自然的想象和对主体性的认知。同时需要看到,书写必然嵌入社会文化关系和权力话语结构之中,在具身性书写中悄然产生身体意识形态。概括而言,"道法自然"与"经艺王政"的不同书写意图形成了张力。

汉字的演变,形成了不同字体、书体。不同字体、书体的形成,就物质条件而言,涉及书写工具和书写媒介的变化,故而有书写技艺的变化;从精神需求而言,涉及书写目的和书写语境的变化,故而有书写价值的注入。

引刀契刻于龟甲兽骨,甲骨作为载体空间逼仄,又坚硬易碎,须用利刀劲刃。故而甲骨文字形多直笔折笔,线条明快;结字多紧敛缜密,平中见险,以收带放;布局多错落穿插,浑然一体,虚实呼应。金文借助范铸成形,亦能较好体现毛笔书丹的效果。金文在笔画上运转余地增大,粗细变化增多,随形因势而刚柔相济;在字形与布局上风格趋于多元,或端正方严,或朴实浑厚,或圆转舒展,或奇肆流丽。胡小石说:"三代文字,最早为方笔,由方笔流而为圆笔,此书体之异也。"[2]这与工具和介质的关系极大,同时对后世的书法技艺影响极大。如果说甲骨文体现了汉字符号化的发展趋势,金文进而体现了汉字审美化的发展趋势。从殷商到两周,金文走向成熟,从前期的象形、繁复转变为后期的抽象、简洁,风格各异,绚烂多姿。用毛笔书写于简牍、缣帛,书写的灵活性激发了书写者的创造热情,不仅可以写得更为简便、快捷,而且可以写得更为随性、生动。从出土的春秋战国时期的各国文字实物来看,字体、书体都有不同变化,书写速度加快,用笔更加简率,技巧更加熟练。春秋战国时期,秦系文字区别于关东各国文字较为明显,学者普遍认为,这与秦国地理位置相对闭塞,与中原沟通不多有关,故而秦系文字保留西周文字的传

---

[1] 华东师范大学古籍整理研究室选编校点:《历代书法论文选》,上海书画出版社1979年版,第6页。
[2] 胡小石:《中国书学史》,第9页。

统较为完整。¹ 秦始皇统一六国后，书同文，以小篆作为官方文字通行天下。《说文解字·序》所云"古从此绝矣"，指的是就是六国使用的殷派文字从此废弃。

汉字字体、书体的变革，小篆的出现是一个重大节点，隶变的出现又是一个重大节点。从发生学的意义来说，二者动力不同，但是在时间上二者没有线性的先后关系。小篆是秦始皇采取丞相李斯针对六国文字各异而提出的"罢其不与秦文合者"的建议所颁布推行的统一、规范的官方文字，但是秦代的书体并非只有小篆一种。² 小篆的形成是一个官方主导的快速过程，而隶书的演变是一个民间主导的渐进过程。制度和文化互相调适，形成了汉字字体、书体变革的复杂动力。从侯马盟书、青川木牍、云梦竹简、长沙帛书等，可以看出大篆草写（草篆）向隶书演变的过程，从战国后期开始，秦系文字和其他各国文字均出现了快写连笔的俗体。以秦书八体中隶书的得名来看，《汉书·艺文志》有记录："是时建隶书矣，起于官狱多事，苟趋省易，施之于徒隶也。"除了徒隶，下层职官也是隶书的应用群体，如隶书又称为"佐书"，即书佐之书。隶书除了用于法律文书，还用于公文、信函、簿册、契约、档案等，徒隶、书佐书写的工作量大，所以图简易、求便捷。裘锡圭把汉以前的隶书称为"古隶"³。今天考古发现的成果可以证实战国后期隶变就已经发生了。从小篆、隶书产生的物质条件看，用毛笔直接书写于简牍、缣帛等载体之上，对于书法符号化的塑造意义非常重大。

考察汉字书体形成的语境，也可梳理出重要的文化脉络。甲骨文以占卜文例形式（通称甲骨卜辞）和记事文例形式（通称记事刻辞）为主，沟通人神，占卜吉凶，敬天崇祖，神化王权，故而契刻郑重其事，有秩序感。甲骨文的习刻或习契是为了强化书契规度，涂朱或涂墨是为了强化书契美感。⁴ 金文多铸刻于以钟鼎为代表的礼乐之器，也称为"钟鼎文"。《礼记·礼器》云："礼器，是故大备。大备盛德

1　王国维说："战国时秦用籀文，六国用古文。"参见王国维：《观堂集林》卷七，中华书局1959年版，第305页。又，胡小石说："秦本渭北蛮狄，驰逐畋猎，原无文化，既有周地，又袭其文化。""中原文字屡经变异，而秦仍习大篆，若《石鼓文》为周文公时物，重厚平整易识，下至秦之刻石诏版权量之文，亦相去不远。"参见胡小石：《中国书学史》，第37-38页。
2　《说文解字·序》云："自尔秦书有八体：一曰大篆，二曰小篆，三曰刻符，四曰虫书，五曰摹印，六曰署书，七曰殳书，八曰隶书。"对此，启功有阐释："秦书八体，实有四大方面：一是小篆以前的古体，即大篆；二是同文之后的正体，即小篆；三是新兴的'以趋约易'的俗体，即隶书；四是其它不同用途的字体。"参见启功：《古代字体论稿》，文物出版社1964年版，第9页。
3　北魏郦道元《水经注·谷水注》有"古隶之书，起于秦代，而篆字重繁，无会剧务，故用隶人之省，谓之隶书"的记载。今天的学者更倾向于根据考古材料，将古隶的起源确定为战国中期。
4　范毓周指出："甲骨文中还有一些当时学习刻写卜辞的人练习刻写文字的作品，学者们称之为习刻或习契。它们大多是一些单字的重复或甲子表以及某些卜辞的抄写，从中往往可以看出当时师徒相授的有趣迹象。甲骨文一般是先用朱砂或黑墨写在甲骨上，然后再用刀刻成浅槽，但也有不少是直接刻成的。早期的甲骨文在刻好之后，还往往用朱砂或黑墨涂在字划里，学者称之为涂朱或涂墨。经过涂朱和涂墨的甲骨文显得格外好看，简直是一件雕刻精美的艺术品。"范毓周：《甲骨文》，人民出版社1986年版，第16页。

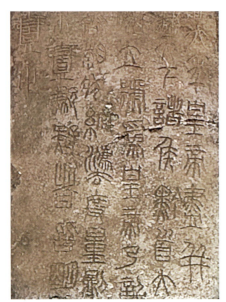

图 2-1　秦·始皇廿六年诏版

也。"《礼记·祭统》云:"夫鼎有铭,铭者自名也。自名以称扬其先祖之美,而明著之后世者也。"《礼记》透露出鼎铭书契的媒介意图:文饰之美、工艺之精是为了表现道德之美、礼制之精。

秦代小篆在文字规范上作用巨大,然而表现形态分工整、率意两大类型,并非只有工整一类。胡小石云:"秦诸刻石多齐整,布白横平竖直,是书体之正。其副则不整齐,若权量,有天趣。"[1] 书写意图、语境不同,故有审美分殊。传为李斯书写的泰山刻石、琅玡台刻石,乃为歌颂始皇帝功德所铭,圆婉和美,端严整饬,后世用于庄重场合的碑首、墓盖、匾额、题榜等,小篆风格多从之。秦诏版和权量铭文则自由率意,盖由工匠受命制作,受民间书写影响。后世有人喜此类风格,如吴昌硕刻"聋缶"印边款云:"秦诏权量,用笔险劲,奇气横溢,汉人之切玉印胎息于斯。"齐白石、石开等奏刀刻印亦多取意于此(图 2-1)。

胡小石关于书体有正、副之论,也有学者理解近似又略存差异,表述为正、草之论。卢甫圣说:"古隶成形后分别朝着正体化和草体化两个方向流变。正体化的一翼,既方折其点画,又绞转华藻其波磔者,发展为分隶,亦称分书、八分,即'八字分背''势有偃波'的东汉标准隶书;而同样方折其点画,却以提按顿挫、省改波磔、增加钩趯者,发展为今隶,后称真书、正书、章程书、楷书,汉末三国体制粗成,隋唐之际趋于定型。草体化的一翼,涵泳隶书而张扬波磔者发展为章草,多使转而与楷书同一笔法机杼者发展为今草。章草寝馈草隶,风行于新莽、东汉,而得名于晋、宋间;今草亦承草隶,其产生略早于楷书,初名稿书、稿草,或与章草同称草书,继而生发小草、大草之别,至盛唐又发为不可端倪的狂草。正草两翼之间的关系复杂微妙。作为书体形成的结果,彼此泾渭分明,

---

[1]　胡小石:《中国书学史》,第 47 页。

各不相犯；作为书体形成的过程，则往往交错混杂，相反相成。"[1] 中国书法的发展，恰在正草两翼之间，字体规则的演变如此，书体多样的转变亦然，书写形态与文化记忆由此丰富，不等同于西方媒介考古学所认为的主流书写模式与替代书写模式之分，或延续与断裂两种话语变化之分。正草两翼都没有被视为遭到遗弃的媒介谱系，在正草两翼的相反相成之间形成了非线性的、多元化的媒介形态。

在汉字发展史上，规范化和便捷化是两条主要进路，其动因乃文化转型与话语改造，由此带来古、今文字的系统性变革，也导致文字使用需要与意识形态规制需要的兼容性整合。故而字学与书法是两个关键概念。汉代有今文经学、古文经学，今文经是指口耳相传、用当时的今文（即隶书）记录下来的儒家经典，古文经是指始皇焚书期间儒生藏于民间的古文（即籀书）经籍，以汉武帝时鲁恭王坏孔子故宅墙壁所发现的为著名。古文经学家如贾逵、马融、许慎、郑玄等，以对文字、音韵、训诂的研究为依据，力求原原本本地训解、阐述儒家经典。清代乾嘉学者所用方法，即"汉学""朴学"之谓也，沿袭古文经学传统。"字"和"典"的关系是紧密的，许慎的《说文解字》是"字典"的圭臬，汉字字典的历史起源意义在于字学不仅涉及文字规范，而且涉及经典正义。唐代封演在《封氏闻见记·文字》中指出《说文》为字学之宗。字学亦有另一含义，即书法学，《宣和书谱·王邃》云"大抵字学之妙，晋人得之为多，而王氏之学尤盛焉"，肯定琅琊王氏的书法成就。历代确立字学范本，实乃出于意识形态方面的考虑，字学范本就是话语构型。

董仲舒吸收道家、法家和阴阳家的思想，改造儒学，汉武帝将尊儒与教育、考试和选官结合起来，通过制度力量使儒学逐渐渗透到社会各阶层、各领域。自此，儒家思想成为中国历代统治者所推崇的正统。书法优劣体现于教育、考试和选官的标准，与此关系甚大。书写作为日常修身和文化养成方式，实现了日常生活的媒介化，其中"书礼"是尤其需要关注的话语现象。

中国传统文化的纪统，融合了儒、释、道三家。晋唐之间，以儒为主，儒释道各树一帜又互补融通的中国文化格局基本确立。中国书法富有兼收并蓄、融会贯通的精神，如魏晋时期的书法受玄学影响至深，所谓玄学，就是儒道相融之学，一方面强调制名教以正人性，另一方面强调顺自然以因物性。又如唐代怀素的草书以书寓禅，即心即佛，为宋代尚意书风和明末董其昌南北宗理论开启了源头。书法在有法与无法之间的超越性审美特质，得于佛道境界。中国文化精神不断渗透到书法之中，此亦为书法在中国历史情境中形成的话语实践。

---

[1] 卢甫圣：《中国书法史观》，第 24-25 页。

书法经典的媒介化作为象征性权力塑造的转喻，可以理解为福柯意义上的考古学，即对话语对象的系统描述，将书写作为一种话语实践而揭示不同书体、书风的作品所体现的一般共性。[1]当书法融入日常生活，或者建构为文化生活，它就在不断扩展文化纪统并积累文化记忆，经典的确认实则体现了书写规律性和人文价值观的确认，体现了文化主题的保存和延续以及媒介主题的演绎和流动。

第一节　汉字构造："人即媒介"的自然性和生命性书写

以仓颉造字的传说为缘由，每年4月20日被设定为联合国中文日。这一天，是中国农历二十四节气中的"谷雨"。[2]《淮南子·本经训》记载的"天雨粟，鬼夜哭"就是"谷雨"之神奇传说，陕西省白水县每年谷雨举行仓颉庙会。

根据东汉许慎的概括，汉字以"六书"为构型方法，"六书"以象形为基础。[3]最原始的造字方法是象形，不仅中国的甲骨文如此，埃及象形文字、苏美尔文、古印度文等世界上的早期文字都是以图画为文字雏形。虽然今天的汉字已经演变为表意文字，但是考察汉字的起源，需要深入分析象形对于汉字构造的意义。于省吾提出了古汉字研究"以形为主"的考释原则，他在《甲骨文字释林》一书的自序中指出，某些古汉字的音、义难以确定，但是其保留的字形是客观的，故而字形成为研究古汉字的可靠基础。刘钊提出，将古文字的每一个构形因素的来龙去脉搞清楚，是考释古文字的一项重要的基础工作。[4]由象形而指示、会意、形声、假借、转注，汉字的构形创造体现的是由形象到抽象、由摹绘到表意的过程。

臧克和团队用调查统计和定量论证的方式研究先秦汉字的发展演变，认为殷

1　Michel Foucault. The Archaeology of Knowledge[M].trans. A.M. Sheridan Smith. London: Routledge, 2022:155.
2　李晓宏：《聚焦象形文字 了解中华文明》，《人民日报》2021年4月24日第3版。
3　《汉书·艺文志》记载："古者八岁入小学，故周官保氏掌养国子，教之六书，谓象形、象事、象意、象音、转注、假借，造字之本也。"参见班固：《汉书》卷三十《艺文志》，中华书局2000年版第1363页。《汉书·艺文志》关于"六书"之名称、排序与许慎《说文解字·序》略有差异。郑众注《周礼》所说的"六书：象形、会意、转注、处事、假借、谐声也"，亦有不同。"六书"说最早见于战国时期的《周礼·保氏》："乃教之六艺……五曰六书……"。汉代班固、郑众、许慎三家之说，皆源于刘歆的《七略》。《七略》今已不存。
4　刘钊认为："许多构形因素都有着独立的起源，并经过不同的演变形成较为固定的形态。有的可以独立成为一个记录语言的整体，有的则不单独成字，而是作为一个构形成分与其他构形因素结合起来使用。有的构形因素没有独立的源，而是截取某一个基本形体的部分而成。"参见刘钊：《古文字构形学》，福建人民出版社2011年版，第157页。

商文字中象形字比重远高于指事字、会意字和形声字，独体字比重也高于合体字。[1] 臧克和团队的研究对于我们把握先秦文字总体情况及其构造方式极有参考价值。将象形作为"六书"之基础，此结论信而有据。

基特勒在关于1800话语网络的论述中对手写进行了定义，他认为手写是自然性书写、生命性书写，人通过手写来认识事物、认识自身。"基特勒甚至把用手书写视为是人的本质所在。文字由手写出，体现了人不同于其他生物的特殊性——人的思考与储存内容的过程。同时，手写延伸了人的感官知觉，使得人能够通过自然性和生命性的书写来认识万物，认清自己。书写建构人的自我认同和对外部世界的认知，这种认知建立在'媒介－（身体－意识）'一致性的基础上。所以，书写媒介（手和现实层面的白板）与人的身体（手）－意识（想象层面的白板对灵魂形象的投射），达成了'人即媒介'的关系，人与媒介本质上是海德格尔所说的'共在'关系（Mitsein），即'你中有我，我中有你'。另一方面，媒介的先验性使得'人'的概念得以确立和延展，媒介书写了人的主体性的存有，从意义与本质层面引申了'人'的观念。"[2] 此论述与《周易·系辞下》所说"近取诸身，远取诸物"是一致的。"近取诸身，远取诸物"是建立在体验哲学基础上的认识事物与认识自身的方式，汉字的象形构造也是"近取诸身，远取诸物"。手写在认识自然万物和认识人自身的过程之中构建了人与世界的参照系，其媒介意义在于人的自我实现、人的边界扩展。人体之象，在甲骨文中，如"人""目""且""女"，皆"近取诸身"，准确简练，可望文而生义。"远取诸物"，取自然物之象，也取人造物之象。"日""月""水""火"之类为取自然物之象，"刀""斤""车""耒"之类为取人造物之象。在甲骨文中，汉字象形之方法，或概括形象之轮廓，或夸张其主要特征，如"山"字属前者，概括山体之貌，"鹿"

---

[1] 臧克和团队"以基于数字化的定量方式，从字集、字频、异体、构件、结构、体态等角度来描述先秦出土文字的发展演变状况"，得出了以下主要数据："殷商基本字集——甲骨文字集，得到的甲骨文字形数为6227个；殷商金文字集，得到殷商金文字形总量1507个。西周春秋基本字集——西周金文的字集，统计出《金文编》收录西周金文2302个，统计出西周金文的字形数量为2870；春秋金文的字集，从25083字量的春秋金文用字中统计出单字1458个。战国字集——统计出战国金文的字形数量为1774字；楚简文字类型多，以《楚文字编》原收录材料为依据，补遗文字175个，以上博简材料为依据，补遗文字843个，以新蔡简文字为依据，补遗文字298个。上述数据的给出，整个先秦文字总盘子也就有所把握了。""关于殷商到两周'四书'结构发展，断代系统描写专题同样给出了可资对比的量化数据。通过分别以不重复字形和卜辞用字总量为统计基础，研究者得出这两个不同的层面的甲骨文'四书'结构在有效字形总量中的数量比重。以字形数为统计基础的量化结果：甲骨文的统计结果全面补正了既有研究的相关数据，其结果为，象形字占总字形量的40.16%，指事字占5.06%，会意字占40.89%，形声字占13.89%。殷商金文的同口径统计结果印证支持了甲骨文的统计数据的真实性。""独体字在甲骨文的常用字比合体字占据更高的比重，是对许慎'先有文后有字'之说所作的一个很好注脚。"参见刘志基：《中国文字发展史·商周文字卷》，华东师范大学出版社2015年版，臧克和撰"总序"第6-7页。
[2] 郭小安、赵海明：《媒介的演替与人的"主体性"递归：基特勒的媒介本体论思想及审思》，《国际新闻界》2021年第6期，第38-54页。

字属后者，夸张鹿角之形。基特勒指出，在母亲（媒介）的教育（生产）之下，男性（人）习得了书写的能力。书法是手写的艺术和文化，它区别于打字机、印刷机这类机械化、物质化书写，书法体现了人的主体性建构，而机械化、物质化书写遮蔽书写的本质，当手和书写分离，人的自然感知经验就被颠覆了，这使人丧失了主体地位。基特勒认为手写是一种自然化想象，而中国书法肇于自然又归于自然，贯通了人的生命与世界的联系，当然是一种自然化想象，体现了人即媒介的意涵。

许慎区分了文、字。许慎《说文解字·序》云："仓颉之初作书，盖依类象形，故谓之文。其后形声相益，即谓之字。文者，物象之本；字者，言孳乳而浸多也。"段玉裁《说文解字注》云："析言之，独体曰文，合体曰字；统言之，则文字可互称。〈左传〉'止、戈''皿、蟲'皆曰文，是合体为文也。"段注"独体曰文，合体曰字"的说法颇受注重。独体汉字的构造方式，除了象形，还有指事，而会意、形声则属于合体汉字的构造方式。宋代郑樵说："六书也者，皆象形之变也。"[1] 中国汉字从象形开始，六书之变，本源归一。汉字作为原初媒介，承载了中国人的观看、书写之道和时间、空间意识。

唐代张怀瓘依许慎之说，区分"文""字"，又统称"文字"。在此基础上，他又解释了"书"，并提出了"翰墨之道"的观念。张怀瓘《文字论》[2] 里有哲学思辨。其一，张怀瓘关于天文、地文、人文的"其道焕焉"，说的既是"文"，也是"字"和"书"，故言"字之与书，理亦归一"。唐代李阳冰《论篆》亦有类似论述："通三才之品汇，备万物之情状。""三才"即天、地、人。天文、地文、人文的大道之行，用今天的话来说，就是宇宙意识、生命意识、文明意识的彰显。其二，张怀瓘关于"物形""文理"之对应，或者说物、我之观照，和孟子"万物皆备于我"的说法是一致的。所谓"近取诸身，远取诸物"，是从本身出发，天人一理，天地万物一体，天地与我并生，万物与我为一。李阳冰"备万物之情状"也是这个意思。其三，张怀瓘关于"加之以玄妙"的论述，强调的是出神入化，回到世界本原，"翰墨之道"是生生不息的变化之道、创造之道。所以，在《文字论》里，他又说：

---

[1] 郑樵：《通志二十略》，王树民点校，中华书局1995年版，第234页。
[2] 《文字论》云："文字者总而为言，若分而为义，则文者祖父，字者子孙。察其物形，得其文理，故谓之曰'文'。母子相生，孳乳浸多，因名之为'字'。题于竹帛，则目之曰'书'。文也者，其道焕焉。日月星辰，天之文也；五岳四渎，地之文也；城阙朝仪，人之文也。字之与书，理亦归一。因文为用，相须而成。名言诸无，宰制群有。何幽不贯，何远不经，可谓事简而应博。范围宇宙，分别川原，高下之可居，土壤沃瘠之可殖，是以八荒籍矣。纪纲人伦，显明政体。君父尊严，而爱敬尽礼；长幼班列，而上下有序，是以大道行焉。阐《典》、《坟》之大猷，成国家之盛业者，莫近乎书。其后能者，加之以玄妙，故有翰墨之道生焉。"

"深识书者，惟观神彩，不见字形""探文墨之妙有，索万物之元精"，在《六体书论》里亦云"书者法象也""随变所适，法本无体，贵乎会通"。从"法象"到"无体"，随变则会通，"大象无形"。前述汉字的构形创造体现的是由形象到抽象、由摹绘到表意的过程，由汉字书写而形成的书法，也是由形象到抽象、由摹绘到表意，体现为诗意的审美创造。唐代司空图所说的"象外之象"，指的是内在世界与外在世界的互联互通。

对"法象"的理解，涉及中国先秦哲学的一个重大命题，即自然之道。自然者，本来如是也。老子提出"道法自然"，以"道"为宇宙万物的根源，"自然"为世界的本原。老子认为，道"独立而不改，周行而不殆""生而不有，为而不恃，长而不宰"，大道独立，万物自由，这是最高的智慧、无穷的运动、本质的规则。"大曰逝，逝曰远，远曰反。故道大，天大，地大，人亦大。域中有四大，而人居其一焉。人法地，地法天，天法道，道法自然"，在老子看来，道之大，在于变化不居、无远弗届、周而复始，遵循道之本原的天、地、人也是如此，这是朴素的自然辩证法。《庄子·人间世》云："乘物以游心，托不得已以养中，至矣。"说的就是顺应天地万物的自然状态，得心之自在，养内在生命。老庄之学将"道法自然"作为世界观和方法论，道先于天地，其"无状之状，无物之象"，乃化育为天地万物、承载于天地万物的初始状态、运动状态和永恒状态。汉代董仲舒的新儒学吸收了道家解释自然的宇宙法则，借天道论人道、治道，《春秋繁露》云"惟人道可以参天"，又云"天覆育万物，既化而生之，有养而生之，事功无已，终而复始，凡举归以奉人，察于天之意，无穷极之仁也"。董仲舒将哲学价值转化为伦理价值，转化为"天人合一""天人感应"的主流意识形态价值，形成了儒家相对稳定的话语构型，亦由此调适"道法自然"与"经艺王政"的矛盾张力。

陈来指出："古典中国文明的哲学宇宙观是强调连续、动态、关联、关系、整体的观点，而不是重视静止、孤立、实体、主客二分的自我中心的哲学。从这种有机整体主义出发，宇宙的一切都是相互依存、相互联系的，每一事物都是在与他者的关系中显现自己的存在和价值，故人与自然、人与人、文化与文化应当建立共生和谐的关系。"[1]中国的古典宇宙论思维深刻影响了中国文化，书法概莫能外。在中国古代书论里，"道""自然""阴阳""气"之类概念比比皆是。这些概念，哲学层面的阐述虽然各有侧重，诸说不一，但是有关联、有互通。总体而论，"自然"为"道"的根本显现，"阴阳"是"气"的至大之体，"气"的转化、交感则有阴阳、四时、

---

[1] 陈来：《中国文明的哲学基础》，《中国高校社会科学》2013年第4期，第37-50、157页。

五行之循环，有万物之化育，此生生不息之"易"就是"道"的运行。《易传·系辞上》云"一阴一阳之谓道"，庄子云"阴阳者，气之大者也"，董仲舒云"天地之气，合而为一；分为阴阳，判为四时，列为五行"，朱熹云"阳中有阴，阴中有阳；阳极生阴，阴极生阳，所以神化无穷"，程颢云"生生之谓易，是天之所以为道也。天只是以生为道"，戴震云"阴阳流行，其自然也"，这些思想影响了中国人的宇宙观、生命观、实践观，当然也影响了中国书法的精神和媒介化历程。中国古代书论对"道""自然""阴阳""气"等概念作了演绎或借用，且表达偏于形象化、感性化，以意象、譬喻、连类等各种方式予以阐释，其来源是哲学传统。

郭齐勇说："中国哲学中有着异于西方的语言、逻辑、认识论理论，如强调主观修养与客观认知有密切的关系，如与汉语自身的特性相联系的言、象、意之辩。以象为中介，经验直观与理性直观地把握、领会对象之全体或底蕴的思维方式，有赖于以身'体'之，即身心交感地'体悟'。"[1] 郭齐勇将中国人的思维方式与汉字、汉语的特性联系起来，将身体的媒介化表达与观念的具身性维度结合起来，将注重生命节律与建立象数思维结合起来，将个体经验与整体秩序结合起来，启发我们理解中国书法所蕴含的宇宙观、生命观、实践观。

中国古典话语对于"自然"的理解，不是简单地以反映、表现"自然"，而且是在书写中虚拟、创造"自然"。清代刘熙载《艺概·书概》云："书当造乎自然。蔡中郎但谓书肇于自然，此立天定人，尚未及乎由人复天也。"蔡邕所谓"肇于自然"是"立境"，本立道生，立天定人，天人感通；刘熙载所谓"造乎自然"则是"造境"，境由心生，由人复天，天人合一。那么，书家"得自然"，不是简单地摹写自然，更不是生硬地拘泥成法。[2] 书家"得自然"，是要"同自然之妙有"[3]，(参见图2-2孙过庭《书谱》，中有"同自然之妙有"句) 师造化之万变，发万物之天机。之所以如此理解，是因为在中国人的整体观中，山无常势，水无常形，万事万物都在变化之中，活泼泼地，"肇－造－复"所体现的"易"才是自然的过程与态势。北宋苏轼在《答谢民师书》中说："大略如行云流水，初无定质，但常行于所当行，常止于不可不止，文理自然，姿态横生。"意思是形势合乎自然，自然的境

---

1 郭齐勇：《中国人的智慧》，中华书局2018年版，第408-409页。
2 北宋董逌《广川书跋》云："书法要得自然，其于规矩权衡各有成法，不可遁也。至于骏发陵厉，自取气决，则纵释法度，随机制宜，不守一定，若一切束于法者，非书也。"参见崔尔平编：《历代书法论文选续编》，上海书画出版社1993年版，第137页。
3 唐代孙过庭《书谱》云："观夫悬针垂露之异，奔雷坠石之奇，鸿飞兽骇之姿，鸾舞蛇惊之态，绝岸颓峰之势，临危据槁之形，或重若崩云，或轻如蝉翼，导之则泉注，顿之则山安。""纤纤乎似初月之出天涯，落落乎犹众星之列河汉，同自然之妙有，非力运之所能成。"唐代李阳冰《论篆》云："吾于天地山川，得方圆流峙之常；于日月星辰，得经纬昭回之度；于云霞草木，得霏布滋蔓之容；于衣冠文物，得揖让周旋之体；于须眉口鼻，得喜怒惨舒之分；于虫鱼禽兽，得屈伸飞动之理。"

界就是最高境界、圆通境界。明代项穆在《书法雅言》中亦云:"书之为言,散也,舒也,意也,如也。欲书必舒散怀抱,至于如意所愿,斯可称神。书不变化,匪足语神也。所谓神化者,岂复有外于规矩哉?规矩入巧,乃名神化,固不滞不执,有圆通之妙焉。"[1] 悟得造化,发乎天机,称为"神化"。苏轼所说的"我书意造本无法"(《石苍舒醉墨堂》诗句),和项穆所说的"法无定法""规矩入巧"是一个意思。

超越了语言之规矩、法则,乃有反身之至诚、归真,自由之解放、激活,回到自然性书写和生命性书写。唐代蔡希综《法书论》云:"凡欲结构字体,未可虚发,皆须像其一物,若鸟之形,若虫食禾,若山若树,若云若雾,纵横有托,运用合度,可谓之书。"书法之法在于"运用合度","像其一物"须

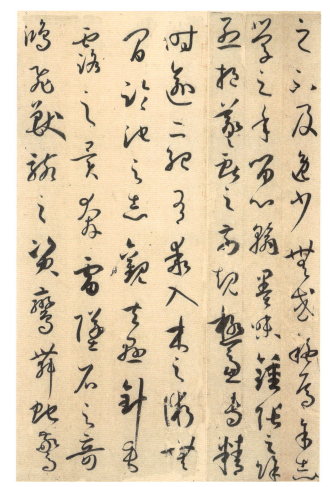

图2-2 唐·孙过庭《书谱》(局部)

形神兼备,不是对物的简单再现,而是对自然的全新显现,不是对实在空间的静态确定,而是对自然境界的无限探求,既是肇于自然,又是造乎自然。

林语堂在《吾国与吾民》中说:"书法不独替中国艺术奠下审美基础,它又代表所谓'性灵'的原理。这个原理倘能充分了解而加以适当处理与应用,很容易收得有效的成果。……吾们是以在书法里面有所谓'枯藤'、所谓'劲松倒折'等等名目喻书体者。"[2] 物性、人性、灵性,在中国人的观念里是同一的。值得关注的是,本雅明从媒介考古学的视角对林语堂此文描述中国书法的关键概念"rhythm"进行了引用[3],本雅明认为,通过虚象来洞悉实界是中国书法和中国绘画的特征,"当

---

1 项穆:《书法雅言》,李永忠编,中华书局2012年版,第177页。
2 林语堂:《吾国与吾民》(My Country and My People),外语教学与研究出版社2000年版,第282页。
3 Walter Benjamin. Gesammelte Schriften.IV S.[M].Frankfurt am Main: Suhrkamp.1991:604.

本雅明论述书法相互交织的虚象如何幻化成谐和之'意'时，他打了一个比方：就像微风撩动一笼轻纱"[1]。本雅明从古老的中国书法里试图寻找对现代性的批判，对人与自然相分离的批判，"rhythm"所蕴含的性灵、气韵、节奏等被本雅明对应于"aura"（灵晕）随物赋形的"辩证的形象"，这是西方现代性所匮乏的经验，是形而上学和现象学所契合的思辨。而在胡塞尔看来，意识及其对象的浑融一体，或现象在意识的意向性活动中的显示，体现了人的存在和先验的还原，这与中国古典哲学的"物我齐一""以道观物"是可以对照阐释的。

中国书法对于"阴阳"的理解无比广泛，黑白、浓淡、枯润、干湿、疾徐、轻重、刚柔、方圆、起止、藏露、主次、虚实、疏密、动静、向背、偃仰、开合、正敧，等等，每一对概念都是阴阳关系。书法的变化，可视为阴阳两端的变化。《周易·系辞》："阴阳不测之谓神。"出神入化，不露痕迹，是审美追求的境界。明代王铎说"极神奇，正是极中庸也"，阴阳变化不可端倪，突破两极则是变化中的和谐、运动中的平衡。钟嵘《诗品序》云："气之动物，物之感人，故摇荡性情，形诸舞咏。"阴阳二气交互产生了动物、感人的诗意。中国书法在审美本质上是诗性的。齐林斯基认为中国人以"易"来理解和描述世界，指向世界活泼变动的本质（"生生不息谓之易"，生命本来是变动不居、循环往复的），其用意不只是对技术媒介的前史的考古发掘，更在于对前现代认识论的追根溯源。

汉字的构形与中国古典宇宙论思维之间存在关联，因为最初以象形为基础的汉字创制思维反映了原始的宇宙观，而汉字由形象转向抽象、由摹绘转向表意，又反映了有机整体主义与本体论。书法艺术的发展，立足于汉字系统，既没有抛弃象形之基础，又丰富了抽象之联想，所以具备本质上的鲜活性、混沌感，在有序与无序之间生发无穷的艺术空间，在情和理的交融中实现了形而上的超越。

张怀瓘《文字论》云："文则数言乃成其意，书则一字已见其心。"欧阳询《书法·救应》云："书法所谓意在笔先，文向思后是也。"汉字书写纵横可象，书法家每书写一个字，落笔前已经在心里形成了意象，故而在纸面上留下的书迹即是心迹。同时，中国书法是文意与书艺的结合体，"在抽象形体之外还有一个文字的层次，也就有文学的层次，使书法成为一种综合性的艺术。"[2] 书法的笔法、墨法、字法与章法构成了一个整体，生成了形意相生、意与灵通、达意传神的精神空间，言、象、意的有机统一就是书法创造的"自然"。本雅明阐述过中国古老书写体验

---

1 李莎：《"Aura"和气韵——试论本雅明的美学观念与中国艺术之灵之会通》，《文学评论》2017年第2期，第31-38页。
2 熊秉明：《中国书法理论体系》，人民美术出版社2017年版，第33页。

的直接性:"中国誊抄书籍的实践就这样无与伦比地保全了文学文化,而那些誊本则是解答中国之谜的钥匙。"[1] 汉字和书法符合基特勒关于形而上的"精神物理媒介"之阐释,人们通过汉字、书法来感知自己与世界的关系,汉字创制和书法创作与技术媒介、机械媒介无关,观看与书写一直存在于精神物理媒介之中,其所假定的是整体的人和整体的自然、整体的宇宙,而不是技术或机器对人类肉身的介入、对人类感官的拆解、对人类精神的抑制,人与自然、宇宙是共在的、一体的,自然性书写、生命性书写实现了基特勒所说的"媒介-身体-意识的一致性"和"完整的人的主体性"[2]。此外,本雅明所说的"星丛"或受到中国文化中"天道"说的影响,作为星丛的天象,映照的是万物共生、道法自然的宇宙观和生命观。

第二节 正草交替:文化一统与文化转折的话语重组

字体、书体演变的过程,可以概括为正体与简体不断地互相促发、调适。"清代思想颇为解放的刘熙载在他的书学名著《艺概》中称'书风两种:篆、分、正为一种,皆详而静者也;行、草为一种,皆简而动者也'。他以篆隶楷为一线(正体),行草为一线(简体),设立了两条主干线作为中国书法史的主要脉络。"[3] 正、简之论,正、草之论,正、副之论,表述不同,认识一致。在汉字发展史上,规范化和便捷化是两条主要进路,正体是规范化的产物,简体是便捷化的产物。中国书法传播史上的书体形态、书风形态变化,恰在正草两翼之间。

媒介考古学注重媒介的物质性和文化的物质性,从历史事件和历史现象的前后关联来看,各种书体的出现不是前后否定的关系,也没有进化、倒退之说,而是并存共生,并演化为不同书风的多元展示。这体现了媒介考古学所强调的非线性时间的历史观。今天我们学习书法,仍然可以从甲骨文、金文、小篆、草篆、隶书、章草、今草、楷书、行书等不同书体的书迹中无限汲取前人的资源,无限借鉴前人的经典。从书体演变到书风演变,其条理反映出中国书法受到政治、经济、文化、社会等多方面的影响,受到上下阶层、不同区域、多种传播模式的融合互动作用,体现了文化一统与文化转折的相互作用。正体与草体两翼翻飞,恰为话

---

[1] 瓦尔特·本雅明:《单行道》,王才勇译,江苏人民出版社2006年版,第13页。
[2] 郭小安、赵海明:《媒介的演替与人的"主体性"递归:基特勒的媒介本体论思想及审思》,《国际新闻界》2021年第6期,第38-54页。
[3] 陈振濂:《日本书法史》,上海书画出版社2018年版,第21页。

语权力的争夺、协商，或曰话语资源一再重组的分配、调节。

梳理书法史，应循着文化史而抓住历史事件、历史现象的重要节点及其关联，认识其发生、发展的由来。可先关注两个时期，一是春秋战国时期，二是魏晋南北朝时期，这两个时期都是文化大转折时期。春秋战国时期上承商周，下启秦汉，从诸侯纷争到七国争雄，在政治上是一个大动荡时期，然而在文化上是一个思想多元化、百家争鸣的繁荣时期。"礼崩乐坏"之后，必须面对文化转型与文化重建的问题。孔子、老子分别成为儒家、道家思想的创立者，墨家、法家、阴阳家、纵横家等倡导新的学说，为推动社会变革提供思想资源。梁启超将春秋战国时期称为"我数千年学术思想界"的"全盛时代"，他以诗意语言评述曰："孔北老南，对垒互峙；九流十家，继轨并作。如春雷一声，万绿齐茁于广野；如火山乍裂，热石竞飞于天外。壮哉盛哉！非我中华学界之大观，抑亦世界学史之伟迹也。"[1]"这一时期主导文化精神的转变，正是从礼乐文化那种伦理宗教性的文化精神向理性和人本文化精神的转变。"[2]魏晋南北朝时期上承两汉，下启隋唐，在国家分裂、战争频仍、政权重组的同时，大规模人口迁徙，多民族交流融合，引发了多元文明碰撞，儒家思想、道家思想、佛家思想互相渗透，玄学成为新兴意识形态话语，思想文化领域异常活跃。魏晋南北朝时期形成了中国传统文化的基本格局，以儒学为主体，佛道为两翼，在理想社会与现实社会之间形成调和秩序，儒释道的融合至宋明理学成熟之时就达到贯通境界了。"魏晋南北朝时期的文化呈多元化发展，从哲学而言，魏晋玄学的名教与自然、有无之争、言意之辨、形神之鉴等命题对文艺思想和创作颇有影响。"[3]

与这两个时期相对应，秦汉与隋唐构成了中国封建社会的两段强盛历史。秦汉与隋唐都是在结束长期分裂之后建立大一统的国家，汉承秦制，唐承隋制，汉唐政权均实现了较长时间的稳定，因此促进了文治兴盛。汉唐还实行了开放的文化政策。汉代自张骞出使西域之后，打通了丝绸之路。唐代具有"华夷一家"的广阔胸怀，对周边各国形成了文化辐射，也融入了许多新的文化元素。

春秋战国时期与商周时期明显不同的是，各国文字都有了不同的发展，因此出现了不同的书体、书风。另外，各国文字书写都走向简率快捷，总体上是对庄重的大篆文字系统进行了"隶变"，在视觉图式上，字形的简化与字体的变化是连在一起的。隶变的重要性在于中国文字由古文字向今文字转变，有了隶变，才有

---

[1] 梁启超：《论中国学术思想变迁之大势》，上海古籍出版社2012年，第20页。
[2] 潘俊杰、魏婧：《春秋战国时期的文化转型》，《长安大学学报（社会科学版）》2004年第3期，第9-13页。
[3] 邓乔彬、姚若冰：《论魏晋南北朝文化与文艺的多元》，《洛阳大学学报》2002年第3期，第67-74页。

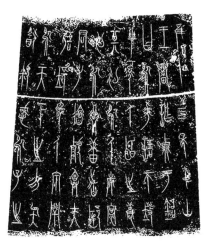

图 2-3 战国·中山王鼎（局部）

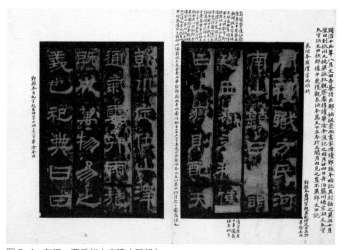

图 2-4 东汉·西岳华山庙碑（局部）

了今天的汉字形体。裘锡圭说："在整个古文字阶段里，汉字的象形程度在不断降低。古文字所使用的字符，本来大都很像图形。古人为了书写的方便，把它们逐渐改变成用比较平直的线条构成的、象形程度较低的符号。这可称为'线条化'。在从古文字演变为隶书的过程里，字符的写法发生了更大的变化。它们绝大多数变成了完全丧失象形意味的，用点、横、撇、捺等笔画组成的符号。这可以称为'笔画化'。"[1] 中山王鼎的线条化（图 2-3）、西岳华山庙碑（图 2-4）的笔画化都可见成熟之印迹。赵平安指出，由汉字象形特点决定的形体可变性和汉字表音表义特点决定的形体兼容性，皆成为隶变发生的可能性，而"战国是一个破旧立新的时代，旧的规范被破坏，新的规范尚未建立。在写字上，也没有严格的规范可言，人们可以根据需要，在一定限度内对汉字进行省简和改造"，"特定的社会环境为隶变发生提供了第三种可能性"。[2] 关于隶变的必然性，赵平安指出，春秋战国时期，汉字数量大为增多，用字领域不断扩大。大篆形体复杂、书写不便，需要改造。诸侯争战促进了人员流动和文化融合，六国文字的简化趋势和简化方法必然对秦人和秦文产生影响。毛笔书写在字体改革中发挥了巨大作用。[3] 从文化史的角度来看，隶书未取得正体地位之前，是俗体或草写之体，而俗体或草写之体又与社会环境

---

[1] 裘锡圭：《文字学概要（修订本）》，商务印书馆 2021 年版，第 47 页。
[2] 赵平安：《隶变研究》，上海古籍出版社 2020 年版，第 50-51 页。
[3] 赵平安：《隶变研究》，第 47-49 页。

关联，处于社会中下层的徒隶、书佐，敢于冲破藩篱，敢于破坏或改造正体。裘锡圭认为，"隶书是上层阶级所看不起的。秦代统治者允许官府用隶书来处理日常事务，是迫于形势不得不然，并不说明他们喜欢或重视这种字体"，"隶书书写起来比小篆方便得多，要想长时间抑制它的发展，是不可能的"。[1] 秦永龙说，没有草化就没有隶变，隶变以篆书的草化为开端。郭沫若说，篆书草写为草篆。臧克和以云梦睡虎地出土的简书文字为例，指出其书写特征在篆隶之间，书写速度加快，得出了在战国时期就发生隶变的结论。从古文字到今文字，从象形特征到符号化特征，草化是一个重要的作用机制。

魏晋时期，是书体演变的成熟时期，也是书写技法的成熟时期，更是书法艺术形成自觉的时期。鲁迅所说魏晋南北朝"文的自觉"，也包含"有意为书"的审美觉醒。宗白华认为，魏晋时期虽然政治混乱，社会动荡，然而思想上追求自由解放，是最富有艺术精神的时代。[2] 南北朝各有书风，北碑南帖为后世所尊。清代阮元《南北书派论》云："书法迁变，流派混淆，非溯其源，曷返于古？盖由隶字变为正书、行草，其转移皆在汉末、魏晋之间。"汉末、魏晋之间，已经各体兼备，这取决于物质因素和社会因素。臧克和指出："书体的完备，除了文字系统楷化完成过程中自身的规律，主要取决于物质的因素和社会的因素：物质的因素，当时就是书写介质转换的实现，即纸张在魏晋南北朝真正普遍进入书写领域，最大限度满足书写空间扩展，趋向自由。社会的因素，则是家庭教养的积累和崇尚书艺的社会需求。"[3] 魏晋时期崇尚书艺的风气之盛，例子不胜枚举，"能书"在当时是受到社会尊重的。臧克和举北魏为例，"在大量墓志碑刻材料中，'工书'专门，往往勒石标榜，作为'盖棺定论'。像北魏《元倜墓志》记载'学冠书林，尤好八体'"，"北魏《元钦墓志》铭刻墓志'笔下云飞，纸上风起'，似乎生前尤工草书"，"像对于北魏一代文化学术有重要影响的郑黑，闭门负心，讲诵鲁诗，朝书八体，采李斯曹憙笔法，前人垂今，今人识古。又书三字石经，袭爵诏京师太学，书立三体石碑，教诸皇子书三字石经，又注《字林》韵集六卷（北魏普泰二年的《郑黑墓志》)"。[4] 在南方，品藻人物亦看重书艺，书如其人，书名与人品联系在一起。琅玡王氏，家法传承，尺牍争胜，即为明证。南朝书法品评著作颇多[5]，皆以书喻人，认为能书乃才情品性之显现。

---

[1] 裘锡圭：《文字学概要（修订本）》，第107页。
[2] 宗白华：《美学散步》，上海人民出版社1981年版，第177页。
[3] 臧克和：《中国文字发展史·隋唐五代文字卷》，华东师范大学出版社2015年版，总序第13页。
[4] 臧克和：《书体发展与文体自觉——魏晋南北朝书体发展的社会因素及社会功能》，《学术月刊》2007年第3期，第106-113页。
[5] 羊欣《采古来能书人名》、虞龢《论书表》、王僧虔《论书》、袁昂《古今书评》、萧衍《古今书人优劣评》、庾肩吾《书品》等皆为南朝书论。北朝书论不多，今存者仅江式《论书表》，内容侧重文字史而非书艺。

所谓"魏晋风度",少不了能书。宗白华《论〈世说新语〉和晋人美》云:"中国美学竟是出发自'人物品藻'之美学。美的概念、范畴、形容词,发源于人格美的评赏。"[1]

"秦汉以来,始刻石曰碑,其盖始于李斯峄山之刻耳。"[2]记功碑、记事碑的树立,旨在昭示天下,传之后世。后汉重厚葬,立墓碑铭墓志之风盛行。北朝延续此风,加上佛教兴起,写经、塔铭、造像记、摩崖刻经等留下数量可观的书法作品。阮元《南北书派论》云:"北朝望族质朴,不尚风流,拘守旧法,罕肯通变。"秦汉遗风不改,文化守成,旧法得以继承。北碑隶楷参杂,且多出于无名书人和工匠胥吏之手,表现出文化技艺区别于南帖的异质性,生动有趣,率意自然。

南方书风为士族精英所引领,这些南渡的高门世家,如陈郡谢氏、琅玡王氏、高平郗氏、颍川庾氏、琅玡颜氏等,皆是书法世家,以家法传承书艺,在玄学风气感染下,流露雅致闲逸的贵族趣味。东晋书帖多为尺牍,尺牍又称为"相闻书",士族交往的书信以行、草写成,是一种私人文字。甲骨卜辞、商周礼器、秦代刻石、两汉丰碑,大致可以视为公务文字。"相闻书"倾注了个人情感与人格风度,强化了书法的人本特性。王献之外甥羊欣在《采古来能书人名》中说:"钟有三体:一曰铭石之书,最妙者也;二曰章程书,传秘书、教小学者也;三曰行押书,相闻者也。三法皆世人所善。""(卫瓘)更为草稿,草稿是'相闻书'也。"据此可知,行(行押书)、草(草稿)是"相闻书"的专用书体。草书肇始于汉,史游作蒙学教材《急就章》,此草书形式后人称为章草。张芝取法崔瑗、杜度,向今草过渡。但是今草新体至"二王"才真正成熟,臻于妙境。其中王献之在王羲之的基础上完善了今草技艺,唐代张怀瓘《书议》云:"子敬之法非草非行,流便于草,开张于行,草又处其中间。"宗白华说:"晋人风神潇洒,不滞于物,这优美的自由的心灵找到了一种最适宜于表现他自由的艺术,这就是书法中的行草。"[3]宗白华认为,行草适宜于表现精神解放和心灵自由,因此是非常高级的形式。楷化同样有一个过程,钟繇的楷书还残留隶意(即章程书),王羲之的《乐毅论》《黄庭经》《曹娥碑》则被唐代褚遂良评价为"备尽楷则"[4]。

秦代小篆被列为正体,是在秦始皇兼并六国后采取"器械一量,同书文字"之策的背景下实现的,在汉字发展史上,这是一件特别大的事情。班固《汉书·艺

---

[1] 宗白华:《美学与意境》,人民出版社1987年版,第185页。
[2] 吴讷、徐师曾:《文章辨体序说文体明辨序说》,人民文学出版社1962年版,第52页。
[3] 宗白华:《美学散步》,上海人民出版社1981年版,第180页。
[4] 张彦远纂辑、刘石校理:《法书要录校理》,中华书局2021年版,第187页。

文志》里说的"秦篆",和许慎《说文解字·序》里说的"小篆"无异。[1]《仓颉》《爰历》《博学》的文字内容取自《史籀篇》，也就是说，作为教学童书，李斯、赵高、胡毋敬所作的这种新字体成为了通用文字。《仓颉》《爰历》《博学》今已亡佚，秦七种刻石的原石也损毁殆尽，除琅邪刻石残余部分陈列于中国历史博物馆、泰山刻石仅存数字外，峄山刻石、芝罘刻石、东观刻石、碣石刻石、会稽刻石均已不存。保留小篆字体最多的是《说文解字》，约九千个。裘锡圭同时指出，《说文》中的讹误不少。[2]

楷书在唐代被列为正体，唐太宗李世民起到了重要作用。李世民在书法史上的贡献，一是广泛搜集王羲之墨迹，自己苦心临摹，身体力行，带动了学习王书的风气，自此天下学书以右军为宗，其影响已逾千年。《兰亭》真迹不传，据说被李世民带到坟墓中作为随葬品。何延之《兰亭记》记载，唐太宗临崩谓高宗曰："吾所欲得《兰亭》，可与我将去。"二是设置弘文馆，委任书学博士，培养书法人才，并以"身、言、书、判"取士，提高了书法的地位。唐太宗之后，中宗李显、睿宗李旦、周武则天、玄宗李隆基、肃宗李亨，都注重书法，故上行下效焉。[3] 三是树立了楷书标杆。铨选官员的"书"之考量标准在于"楷法遒美"。这与李世民对于书法的审美理解是有关的。在《指意》一文中，他提出"以心为筋骨"的观点。唐楷之遒美，在于筋骨，所谓"颜筋柳骨"[4]，就是"楷法遒美"的代表。初唐四家，欧阳询、虞世南、褚遂良、薛稷，欧、虞、褚都得到李世民赏识、器重。欧阳询、虞世南都曾任弘文馆学士，贞观元年，欧阳询到弘文馆教习书法时已经71岁。欧阳询楷书《兰亭记》书于贞观二年，这是欧阳询向李世民交的"作业"。虞世南曾任秘书少监、秘书监，与太宗相处机会甚多。李世民对他的评价极高，对他的感情也很深。《唐朝叙书录》记：贞观"十年，太宗尝谓侍中魏徵曰：'虞世南死后，无人可与论书'……"。褚遂良得到了魏徵引荐："下笔遒劲，甚得王逸少体。"[5] 贞

---

[1] 《汉书·艺文志》说："《史籀篇》者，周时史官教学童书也，与孔氏壁中古文异体。《仓颉》七章者，秦丞相李斯所作也；《爰历》六章者，车府令赵高所作也；《博学》七章者，太史令胡毋敬所作也。文字多取《史籀篇》，而篆体复颇异，所谓秦篆者也。"

[2] 裘锡圭说："《说文》成书于东汉中期，当时人所写的小篆的字形，有些已有讹误。此外，包括许慎在内的文字学者，对小篆的字形结构免不了有些错误的理解，这种错误理解有时也导致对篆形的篡改。《说文》成书后，屡经传抄刊刻，书手、刻工以及不高明的校勘者，又造成了一些错误。"裘锡圭又说："要研究汉字的结构和历史，是离不开《说文》的。但是，过去的很多文字学者迷信《说文》，也是不对的。我们应该尽量利用已有的古文字资料来纠正、补充《说文》，使它能更好地为我们服务。"参见裘锡圭：《文字学概要（修订本）》，商务印书馆2021年版，第93-94页。

[3] 赵孟頫云："历隋而唐，文皇尚之，终唐之世，善书者辈出，其大者各自名家，逸其名者不可胜数，亦可谓盛矣。"此论指明"文皇尚之"的权力身份影响。

[4] 宋代范仲淹祭石延年的《祭石学士文》云："曼卿之笔，颜筋柳骨。"石延年，字曼卿。

[5] 张彦远纂辑、刘石校理：《法书要录校理》，中华书局2021年版，第225页。

观二十三年，李世民临终之际，褚遂良被召为顾命大臣。薛稷是魏徵外孙，出生晚一些，书法受到欧、虞、褚影响。四是李世民的书法成就不俗，北宋初刻《淳化阁帖》收录李世民的书法19件，宋徽宗时编《宣和书谱》收录14件。《晋祠铭》刻石原碑今存晋祠博物馆，《温泉铭》原石已遗失，拓本原藏敦煌藏经洞，现藏巴黎国立图书馆，此二碑文皆以行书写成，开创了行书入碑的先例。拥有话语权力的李世民在书法传播中的示范、引导、组织作用，影响突破一时。

"文皇尚之"的权力身份影响，促进了王羲之的经典化以及学习王羲之的唐代楷书家群体的经典化。徐浩评价欧、虞、褚均受益于王羲之："虞得其筋，褚得其肉，欧得其骨。"唐代楷书大家，还有徐浩、颜真卿、柳公权等高级官吏，皆尊王羲之为经典书家，奉右军笔法为圭臬。《全唐文》卷四三三载陆羽《论徐颜二家书》云："徐吏部不授右军笔法，而体裁似右军；颜太保授右军笔法，而点画不似。何也？有博识君子曰：盖以徐得右军皮肤眼鼻也，所以似之；颜得右军筋骨心肺也，所以不似。"柳公权亦学"二王"笔法，米芾赞"柳公权如深山道人，修养已成，神气清健，无一点尘俗"。

卢辅圣指出："字体以文字结构为依据，书体以书写风格为指归。字体要求规范易识，书体要求流便随意。某一字体的形成，在使用过程中被演绎为某一或几种书体，书体的孳乳浸多带来应用上的混乱，又导致另一种建筑在新书体上的新字体来作调控。书法的发展因此表现为书体不断凝固为字体从而不得不重新创造新书体的悲壮行为。"[1] 这一过程，是实用性与艺术性矛盾互相转化的过程，更是形成话语改造的边界与规则的过程。隶变演化出隶书、草书和楷书，或许还可以加上行书。古隶成形之后，隶书又有"势有偃波"的八分正体、楷化的章程书和草化的草隶之分；草书又有章草、今草和狂草之分；行书又有行楷、行草之分。书体与字体是互相促发演化的。对于字体规则的创新而言，以书体变化为动态机制，"草体的简捷化首开讹变之端，正体揽之为己有，同时又加以整饬和厘定，直至自成面目"。[2] 汉代八分为正体，是隶变减除篆引笔意的结果。隋唐楷书为正体，是章程书减除隶意的结果。通俗地说，就是易图形为笔画，改曲笔为直笔，变长线为短线，由圆转而方正，这些都是"简捷化"书写带来的汉字形体之变、结构之变，汉字形体之变、结构之变又催生新的文化约定和审美标准。

关于正体与草体的交替演化，胡小石评价，二者没有优劣之分，而有异质之美：

---

[1] 卢辅圣：《中国书法史观》，第3页。
[2] 卢辅圣：《中国书法史观》，第25页。

"自商至秦之文分二派,为正副。前者有形式之美,后者有天趣之佳。"[1]不只是自商至秦之文,后来的八分、唐楷,和殷商金文、秦小篆一样,字体本身的形式美感形成了统一、整饬、规范、雅正的法度,而草书和行书的书写,同草篆、古隶一样,没有定则,出于天然,个性十足,多姿多彩,神妙无穷。正体不易改变,如陷入程式化的书写,必僵化死板,以自宋至明清科举考卷上的"馆阁体"(明代称为"台阁体")为例,规范有余,变化不多[2]。所谓程式化书写,指的是话语权力以书写技术为符号,挤压了主体性书写。中国书法可以取资的范围极大,前人留下了无比丰富的书法技巧和形式语言,各种字体在成熟之前有各种不拘常法的过渡和杂糅,在成熟之后又有不同风格的演绎,足以让后来者不断汲古而出新。因此,需要思考如何解决书法媒介化的开放问题,假如没有不同权力话语的竞争,媒介化就会导致书法活力的衰减和文化桎梏的形成。

古今书体之间的相互碰撞、改造和相互借鉴、吸收,掀起一场场媒介革命,发起一轮轮扩散播撒,对书写秩序和权力结构形成一次次冲击,也将书法经典演化嵌入社会文化的变动之中。"文化不是人们从其祖先那里继承下来的没有区别意义的知识板块。文化是一整套观点、行为和期待,随着人们和群体本身的变化而不断变化。"[3]书体变迁始终在文化变迁的进程之中。物质与技术、思潮与习俗、庙堂与民间、群体与精英都参与了历史叙事。字体、书体的媒介化体现了新体与旧体的共时性存在,新体并不能删除旧体,旧体并不能压制新体,在正草两翼之间再生了纷繁多样且各擅胜场的风貌,并连接了众体皆备且破体变形的可能性。

第三节 字学规范:儒家价值和王政话语的工具模型

"文字书写技巧的书法,长期以来附庸于字学。"[4]这是中国古代儒家文化的一个特征。"字学"是书法之学,也是文字之学。《宣和书谱·王邃》云:"大抵字学之妙,晋人得之为多,而王氏之学尤盛焉。"这里指的是书法之学。大多数情况下,"字学"指的是文字之学。"盖时有古今,地有南北,字有更革,音有转移,亦势所必

---

1 胡小石:《中国书学史》,浙江人民美术出版社2022年版,第47页。
2 北宋沈括《梦溪笔谈》云:"三馆楷书,不可不谓不精不丽,求其佳处,到死无一笔是也。"
3 Watson.J.L. Golden Arches East: McDonald's in East Asia [M].Stanford CA: Stanford University Press, 1997:8.
4 刘涛:《中国书法史:魏晋南北朝卷》,江苏教育出版社2002年版,第37页。

至。"¹ 明代学者陈第所说的"势所必至",指的是社会文化的变势。以字书、字典为存储与传播媒介的字学体系,由权力秩序所决定,是王政话语的工具模型和官方文字的物化形式,字学体系的媒介化体现了儒家价值的实质性嵌入。

汉字一直在演变,字形变化差异极大,文字发展史是一部正字、俗字此消彼长的历史。"古代碑刻中存在大量的俗字,音近更代、古文异体、名家奇字、俗书简化、俗讹字、古代错字、增繁与简省、隶古定、避讳字、古今字等诸多现象"²,历代统治阶级对文字规范极为重视,"匡谬正俗"是一个反反复复的过程。以隶变为例,赵平安发现,"隶变对书面语言的消极影响主要表现在通假字的增多和单字的混同上","造成了字的形体与字义的脱节","通假字否定字形对词义表现的特点,在性质上与隶变的对字的形体表现字义的否定倾向是一致的","隶变造就了很多与词的音义失去联系的汉字,给人们的学习、识别和使用带来了很大的不便"³,这些都造成了通假字在隶变过程中的剧增。从战国到秦汉,漫长的隶变周期导致了汉字形体演变的多向性,隶变逐渐推动了通用文字走向规范,使汉字的书面语交际功能更为清晰和高效,虽然在隶变过程中出现了文字混淆的情形。清代俞樾说:"尝以为治经之道,大要有三:正句读,审字义,通古文假借。"⁴ 他把辨识通假字、识别古今字作为治经的一门学问,因为古代文字数量有限,故而通假字多见。西周《大盂鼎》共 291 个字,通假字逾 70 个;战国中山国《中山王鼎》共 404 个字,通假字 110 个。隶变产生通假字的现象,又增加了字形字义的复杂性。隶变还造成了一些形似字严重混淆。⁵ 另外,从敦煌文书中可以发现,草书楷化字很多,通过连笔、减省笔画、用草书结构简化繁写字形等方式,简化汉字的写法,也造成了字形的混乱。从积极方面讲,俗写提高了汉字的使用便利,与此同时,汉字系统需要规范,俗字转化为正字有一个规范的过程。有些字形,在约定俗成之中定型下来,但是有更多的俗体、异体字遭到了淘汰。为什么今天我们主张书法使用正字避免俗字、异体字呢?陆明君在《魏晋南北朝碑别字研究》中指出:"俗字最基本的条件是通俗流行,而许多异体字属于特例或偶尔出现的,并不通俗,没有得到普遍认可或接纳。"⁶ 从文字规范、文化传播的角度看,让书法作品便于识读和理解显然合乎社会需要,字学成为一种书写体制、一种专门学问、一种文化征候。

1　陈第:《毛诗古音考》,中华书局 1988 年版,第 7 页。
2　刘照剑:《正俗匡谬:书法中的文字问题研究》,上海古籍出版社 2022 年版,第 123 页。
3　赵平安:《隶变研究》,上海古籍出版社 2020 年版,第 79-80 页。
4　俞樾:《春在堂全书(第一册)》,凤凰出版社 2010 年版,第 1 页。
5　赵平安:《隶变研究》,第 81 页。
6　陆明君:《魏晋南北朝碑别字研究》,吉林大学 2007 博士学位论文。

自汉代开始，字学实乃经学的附庸。"正字"属于意识形态正统的一部分。正定经书的文字分歧，疏解经书的字义本原，熟读经文、义疏，自然需要儒生们遵循文字使用的"合法性"。在官方用字和文教体制中，有必要形成统一的字样规范，广颁天下，成风化俗。

古汉语研究之文字学、音韵学、训诂学，统称为"小学"，这是古代读书人的入门功课，又是极为艰深的学问。小学的研究方法，古汉语研究专家沈兼士认为要运用考古方法。[1]

小学中，文字学是基础，《说文解字》是文字学的奠基之作，唐代史学家封演称之为"字学之宗"。《说文解字》是东汉许慎编写的一部分析字形、辨识音读、解释字义的字书，它是我国第一部字典，在儒家看来价值不可估量，明代赵宧光《六书长笺》云："欲明经，先通字。"[2] 没有《说文解字》这么一部伟大的字书，不仅不能识古文、解五经，而且文化记忆就断裂了。关于《说文解字》在文字学建构上的方法，清代段玉裁《说文解字注》简明扼要地概括为"形书"。[3] 许慎以"六书"分析字形，统合形、音、义，这是非常了不起的，后世字书皆以其为范本，文字学研究的范式由此确立。陆宗达指出，文字学研究偏重形，音韵学研究偏重音，训诂学研究偏重义，然而三者实不能分开，须相互联系、贯通。

汉代经学有今文经学与古文经学之分，许慎是古文经学的代表人物。所谓今文，指汉代通行的隶书。汉武帝独尊儒术，当时先秦儒家典籍底本多佚，通过口耳相传而新订文本，如田何传《易经》，伏生传《书经》，申培传《诗经》，高堂生传《礼经》，公羊、谷梁两家传《春秋》。这些儒家经典当时都以隶书记录整理而成。今文经学派以董仲舒的春秋学为理论基础，将《春秋》的"微言大义"引申为服务大一统之需的观点，成为官学主流。后来，光武帝相信谶纬，一些经生投其所好，根据谶纬释经，内容日趋荒诞，今文经学必然日趋衰落。古文经学家们探究圣人之道，以古文字为武器，通过文字训诂、典章考证解读经典，维护圣人之道，反对今文

---

[1] 1936年4月18日，陈寅恪在阅读沈兼士《"鬼"字原始意义之初探》一文后，回函评论指出，"依今日训诂学之标准，凡解释一字，即是作一部文化史。"沈兼士原文中有这么一段话："文字意义之溯源，恰如考古学家之检遗迹遗物，然重要之目的物，往往深藏于地层之下，非实行科学的发掘，不易觅得。故探检字义之源，亦须于古文献及古文字中披沙沥金，细心搜讨。文献方面应直接观察其历史情形，玩味其文句解释，文字方面应从形音义三面贯串证发其当然之义类。"参见沈兼士：《"鬼"字原始意义之初探》，葛益信、启功编：《沈兼士学术论文集》，中华书局1986年版，第202页。

[2] 清代朴学兴起，对于文字学与经学的关系尤为重视，特别肯定《说文解字》的贡献，如孙星衍《重刊宋本说文序》云："唐虞三代五经文字毁于暴秦而存于《说文》。《说文》不作，几于不知'六义'，'六义'不通，唐虞三代古文不可复识，五经不得其解。"

[3] "《说文》，形书也。凡篆一字，先训其义，次释其形，次释其音，合三者以完一篆，故曰形书。"参见段玉裁：《说文解字注》，上海古籍出版社1988年版，第290页。

经学派。古文经学在东汉取得了长足发展。许慎编写《说文解字》，其初衷在于解说经学思想。在《说文解字·序》中，许慎述说文字源流及其演变后阐明文字乃"经艺之本，王政之始"[1]。因为"六经"和左氏《春秋传》都是以古文写成的，所以他编写此书是为了便于原原本本地忠实解读儒家经典。

《说文解字》按部首列字，其体例具有首创意义，也体现了正统价值观。段玉裁说："凡字必有所属之首，五百四十字可以统摄天下古今之字。此前古未有之书，许君之所独创。"[2] 另外，《说文解字》的部首编排，依循的是《周易》之理。《说文解字》五百四十部首，第一个字是"一"，最后一个字是"亥"，天地万物始于"一"，地支最后一位是"亥"，"复从一起"，循环往复，天、地、人处在同一系统之中。

故而说《说文解字》不是一部普通字书，许慎综合了古文经学派的训诂成果和经学思想，以解字而明经，为构建王政话语秩序而建立了字学传统。当然，《说文解字》中存在不少"误解"，除了许慎的文字知识局限之外，还有一个重要原因是受到主观价值判断或受到附会其时儒家意识形态的影响。"许慎阐释汉字的实质，是在汉字与儒家传统的某些内容之间建立种种不同的关系"，"不过必须注意的是，许慎建立在某些汉字与儒家传统之间的关系只不过是一种误会。从古文字的原始构形看，许多字与许慎的分析是风马牛不相及的。"[3]

小学不仅是古代经学研究的方法，陈寅恪认为小学也是现代学术研究历史文化的一种途径，直至今天，这一方法、途径依然极其重要。刘翔在《中国传统价值观诠释学》一书的自序中写道："欲探究中国传统文化价值观的形成奥秘，必须由表述它的文字研究入手。"[4] 以"帝"字的诠释为例，刘翔根据早期陶文、甲骨卜辞、金文"帝"字的字形演变以及语义演变，考证出从原始植物崇拜推至自然界至尊神崇拜、殷商君王祖先崇拜，最后"帝"为对生人的尊称的价值演变脉络。中国解释学传统，实为小学。中国本土的媒介考古应当注重考据方法，其理在此，即在文字与文化之间建立媒介阐释系统。

后魏江式效仿许慎，"撰集字书，号曰《古今文字》，凡四十篇，大体依许氏为本，上篆下隶"，而初衷也是强调字学。江式认为："世易风移，文字改变，篆形谬错，隶体失真，俗学鄙习，复加虚造，巧谈辩士，以意为疑，炫惑于时，难以厘改"[5]。

---

[1] 许慎云："盖文字者，经艺之本，王政之始，前人所以垂后，后人所以识古。故曰：'本立而道生'，知天下之至啧而不可乱也。"
[2] 段玉裁：《说文解字注》，第21页。
[3] 黄德宽、常森：《〈说文解字〉与儒家传统——文化背景与汉字阐释论例》，《江淮论坛》1994年第6期，第77-82页。
[4] 刘翔：《中国传统价值观诠释学》，华东师范大学出版社2010版，第1-21页。
[5] 张彦远纂辑、刘石校理：《法书要录校理》，中华书局2021年版，第113页。

图 2-5 《说文解字》是极其重要的字书

《说文解字》（图 2-5）在宋代得到了特别重视，徐铉（大徐）、徐锴（小徐）是研究《说文解字》的一流学者。宋太宗雍熙年间，徐铉和句中正、王惟恭等人勘定校正《说文解字》，今日通行本即为"大徐本"。徐锴有《说文解字系传》传世，这是《说文解字》最早的注本。张舜徽 1942 年完成《唐写本玉篇残卷校说文记》，有学者认为，此著"订正今本《说文》共三百三十余条，极有裨于《说文》古本原貌之研究"[1]。《唐写本玉篇残卷校说文记》对《说文解字》的考证颇见功夫[2]。"大徐本"亦有所失，《唐写本玉篇残卷》中引用《说文解字》，用来考订当然可以为参考依据。

《玉篇》是《说文解字》之后一部重要字书。"从文字学史的角度来看，六朝时期涌现出了大量字书，其数量之巨、种类之多，是其他任何时期都无法相比的，其中最具权威性和代表性的著作就是《玉篇》。可惜这一时期的字书大都亡佚，《玉

---

1 许刚：《张舜徽先生〈唐写本玉篇残卷校说文记〉的学术价值》，《学习与实践》2008 年第 3 期，第 158-160 页。
2 张舜徽云："许君之造《说文解字》，传于今千八百年矣。历魏、晋、南北朝以至于唐，雕版印刷之术未行，展转传钞，讹误滋甚。其后虽经大小二徐苦心整理，而得失参半，无由以复古人之真。……《唐写本〈玉篇〉残卷》所引许书，又远在诸书之前，非特可据以订正二徐之失而已。"《唐写本玉篇残卷校说文记》收录于张舜徽：《旧学辑存》，齐鲁书社 1988 年版，第 507-640 页。

篇》是其仅存者,亦仅剩残卷。"¹ 魏晋南北朝时期是民族大融合、人口大迁徙时期,少数民族语言融合进汉语系统,大量佛经翻译过来,产生了大批的新字、新词,俗字和异体字增多,针对文字混乱现象,六朝时期涌现大量字书,以匡正纠谬。《玉篇》系南朝顾野王撰,计三十卷,共收字一万六千多个,是我国第一部以楷书为汉字形体的字典,与许慎《说文解字》可相媲美(《说文解字》是以小篆为汉字形体的字典)。顾野王受梁武帝之命撰成此书。《玉篇》征引《尔雅》《方言》《说文解字》

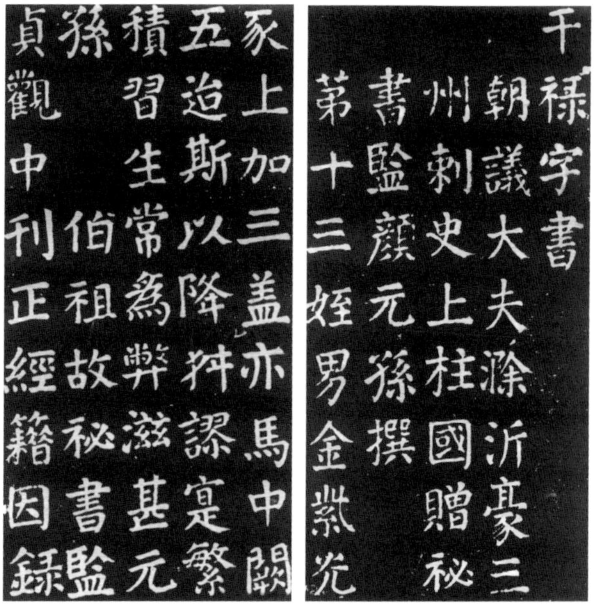

图 2-6 颜元孙撰、颜真卿书《干禄字书》(局部)

《字书》《广雅》等小学著作考证文字,尤其是"楷定"的后世影响很大。唐高宗上元元年,经孙强修订增字。宋真宗大中祥符六年,又由陈彭年等重新修订,称为《大广益会玉篇》,即今本《玉篇》。有学者指出:"《玉篇》是现存最早的从古文字到今文字的历史汉字总汇,它以楷书形式将各个时间层次积淀的历史汉字收集整理并予以定形规范,成为研究中古历史汉字的重要坐标。"²

至少从北朝起,就有了字学教育的职官。唐代人窦蒙所著《述书赋》,就记载了赵文深"后周为书学博士"的史实。《隋书·百官志下》及《旧唐书》记载了国子监设"书学博士",唐随隋制,书学博士的主要职责是掌教书学生学习字书。《旧唐书》卷四十四云:"以《石经》《说文》《字林》为专业,余字书兼习之。"

唐代政治体制尤其重视"正体""楷法"。南宋姜白石《续书谱》云:"良由唐人以书判取士,而士大夫书类有科举习气。颜鲁公'干禄字书',是其证也。"颜真卿书《干禄字书》勒石于湖州,明示楷则。《干禄字书》(图 2-6)系颜杲卿之父颜元孙所撰的字书。琅玡颜氏几代人皆重字学,颜之推曾撰《训俗文字略》,颜师古曾撰《颜氏字样》《匡谬正俗》,形成了以训诂考注经史,赓续儒家经学传统的"家风"。科举考试要求用正字³。《新唐书》记载:"凡进士,试时务策五道,帖

---

1 朱葆华:《原本〈玉篇〉文字研究》,华东师范大学 2004 博士学位论文。
2 何瑞:《宋本〈玉篇〉历史汉字传承与定形》,华东师范大学 2006 年博士学位论文。
3 《干禄字书》序文有注:"进士考试,理应必遵正体,明经对策贵合经注本书,碑书多作八分,任别询旧则。"

一大经。""明经帖试"的教育、科举制度直接影响读书人对于字学的重视，也直接促进了规范文字的整理，字书因此成为识字、应试的统一教科书。楷定的政治、文化作用在于唐代官方推动用字标准，这是传播权力的媒介事件。

臧克和说："唐代楷字'定型自觉'，体现在国家文教体制的规定和由此带来的社会用字标准分级以及社会用字者的自觉追求。"[1]"唐代政府各部门均置楷书写手，公府文书即以楷书抄具。据《旧唐书》卷43所载：门下省，楷书手三人；弘文馆，楷书手三十人，从九品上；史馆，楷书手二十五人；秘书省，楷书手八十人；著作局，楷书手五人；司天台，五官楷书手五人。相当一批书写者有身份有地位，同时具有很高的书艺修养，所留传下来的大量作品，构成了唐代规范正字的字样基础。"[2]据《新唐书》记载，唐玄宗李隆基亲自编纂《开元文字音义》，其他著名的字书还有郎知本《正名要录》、欧阳融《经典分毫正字》、张参《五经文字》、唐玄度《九经字样》，等等，都在经学作为古典阐释学的体系之中。

字书有厘定正俗的作用，指导人们使用文字。《干禄字书》将文字分为三类用途，正、俗、通皆可使用，同时强调了文字使用场合，以强调文字"允当"的话语建构功能。[3]

中国书法的字学传统也影响到韩国、日本。日本遣唐僧空海在顾野王《玉篇》的基础上编撰了汉文字书《篆隶万象名义》，它是日本第一部汉字字典。[4]朝鲜时代，《全韵玉篇》和《字类注释》是重要的汉字工具书。

至晚明，中国书法的字学传统遭到破坏。晚明尚奇文化盛行，文人书家游戏心态勃发，倪元璐、黄道周、王铎、陈洪绶、傅山等都喜欢使用异体字，特别是将冷僻的篆书用字"改造"为楷书、行书形式，一方面制造古怪奇拙的趣味，另一方面显示自己的知识渊博。如傅山《啬庐妙翰》杂书卷册中，出现了大量异体字。"《啬声妙翰》中的绝大多数异体字并不潦草，这种明白无误的书写更令人困惑，因为观

---

[1] 臧克和：《中国文字发展史·隋唐五代文字卷》，华东师范大学出版社2015年版，第1页。

[2] 臧克和：《中国文字发展史·隋唐五代文字卷》，第17页。

[3] 臧克和说："至于《干禄字书》编纂者将楷字所分的三种类型，分类界限也是比较模糊的。颜元孙在《干禄字书》中说：'所谓正者，并有凭据，可以施著述、文章、对策、碑碣，将为允当。'什么是'并有凭据'的？颜元孙没有直接说明，不过从他所选的正字来看，应该具备两个条件：一是具有可靠的来历，二是构形有理据。所谓可靠的来历，是指来源于《说文》等权威性的字书或魏《三体石经》等官方颁布的文献。而其中最主要的依据是《说文解字》。颜元孙的祖上颜之推在《颜氏家训·书证篇》中的话可以作为注脚：'吾昔初看《说文》，蚩薄世字。从正则惧人不识，随俗则意嫌其非，略是不得下笔也。'在颜之推看来，《说文》中的字就是与俗字对立的正字。所谓构形有理据，就是符合'六书'的原则。其次所谓'俗字'。正字以外都是俗字？颜元孙似乎不这样看。他在正字和俗字之间又列'通字'一类。'所谓通者，相承久远，可以施表奏、笺启、尺牍、判状，固免诋诃。'"参见臧克和：《中国文字发展史·隋唐五代文字卷》，第31页。

[4] 吕浩：《空海和他的〈篆隶万象名义〉》，《上海大学学报（社科版）》2005年第4期，第35-41页。

赏者在受挫时无法抱怨字迹潦草，又无从辨认，于是只得反省自己的知识能力。对好奇的观赏者来说，这是一个挑战。他们要不断地在记忆中搜寻异体字知识来解读文本，或根据上下文来猜测。"[1] 从积极意义来看，晚明书家有了打破字学传统、解放自我个性的自觉，在书法审美心态上表现出领异标新的冲动。白谦慎认为这是一种现代意识。它反叛了作为权力话语符号的字学传统，甚至具有某些"反美学"效果，以既找得到依据又显得例外的方式引起注意，营造了一种并非混乱却又突破规则限度的叛逆意味。但是他们使用生僻字、异体字的行为又划出知识垄断的小圈子，这种迂腐的文化优越感显得有些滑稽、吊诡。

刻石经传播经典是官方采取的正统做法。东汉立《熹平石经》

图 2-7 东汉·蔡邕 哈佛大学藏《熹平石经》"后记"残石拓片 有"国立北平图书馆藏石"章一枚

（图 2-7），共 46 石，《后汉书》记载"碑立太学门外"，字体为八分隶书。三国时期魏政权正始二年立石经 28 石于汉石经西面，用古篆、小篆、隶书写成，故称为"三体石经"。唐代开成石经立于长安国子监太学，共 114 石 12 部儒家经典，并附有字书《五经文字》《九经字样》，题为隶书，文为楷书。石经刻前必经过仔细看读校勘，其文字规范以官方发布为传播权力。

古代书法教育是以字学为基础的。蒙学教育先学识字。汉代学童识字教育和书写教育，所用课本为《史籀篇》《仓颉篇》《急就篇》，字句合辙押韵。据唐代韦绚《刘宾客嘉话录》记载，梁武帝"教诸王书"，命殷铁石从王羲之书法中选取一千个不重复的汉字，令员外散骑侍郎周兴嗣以四字句编纂为《次韵王羲之书千字文》，便于诵读和临书。历代书家多书各体《千字文》，最早是智永临王书真、草二体，宋

---

[1] 白谦慎：《傅山的世界：十七世纪中国书法的嬗变》，第 177 页。

代陈思《书小史》卷八记载，智永"尝临写《真草千文》八百本，散与人外，江东诸寺各施一本"。苏轼认为，"永禅师欲存王氏典型，以为百家法祖，故举用旧法"，智永"复制"八百本《真草千字文》传播王氏家法，可谓用心良苦。智永之后，欧阳询作行书，颜真卿作真书，李阳冰作小篆，怀素、张旭、孙过庭作草书，赵孟頫、文徵明、董其昌作真、行、草诸体，傅山作真、草、隶诸体，各种书写范本络绎不绝。又学习《说文解字》《字林》等字书，掌握用字规范、书写规范。以字学为入门，登经学堂奥，这一儒家教育体系历代沿袭。

宋明理学对教育的影响更是巨大，科举又是官学、私学的"指挥棒"。朱熹《程董二先生学则》后记所言规矩甚严，其中第十二条云："写字必楷敬，勿草勿欹倾。"端人正士，持敬修身，从入学拿笔写字开始着功夫，要求一笔一画谨严用心。这就是字学传统对伦理的要求，体现了意识形态的规训。当然，不利于培养创造性。明代台阁体的由来，显然与教育、科举体制对儒生的约束有关。姚广孝编《明太祖实录》，里面记录了朱元璋对于经生学习书法的规定："每日习仿书一幅，二百余字，以羲、献、智永、欧、虞、颜、柳等帖为法，各专一家，必务端楷。"[1] 唐以后，楷为正字，这是不可动摇的正统。又如清代姚协撰《赞谕陇南书院诸生四则》规定，"诸生端楷，其上者不过匀净，其下者则任意涂抹，亦宜于欧、柳等古帖，先行加意揣摩，必期力追前人，俟笔力坚凝，再用董、赵帖"[2]。关于台阁体的特征，清代有"乌光方"三字诀，即乌黑、光亮、方正。沙孟海曾说："我曾请教一位老翰林，那位先生告诉我，馆阁体到清朝中期越来越苛刻，由于道光时'宰相'曹振镛的挑剔，为着一个字、半个字甚至只有一笔涉及破体、俗体，不管文章多少好，便把全卷黜斥了。这种开玩笑的做法，现在提起来简直使人不敢相信。"[3]

儒家统治重视"书正"。汉代官吏书写公文、奏章，如果不能用正体，用错了字，是要被检举、弹劾的，许慎《说文解字·序》有记载曰"书或不正，辄举劾之"。南朝宋范晔撰《后汉书》记录了汉光武帝刘秀的一道诏书："有非其人，临计过署，不便习官事，书疏不端正，不如诏书，有司奏罪名，并正举者。"皇帝选人的标准之一，是书疏要端正，否则不可察举。唐代李世民将"书正""心正""笔正"视为一体，注重楷法规度。宋明理学的要求更为严密，上文已述其要。清代朝廷对读书人的约

---

1 乐贵明编：《姚广孝集》卷二八三，商务印书馆2016年版，第2556页。
2 邓洪波：《中国书院学规集成》，中西书局2011年版，第1724页。
3 沙孟海：《近三百年的书学》，浙江人民美术出版社2022年版，第79-80页。

束较前朝尤甚，书写的创造性愈加遭到遏制[1]。皇帝崇尚的书风昧于学古，楷法荣辱影响读书人，出现陈陈相因、涂涂如附的局面乃是必然结果，其实质是囿于权力话语的制约与文化身份的束缚。

虽然古代汉字书写附庸于字学的消极影响不小，影响了书法审美的独立性，然而，汉字的规范使用、规范书写是必须坚持的。繁简字混用，正俗字不分，甚至写错别字，都是当今书法创作者缺乏文字知识和文化修养的表现。再如写篆书作品，大小篆混用的情况，臆造篆字的情况，均暴露出书法创作者对文字源流的不了解。"我们在临摹学习继承古代的优秀法帖的同时，也学习了文字的用字规范，要遵循文字的传统使用习惯，理解字义，规范用字。"[2] 俗字、错字、别字的增多，也与传抄、刊刻过程中的谬误有关，故而以讹传讹。虽然字学规范体现的是王政话语的权力，塑造的是儒家意识形态秩序，但是从文化传播的角度看，汉字数据的输入、存储、检索与输出，意味着文化记忆、文化协作、文化反馈与文化再现的模型得以确定。字学规范是作为文化符号学的机制而延续作用的，字书、字典作为媒介将话语、文化转化为符号、数据，使之标准化、体制化、定型化，成为控制装置和权威工具。字学体系的媒介化，从文字统一到楷定模范，从教育规制到经典阐释，从公务书写到科举约束，在中国古代社会经历了漫长而多维的构型过程。

第四节　书礼约定：文本伦理与文化规训的日常渗透

中国文化注重日常性。儒家认为，道在人伦日用间。《礼记》曰："夫礼始于冠，本于昏，重于丧祭，尊于朝聘，和于射乡。""礼"渗透于日常生活中，是儒家道德伦理的具体行为规则。孔子所说的"道不远人"，强调的是在人生日常中明道、践道。朱熹强调格物、致知、诚意、正心、修身对于内在"功夫"修养的重要性。陆九渊

---

[1] 康有为对此有清醒认识："国朝列圣宸翰，皆工妙绝伦，而高庙尤精。承平时，南斋供奉，皆争妍笔札，以邀睿赏。故翰林大考、试差、进士朝殿试、散馆，皆舍文而论书。""其书不工者，编检罚俸，进士、庶吉士，散为知县。御史，言官也；军机，政府也，一以书课试。下至中书教习，皆试楷法。内廷笔翰，南斋供之，而诸翰林时分其事，故词馆尤以书为专业。马医之子，苟能工书，虽目不通古今，可起徒步积资至尚、侍，耆老可大学士。昔之以书取司空公，而诧为绝闻者，今皆是也。苟不工书，虽有孔、墨之才，曾、史之德，不能阶清显，况敢问卿相。是故得者若升天，失者若坠地，失坠之由，皆于楷法，荣辱之所关，岂不重哉！此真学者所宜绝学、捐书，自竭以致精也。百余年来，斯风大扇，童子之试，已系去取，于是负床之孙，披艺之子，猎缨捉衽，争言书法，提笔摺纸，竞讲摺策。惜其昧于学古，徒取一二春风得意者，以为随时。不知中朝大官，未必不老于文艺，欧、赵旧体，晋、魏新裁，所阅已多，岂无通识？何必陈陈相因，涂涂如附，而后得哉！"引自康有为撰、祝嘉译释：《〈广艺舟双辑〉译释》，上海书画出版社2021年版，第181-182页。

[2] 刘照剑：《正俗匡谬：书法中的文字问题研究》，上海古籍出版社2022年版，第95页。

说"在人情、事势、物理上做些工夫",也表明儒家是生活哲学。王阳明提出"致良知"要在日常生活中实现,有诗云"不离日用常行外,直至先天未画前"。道家并不否定道与人生的关系。老子《道德经》五十五章云:"知和曰常,知常曰明,益生曰祥,心使气曰强。"老子所说的"常"就是"道","知常"就是"明道"。王弼注"物以和为常,故知和则得常也"。老子的和谐观体现于常道,人的日常生命状态应该是和谐的。《道德经》又说:"合抱之木,生于毫末;九层之台,起于累土;千里之行,始于足下。"意思是要从当下做起,从点滴做起。"直下承当"的禅宗思想,阐明禅是日常生活本身。唐末五代法眼宗之祖文益禅师说"佛法在世间,不离世间觉",主张以出世精神做入世之事,在日常生活中修行、觉悟。

在中国古代社会,书法是日常使用的媒介。在日常书写中体悟书法本体,是书法作为话语实践的显著特征。不论是私人书写(如信札、日记、诗文等),还是公共书写(如石经、碑铭、匾额等),书法都与现实生活紧密关联,流露出书写者的主体精神,也关联着书写者的文化实践。虽然如今毛笔书法已经退出了人们的日常书写,"然而,原来使它不期而然地成为艺术的东西,今天仍然一点不能丢;能否让它变得更纯粹,抛去一些由于为实用而不能不恪守的东西?也不能"[1]。不应简单地把书法的实用性与艺术性截然分开,而实用性反映了传统的文本伦理与文化规训,反映了人成为文化的一部分的实际模式。

也就是说,在实用性中形成的"书礼"是书法文化纪统中的重要内容,它外化为儒家伦理,内化为审美维度,其规训功能体现为此二者。孔子曰:"不学礼,无以立。"狭义的"书礼"指信函书写程式与格式。"盖书翰礼仪,本为六朝士族家族之重要礼法之一,而琅玡王氏尤为重视。王氏尺牍曾被奉为'王太保家法',子孙世代奉守相传,并对世人起到过示范作用。士族高门的礼教家法本身,往往也是一种显示地位和身份的象征,因而被世人所效仿和追求。"[2] 所谓"王太保家法",《宋书》卷四十二《王弘传》记载,"既以民望所宗,造次必存礼法。凡动止施为及书翰礼仪,后人必依仿之,谓为王太保家法"。欧阳修说:"所谓法帖,其事率皆吊丧、候病、叙暌离、通讯问,施于家人朋友之间,不过数行而已","使人骤见惊绝,徐而望之,其意态愈无穷尽,故使后世得之以为奇玩,而想见其人也。"[3] 人情流露,亦守礼法,以书帖为媒介互致问候,是精神交往方式,也是文化参与方式。

考察古代书迹和文献,可以对广义的"书礼"作以下描述:

---

1 陈方既:《书法创作中的美学问题》,河南美术出版社2020年版,第6页。
2 祁小春:《山阴道上:王羲之书迹研究丛札》,第8页。
3 欧阳修:《集古录跋尾》卷四,邓宝剑、王怡琳注,人民美术出版社2010版,第81页。

第一，笔墨纸砚的人格化。古人将笔墨纸砚称为文房四"友"，此乃物的人格化。笔墨纸砚，皆有德也，皆有情也，皆有理也。物的人格化，也就是以物为主体，人与物形成主体间性。敬惜字纸，是对文化的敬畏。古代蒙童入学，举行入泮仪式和开笔礼，描红写"人"字，识字、写字是学习做人的开端。笔有"四德"，曰"齐、尖、圆、健"。用过笔后，要将笔洗干净。宋代释契嵩有诗云："古人信文字，字字从此出。天下心不欺，尔亦有阴骘。濯之遗孺子，念兹未应失。"近人邓散木借前人笔有"四德"的说法，解释用锋之要。[1] 古人以礼为笔，以敬为纸，以诚为墨，以心为砚。宋代唐庚《古砚铭序》云："笔之寿以日计，墨之寿以月计，砚之寿以世计"，视砚为长情之物、长寿之物。文人呼砚为"石友"，每日洗砚，不留宿墨，以养砚的"玉德"。启功早年曾收藏一方小端砚，砚背刻有铭文："一拳之石取其坚，一勺之水取其净。"这两句话取自汉代张芝《秋凉帖》。启功将自己的书房命名为"坚净居"，自号"坚净翁"，以此自警。唐代女诗人、书法家薛涛称砚为"润色先生"，清代金石篆刻家王继香称砚为"静真先生"，皆以砚为友。善待笔墨纸砚，以笔墨纸砚为平等主体，是文人的基本修养。

第二，点画结字的价值观。"永字八法"是笔法要诀，也是书理宗旨。点画结字不仅是视觉呈现，而且是主客体互相转化。宗白华说，"中国人用笔写象世界"，又说，"从这一画之笔迹，流出万象之美，也就是人心内之美"[2]。个中意思与唐太宗对王羲之书法的评价"尽善尽美"近似。《论语·八佾》"子谓《韶》：'尽美矣，又尽善也。'谓《武》：'尽美矣，未尽善也。'""尽善尽美"蕴含价值判断，是和谐之美，外在形式与内在情感相协调，内心包容万象而统一和谐。孔子曰："《韶》者，舞之遗音也。温润以和，似南风之至。"写字讲究笔顺，顺规应矩，浑然一体。《礼记·内则》云："出入，则或先或后，而敬扶持之。"写字的笔顺、结字的安排，蕴含出入之礼。苏东坡说"大字难于结密而无间，小字难于宽绰而有余"，高度概括了结字的标准。结字的偃仰向背、阴阳呼应、虚实相生、避让穿插、鳞羽参差，因字而变，随形结体，演示了自然的物质本原和整体直观，体现了动态平衡、和而不同的价值理念。

第三，章法安排的文雅性。和笔法无定法、结字无定法一样，章法亦无定法，但是有一些体现书写者知书识礼、文雅谦恭的"隐性规则"。以署款为例，书写者应该谦恭有礼，在称谓上使用敬词、谦词体现礼仪，在书写上也要体现礼仪。上款书写位置应比较高，以示尊敬。下款不要将自己的姓名写得过大。落款的字形要小于正文，不可喧宾夺主。落款字体也有讲究，"文古款今，文正款活"，正文是甲骨

---

[1] 邓散木：《续书谱图解》影印本，浙江人民美术出版社2017年版，第96页。
[2] 宗白华：《美学与意境》，人民出版社1987年版，第337页。

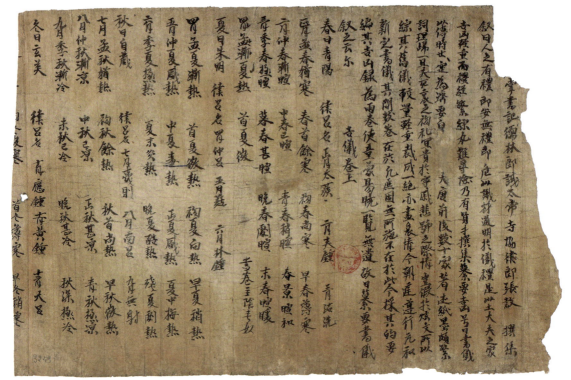

图2-8 敦煌写经·新集吉凶书仪

文、篆书,落款可以考虑选择篆书、章草或者楷书;正文是隶书、楷书,落款可以考虑选择楷书或者行书;正文是行书、草书,落款宜用相同字体。落款写上时间,也应文雅为好。落款的年份据"干支纪年法",如"甲子""乙丑",后面不要加上"年"字,否则就是画蛇添足。季节可以写"孟春""仲春""季春",或者"初春""暮春"。月份可以写"正月""二月""三月",或者写别称"端月""杏月""桃月"之类。日期可以写月相记日、节气记日或节日,如月初为"朔",十五为"望",月末为"晦",如"谷雨前一日""小暑后二日",如"元日"(正月初一)、中和日(二月初一)、上巳日(三月初三),等等。钤印也有讲究,如上款姓名前不要钤闲章,如署名印姓印在前,名印在后,姓名印在前,别号印、斋馆印在后。钤二印须匹配同形印,不宜一方一圆、一大一小。另,上阴下阳可匹配。压角闲章,一方正好,不宜多盖。

第四,公私文书的合程式。魏晋书帖,不仅书法精美,而且合乎礼制,体现士族门阀阶层的文化修养和人情世故。《月仪帖》传为西晋索靖所书,内容为书信文例、格式,按月令书写。一般是先寒暄,再论事。"敦煌写本中保留了多种唐五代时期的书仪（经学者研究认定大约有百件），才使我们对唐五代时期具有不同时代风貌的各种书仪有了较清晰的认识。""敦煌写本书仪大体可分为三种类型：第一种是'朋友书仪'，前部是年叙凡例、节候用语，又称'十二月相辩文'，后部以十二个月为纲安排，每月往复各一通书札，专叙友朋渴仰之情，与《月仪帖》类似，属早期形态的书仪；第二种是综合类书仪，又称为'吉凶书仪'，包括序言、年叙凡例、吉凶往来、公私表疏、婚丧仪礼、门风礼教等内容，是现存唐代书仪中内容最丰富的一种；第三种是表状笺启类书仪，《敦煌古籍零拾》中就可见前两类书仪。"[1]（图2-8）

我们从王羲之的书帖中，可以感受当时的书礼。如吊丧书翰《姨母帖》，第二行"顷遘"下空出半行，"姨母"二字提行，以示尊敬。祁小春概括："平阙式是古代对书写公私文书所做的书式规定，即文书行文遇到尊者名讳等特定字时，提行另写谓之'平'，又称'平出'，在特定字上空一格或二字格谓之'阙'。平阙式反映并体现礼制下人与人之间的尊卑、上下、亲疏关系，被人们严格遵守。"[2]《书仪——中古时代简便实用的"礼经"》一文对吉凶书仪中的"平阙式"和书仪用语作了较为详细的介绍，可参看[3]。又，关于平阙格式的历史，王国维在《观堂集林》卷十八"秦阳陵虎符跋"中说："平阙之式，古金文中无有也。惟琅玡台残台则遇'始皇帝''成功''盛德'及'制曰可'等字皆顶格书，此为平阙之始。此符左右各十二字，分为二行，'皇帝'二字适在第二行首，可知平阙之制，自秦以来然也。"汉碑晋帖中，平阙格式逐渐多见，尤其在尺牍中有广泛体现。唐代明确规定官牍书写须遵守平阙式，如《大唐六典》卷四《礼部·尚书礼部郎》中"员外郎"条记载："凡上表、疏、笺、启及判策、文章如平阙之式。"不惟官方书写，民间语文亦守礼法，自唐宋元明直至清代和民国时期，平阙成为书仪中的重要内容（参见图2-9苏轼《北游

图2-9 宋·苏轼《北游帖》

---

1 张婧乐：《中国国家博物馆藏〈敦煌古籍零拾〉（唐五代写本）》，《书画世界》2021年第6期，第4-9页。
2 祁小春：《山阴道上：王羲之书迹研究丛札》，第261页。
3 赵和平：《书仪——中古时代简便实用的"礼经"》，《河北学刊》2015年第2期，第37-41、50页。

帖》,《北游帖》亦遵守平阙式)。另外,书仪对所用材质也有讲究,如唐代杜友晋《书仪镜》云:"凡修吊书,皆须以白藤纸,楷书。"

公私文书中,还有一个重要礼制,就是避讳。颜之推《颜氏家训》云"今人避讳,更急于古","古者,名以正体,字以表德,名终则讳之,字乃可以为孙氏族。"王羲之祖父名正,晋人避讳甚严,所以王羲之尺牍中不写"正"字。"初月十二日,山阴羲之报,近欲遣此书,停行无人,不办遣信。……羲之报。"《初月帖》(图2-10),王羲之将"正月"写作"初月"。《七十帖》,王羲之将"正"写作"政":"足下今年政七十耶?……"陈垣指出:"避讳为中国特有之风俗,其俗起于周,成于秦,盛于唐宋,其历史垂二千年。其流弊足以淆乱古文书,然反而利用之,则可以解释古文书之凝滞,辨别古文书之真伪及时代,识者便焉。""唐以前避讳,多用改字法;唐以后避讳,改字缺笔,二法并用。"又说:"避讳常用之法有三:曰改字,曰空字,曰缺笔。"[1] 改字缺笔法,如清代康熙皇帝名玄烨,清人书写"玄"字省最后一点;乾隆皇帝名弘历,清人书写"弘"字省最后一点。避讳是古人书法礼仪中不可逾越的红线,今人视为封建文化糟粕。《左传·桓公六年》记载:"周人以讳事神,名终将讳之。"在周代已经有避讳之礼,后世遵循不易。陈垣《史讳举例》之外,清代周广业著有《经史避名汇考》,对古

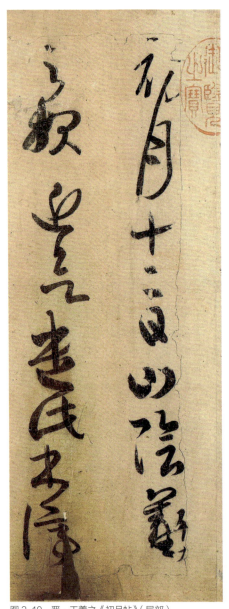

图2-10 晋·王羲之《初月帖》(局部)

代文献记载的避讳字予以考订。郑炳纯1983年在《文献》杂志撰文介绍,《经史避名汇考》四十六卷,海宁周广业著,手校未刊稿本二十册[2]。今人王彦坤编纂有《历代避讳字汇典》,为较好的参考书。[3]

1　陈垣:《史讳举例》,中华书局2004年版,序、第1页。
2　郑炳纯:《记周广业的〈经史避名汇考〉》,《文献》1983年第2期,第126-138页。
3　王彦坤:《历代避讳字汇典》,中州古籍出版社1997年版。

第五，书体使用的得体性。魏明帝在洛阳建太极正殿，命蔡邕以古篆题门，显示正体之礼、庙堂之尊，也是沿袭汉代礼制。[1]《旧唐书·文苑传下·李华》记载，"华尝为《鲁山令元德秀墓碑》，颜真卿书，李阳冰篆额"。明代陶宗仪《辍耕录·碑志书法》云："又篆盖二字止可施圹石。若于碑，须曰篆额为是。"唐代墓志"志盖上刻有墓志标题，相当于过去碑或碑形墓志的题额，简洁明了地标明墓主的姓氏身份，多以古体或当时的正体字书写，以表庄重，唐代多用篆书和楷书。"[2] 以篆书或当时的正体题额，就是书体使用的礼的内涵表达。正体端正大气，易于辨识，在庄重场合使用正体是一种文化传统。前文引用羊欣《采古来能书人名》，可知钟繇注重在不同场合使用不同书体：铭石之文用当时的正体隶书书写；公文用隶书快写后的新字体；私人信函用行草书书写。

从物质、技法、空间、仪式等诸方面，均可看到中国书法的日用语境实乃话语渗透的文化语境，日常书写是主流，虽然日常书写没有表演成分或炫技成分，但是自觉不自觉地受到权力话语影响，自觉不自觉地合乎应制的需求。如尺牍书写是一种私人的、日常的书写，自宋代以后，越来越讲究平阙格式。邱振中指出，"仔细考察早期书法史，直至东晋，留存和记载的书法作品，几乎全都是实用性文字：书信、碑铭、文书等"，"此后，随着创作意识的不断提升，情况有了很大的变化，但是前期书法史所确立的以日常书写为基础的原则，始终深藏在所有后来者的心底"。[3] 邱振中将修养作为日常书写的价值标准，无疑是尊重史实的。日常书写作为文化养成的习惯、途径和方法，与注重创作意识的外在化、形式化不同，更注重内在修养，即"字外功夫"。修养包含了伦理与规训的含义，而且将伦理与规训转化为文化品位和阶层习性，渗透于生活方式和日常情感。今日书法界许多人不知书礼，"无知者无畏"。书法为大众所喜爱，除了审美因素，很重要的一点是以文化认同为基础。从另一个方面看，书礼对于传统伦理的维护，约束或压抑了书写的游戏性，也阻碍了对书法媒介的话语改造。书礼是一种编码方式，是一种文化符号，虽然一些不合时宜的书礼不必恪守，但是通过书礼可以还原历史文化语境，对书法经典媒介化进行考察时应注意到这一重要现象。

---

1 《水经·谷水注》记载："魏明帝上法太极于洛阳南宫，起太极殿于汉崇德殿之故处。改雉门为阊阖门。昔在汉世，洛阳宫殿门题，多是大篆，言是蔡邕诸子。自董卓焚宫殿，魏太祖平荆州，汉吏部尚书安定梁孟皇，善师宜官八分体，求以赎死。太祖善其法，常仰系帐中，爱玩之，以为胜宜官。北宫榜题，咸是鹄笔。南宫既建，明帝令侍中京兆韦诞以古篆书之。"
2 杨庆兴：《千唐志斋馆藏唐代墓志中志盖篆书的风格类型及其来源》，《青少年书法（青年版）》2009年第3期，第18-19页。
3 邱振中：《书法：一份关于书法的知识、观念和深入途径的备忘录》，生活·读书·新知三联书店2021年版，第42-49页。

第五节　言外之意：自然－诗－哲学的话语网络

中国书法的文化内涵，核心是儒家文化，同时受到佛道文化的影响，而儒家吸收、融合佛道思想，又发展了中国文化的精神。楼劲在《中古政治与思想文化史论》一书的自序中写道："中古思想界的主流是由儒学不断汲取子学、宗教等多重因子的发展过程所构成，并且贯穿于当时政治、社会以至民族关系等各个领域"，"从郑学风行到玄学兴起和援道、援佛入儒，再到儒释道终趋同归而催出宋学，这些思想史上的大事节目不仅皆与时人对各教失本异化的关注相连，且均蕴有强烈的政治、社会诉求。"[1] 楼劲此书清晰地概括出儒家意识形态化的过程和儒学吸收佛道思想以维护主流地位的史实。

中国书法经典的媒介化，有一条路径便是历代书论对于书法哲学、书法审美和书法史的不断阐释，其中一再强调书法的社会建构效力。考察儒释道思想对中国书法的影响，笔者选择的方法是对中国古代书论文献进行知识考古，揭示其话语网络。

张彦远编纂《法书要录》收录了唐以前的主要书论文献，自后汉赵壹《非草书》始，以魏晋南北朝和唐代书论为主。[2] 其中南北朝书论中，北朝部分仅有江式《论书表》一篇，诚为遗憾，但是这也反映了唐代以前的实际状况。笔者又将唐孙过庭《书谱》补充进来，作为唐以前书论文献之概貌。唐以后书论文献甚多，在前人基础上有所发展，主要思想理路沿袭前人。清代碑学兴起后涉及北朝书法的论述增加不少，情况有了大变。

先秦诸子百家中，儒道思想最为丰富，至西汉，儒道二家广泛吸收诸家学说，形成主要地位。汉初采取休养生息政策，黄老之学盛行，司马谈《论六家要旨》云"道家使人精神专一……与时迁移，应物变化……圣人不朽，时变是守"，讲求顺变、平衡、合乎时宜。董仲舒提倡罢黜百家，独尊儒术，得到汉武帝采纳，儒家思想不仅为当时的治术所用，而且成为中国古代社会一以贯之的指导思想和中国文化的核心精神。魏晋玄学试图融通儒道二家，统合名教与自然的关系（儒家重名教以规范人性，道家任自然以顺应物性），王弼以道释儒，在《论语释疑》中说"道

---

[1] 楼劲：《中古政治与思想文化史论》，上海人民出版社2023年版，第6-8页。
[2] 刘石在中华书局本《法书要录校理》前言中说："今本《法书要录》汇集古人书法文献三十八篇、二王书语四百五十八帖，起于东汉，迄于元和，《宣和书谱》卷二十'张彦远'条谓其'自汉至唐，上下千百载间，其大笔名流，几不逃彀中矣'，《四库全书总目》卷一一二本书总谓'采摭繁富，汉以来佚文绪论，多赖以存'。卷一列刘宋王愔《文字注》三卷，自注云：'未见此书，唯见其目，今录其目。'其目著录历代书家一百四十七人，有些书家姓名仅具此目，颇足珍贵。""本书颇得后世学者重视"，"唐以后沿波继作，记载日繁"。张彦远纂辑、刘石校理：《法书要录校理》，中华书局2021年版，第4-7页。

者，无之称也，无不通也，无不由也，况之曰道。寂然无体，不可为象"，在《周易略例·明象》中说"夫象者，出意者也；言者，名象者也。尽意莫若象，尽象莫若言"，在王弼看来，"无"是本体，"道"不可言象，以无形无为而成济万物，故而识道、得意可借助于作为媒介的言、象而不可执着于言、象。王弼"得意忘象"之说直接影响了中国诗学，包括书法理论。[1]

魏晋南北朝佛教发展迅速，统治者亦曾简单粗暴对待佛教的发展，北魏太武帝灭佛、北周武帝灭佛和唐代武宗灭佛、后周世宗灭佛，史称"三武一宗灭佛"。唐初崇道，与旨在获得士族门阀势力支持有关，李渊自称"老君子孙"，借力巩固皇权。然而唐代又是中国佛教最辉煌的时期，翻译佛经佛典、传承各家宗派、沟通海外往来，佛教得到了统治者的大力支持。宋明理学吸收了玄学思想，又借鉴了佛道思想，知识分子出入佛老，他们口中经常使用的概念很多来自佛老，如"理一分殊""心即理""心外无物""心外无理"，等等。

回溯历史，东汉以来，中国古代书论接通儒释道。先略述儒家思想。书法的"中和之笔""中正之笔"，乃儒家中庸思想的体现。《书·大禹谟》云"人心惟危，道心惟微，惟精惟一，允执厥中"，《论语》云"礼之用，和为贵"，董仲舒云"夫德者莫大于和，而道莫正于中"，中和、中正为万世之法。梁庾元威《论书》云："所学正书，宜以殷均、范怀约为主，方正循纪，修短合度。所学草书，宜以张融、王僧虔为则，体用得法，意气有余。"[2]"方正循纪、修短合度、体用得法、意气有余"，契合儒家价值观。李世民赞王右军"尽善尽美"，张怀瓘赞王右军"推方履度，动必中庸"，是对王书进行合乎儒家思想的解读。唐楷芒铩锋利，藏锋求和，中正均衡，规矩适度，是有思想理论依据的。唐代张怀瓘赞本朝虞世南的书法"内含刚柔""君子藏器，以虞为优"[3]，可见虞世南的儒雅书风受到尊敬。又赞陆柬之的君子之风云："殊矜质朴，耻夫绮靡。故欲暴露疵瑕，同乎马不齐髦，人不栉沐，虽为时所鄙，'颜回不愚'。拙于自媒，有若通人君子。"[4]

儒家思想注重礼仪、礼节，上文讲到字法、书仪，兹不赘言。颜真卿曾为老师孙逖的文集作序云："古之为文者，所以导达心志，发挥性灵，本乎咏歌，终于雅颂。"他秉持的是儒家"本乎咏歌，终于雅颂"的诗教正统思想，以意逆志，以

---

[1] 据南齐陆澄《与王俭书》所载："元嘉建学之始，（郑）玄、（王）弼两立。逮颜延之为祭酒，黜郑（玄）置王（弼），意在贵玄（学），事成败儒。"可见王弼的玄学一时兴起，取代了郑玄的经学。参见萧子显：《南齐书》卷三十九《陆澄传》，中华书局2000年版，第463页。
[2] 张彦远纂辑、刘石校理：《法书要录校理》，中华书局2021年版，第72页。
[3] 张彦远纂辑、刘石校理：《法书要录校理》，第443页。
[4] 张彦远纂辑、刘石校理：《法书要录校理》，第445页。

质胜文,以儒为骨。儒家"养气""存神"的主张,如孟子说"我善养吾浩然之气""夫君子所过者化,所存者神",体现在书法里,是凝心静气、聚精会神。虞龢《论书表》云:"伏惟陛下爱凝睿思,淹留草法,拟效渐妍,赏玩弥妙,旬日之间,转求精秘。"[1]"爱凝睿思""穷微入神",便是"养气""存神"的状态。儒家的中庸说、养气说,取法自然,并传于诗教。

次述道家思想在书法中的体现。《庄子·知北游》云:"夫昭昭生于冥冥,有伦生于无形,精神生于道,形本生于精,而万物以形相生。"这段话可视为对老子"道生一,一生二,二生三,三生万物"的精妙诠释,道生精神,形生万物,万物有形有象,道无形无象。《道德经》第二十一章云:"道之为物,惟恍惟惚。惚兮恍兮,其中有象;恍兮惚兮,其中有物。"惟恍惟惚,意思就是昭昭生于冥冥。玄览明达者可以从万物的运动中看见不可见的道,道在万物的运动中显示形象。人的生命也是道之发散,人的精神是无形的,但是可显示于有形的书法语象。这便是书法以线条、墨色、布白来表现节奏、神采、元气的魅力。张怀瓘论书,分神品、妙品、能品,是按照"道进乎技"的境界高下而排列,能品可见技的痕迹,而神品已是技合于道、迹不显形。唐代李嗣真《书品后》又提出"逸品"的概念,将李斯(小篆)、张芝(章草)、钟繇(正书)、王羲之(三体及飞白)、王献之(草书、行书、半草)之作列为逸品,"神合契匠,冥运天矩,皆可称旷代绝作"。[2]"逸""神"皆为道家思想,道家强调任自然、极造化、返璞归真,反对人工雕琢、人为施巧。如果做到功夫融会于自然,则可称神逸。

在道家思想中,能传神者,除了创作者能够达到心手相齐的功夫,还需要主体具有心会神融之"意"。王羲之"意在笔前"之论[3],对后世影响很大。张彦远赞顾恺之有"意存笔先""全神气也"之论。宋人尚意,亦得乎此。道家"心契"之论,就是意与天地万物相契相融,不滞于物。有学者指出:"而把'神'认作是创作主体之'意',创作主体的自由性就大得多了。客观观察的物态物貌,不再构成创作主体的生命力、情感等外射或对象化的依据,而只是构成任主体之'意'加工的具有较大可塑性的原料,'意'可以赋予它们另外的色彩,可以改变它们的形貌,甚至可以改变它们固有的本质。"[4]换而言之,"意"可以突破笔墨,"意"可以不求形似,"意"可以超然世外,"意"可以感通他人。张怀瓘评嵇康书云:"观其体势,

---

1 张彦远纂辑、刘石校理:《法书要录校理》,第28页。
2 张彦远纂辑、刘石校理:《法书要录校理》,第147页。
3 王羲之《题卫夫人〈笔阵图〉后》云:"夫欲书者,先干研墨,凝神静思,预想字形大小偃仰、平直振动,令筋脉相连,意在笔前,然后作字。"张彦远纂辑、刘石校理:《法书要录校理》,第10页。
4 高楠:《道教与美学》,辽宁人民出版社1989年版,第251-252页。

得之自然,意不在乎笔墨",在接受者看来,"临不测之水,使人神清,登万仞之岩,自然意远"[1]。

道家思想关于"有形""无形"之论,给中国书法精神注入各种理解与阐释。西晋索靖《草书势》云"去繁存微,大象未乱",还在肯定生成草书之"象"的形构,"存微""未乱"形构之边界即"极广大,尽精微",毕竟还有形、有象,但是最高超的境界是"大象无形"。王僧虔云"书之妙道,神采为上,形质次之,兼之者方可绍于古人",此论成为后世评鉴书法的公认标准,通俗地说,形质可求,神采不可求;形质达不到要求,谈不上神采;手上功夫到了游刃有余的地步,还只是手忘于书,如果再达到心忘于笔的境界,心手两忘,才可以臻于妙道,神采自然而然地流露出;神采赋予形质以价值。虞世南《笔髓论》所谓"书道玄妙,必资神遇,不可以力求",其意近之。张怀瓘《文字论》"识书者,惟观神彩(神采),不见字形。若精意玄鉴,则物无遗照"之说则更进一步,否定了作为形式的字形,而抽象的神采以"惟观"证"一"、证"有",这是否定的超越,是众妙之门的打开,是去蔽之真的显示。如果说儒家重视美与善的结合,道家则重视美与真的结合,本于诗性。[2]孔子所说的"绘"与"素"是文与质的关系,庄子所说的"朴素"意思不同,庄子强调的是本原的、无为的、不刻意的天道、本性,是天下莫能与之争美的美之极致,是真美而不是假象。

再述佛家思想对书法的影响。

东汉末期佛教传入中土,适逢战乱频仍,政权多变,人民痛苦,佛教离苦得乐、好仁恶杀、众生平等、善恶报应的思想迅速得到传播。佛教入华后,《周易》《老子》《庄子》合称"三玄",被整合进佛家学说,同时佛学对王弼和向、郭玄学产生影响。"法性""空相""顿悟""圆融"皆为重要范畴,它们被借用、化用于书论体系。佛教传入后,产生了许多重要书法事件或现象,如摩崖刻经、石窟造像,留下了碑学遗产,怀仁集《圣教序》留下了王羲之集字遗产,敦煌写经留下了不同于碑、帖的书写遗产,此外,僧人书家智永传授"二王"笔法,怀素狂草《自叙帖》(图2-11)被誉为"天下第一草书"。北宋书家打破书法定则,主张"无法"的尚意思想,受到了禅宗启发,如苏轼"我书意造本无法,点画信手烦推求",米芾"意足我自足",都是直指本心、自证自悟的发现。有学者指出,"'文字禅'的概念最早由苏、黄提出","'文字禅'

---

[1] 张彦远纂辑、刘石校理:《法书要录校理》,第428页。
[2] 《庄子·天道》云:"静而圣,动而王,无为也而尊,素而天下莫能与之争美。"《庄子·刻意》云:"若夫不刻意而高,无仁义而修,无功名而治,无江海而闲,不道引而寿,无不忘也,无不有也,淡然无极而众美从之。"《论语·八佾》也有"素以为绚兮""绘事后素"的表述。

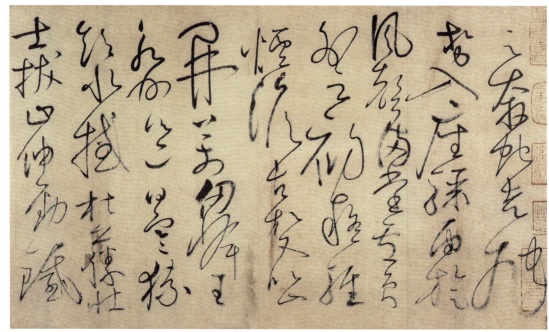

图 2-11　唐·怀素《自叙帖》(局部)

的出现为禅与语言文字的结合打开了方便之门",在禅者和文人的实际事行里,'文墨'才是他们作佛事的最佳选择"。"纵观宋人文集,出现了大量的诸如'以翰墨作佛事''游戏翰墨'的字眼,这为我们探讨'文字禅'提供了一个新的切入点。"[1]

宋以后文人书风流行,破旧立新,实获益于禅宗甚多。然儒释道本不可肢解划分,一家之书法面貌,见儒见佛见道,皆发乎精神,宋以后大抵如此。明代几位大家都受到佛家思想影响。文徵明晚年一意取法智永禅师,消退火气,平和清静;明末董其昌筑"画禅室""香光室",书风简远空疏、平淡天真;遁入空门的八大山人、石涛,以及担当禅师,删繁就简,以简驭繁,不拘常法,空寂豁然。董其昌南北宗理论,提出禅家分南北,画亦分南北,均自唐朝始,抑北宗院体之谨形刻貌,尊南宗"一超直入如来地"的参造化、见心性之法,为文人画学经典辨体,此亦与书法经典同理。董其昌南北宗论至今余响不息,邓以蛰认为,以哲学划分或可立为一说,"南画为心画,北宗为目画,心画以意为主,目画以形为主"。[2] 清代碑

---

[1] 陈志平:《黄庭坚书学研究》,上海书画出版社 2020 年版,第 22-28 页。
[2] 邓以蛰:《南北宗论纲》,收录于张连等编:《文人画与南北宗论文汇编》,上海书画出版社 1989 年版,第 75-77 页。

学兴起,从摩崖、造像中汲取资源。梁启超谓"晚清思想家有一伏流,曰佛学","龚(自珍)、魏(源)为'今文学家'所推奖,故'今文学家'所兼治佛学,石棣杨文会……凤栖心内典,学问博而道行高……谭嗣同从之游一年,本其所得以著《仁学》,尤常激策梁启超。启超不能深造,顾亦好焉,其所著论,往往推挹佛教。康有为本好合宗教,往往以己意进退佛说。章炳麟亦好法相宗,有著述,故晚清所谓新学家者,殆无一不与佛学有关系"[1],以上清末文人书家,皆从碑学,亦通佛理。民国李叔同创"弘一体",秃毫杀锋,化方为圆,洗尽铅华,直用直行,无滞无碍,禅意具足。

中国书法以诗性表达为语言,试图突破语言的物质性,突破文化价值的约束,又不得不承载语言和文化价值。儒家的"藏器"、道家的"无形"、禅宗的"无法",都表述了这样的媒介观和哲学观。这也意味着中国书法蕴涵了中国文化的诗性精神,体现了自然之道的本体论。

弗里德里希·基特勒在《话语网络1800/1900》中描绘了由母亲、诗和哲学组成的浪漫主义话语网络回路。基特勒认为,书写对浪漫主义的形成起到了决定性作用,母亲的声音转化为对声音的记录,书写者通过书写似乎听到了母亲的声音,这个作为媒介技术的书写系统是意义生产的最初机制。车致新在阐释基特勒提出的"话语网络"时指出,"作为话语起源的'母亲'自身反而是无法'言说'的","正如基特勒在《话语网络1800/1900》一书的开篇所指出:'自然,在1800的话语网络中,就是女人'",而只有诗才能翻译出"原初的母语",实现话语传输的普遍化,"语言观念在1800年前后的范式转换过程,即由能指向所指、由符号向意义、由物质向精神的转变"。[2] 温斯洛普-扬指出:"话语网络1800(指的是18世纪晚期和19世纪早期传播的物质性特征)最根本的精神技术之一是书写单位与声音和视觉符号之间流畅的、毫不费力地互相转换。正是因为听、说、读、写之间界限的系统性模糊,使得语言被建构成了一种同质化的元媒介,能够将自然和文化编织在连贯的意义之中。"[3] 中国的汉字媒介正是元媒介,而书法作为汉字书写的媒介,具有连接自然和文化的功能。

本书将书法描述为"自然-诗-哲学的话语网络"。中国书法肇于自然,归于自然,以象形文字和言、象、意为诗意的表达中介,以文化精神(哲学)为接

---

[1] 梁启超:《梁启超全集》,中华书局1999年版,第310页。
[2] 车致新:《浪漫主义作为媒介技术——基特勒论"话语网络1800"》,《国际比较文学(中英文)》2019年第3期,第520-534页。
[3] 杰弗里·温斯洛普-扬:《基特勒论媒介》,张昱辰译,中国传媒大学出版社2019年版,第73页。

收器、存储器。汉字书写从自然中获得启示，自然本身是无法言说的，故而自然为书法输入诗性，书法又自反性地"创造"自然。书法以言外之意、象外之意表达诗意，并且将哲学编织进意义的世界。儒释道文化精神对于中国书法的影响极大，自然之道是儒释道所共同接受并互相融合的交集。以此理解书法语言，其符号性、物质性乃文本的信道或话语网络的媒介基础。

"自然－诗－哲学的话语网络"是一个动态的过程和回路，是一个关系性的结构和语境，而不是静态的物质或对象。理解书法的媒介实践，可循着此话语网络理解"与古为新"的无穷丰富性，理解书法经典媒介化的传播模式或主流书法史的现象学描述轨迹。印刷媒介、数字媒介、智能媒介的出现从某种程度上改变了书写形态和人们的感知经验，但是书法仍然作为心－手合一的肉身性书写得以传承，仍然未从中国儒释道融合的深层文化语境中剥离出来，只要书法保持汉字书写、汉语书写、毛笔书写，它就依然不会失去本体价值，并充实通过书写建构的主体价值。我们对现代性、后现代性的反思正是对主体异化的警惕，而书法在当下和未来的演化不应形成与中国文化传统的断裂，不应与天地万物和自然之道相分离。作为"自然－诗－哲学的话语网络"，书法具有暗示意义，引发共情的符号功能，通过"与古"的具身体验形成了默会的共同体纽带，达成了生命时间与文化时间、宇宙时间的贯通，从而理解复归于创造的"为新"意义。而现代性强制生产出可消费的、即时性的新体验、新刺激、新快感，实则是越来越世俗化庸常化，由此出现众声喧哗、空虚浮躁的媒介化现实。现代媒介提高了信息化程度，形成了所指的过剩和语言的"祛魅"，以"信息茧房"和"回音室效应"来比喻人的交往情形，意味着人局限于被封闭的信息环境，人局限于只听见自己的回声，在虚妄中失去了同世界本原的连接，被抛回到原子化、碎片化的生存状态。人如果不能进入古今贯通的深层时间，就不能感受持久的愉悦和新奇，不能感受丰富的诗意和自然。

第三章
中国书法经典媒介化与审美传统

中国古典审美传统体现了儒家安身立命、尽性知命的价值观。书法作为艺术媒介或媒介艺术的意义与生命哲学、生存伦理联系在一起。所谓安身立命，就是理解生命处境，安顿实体心灵，追寻灵魂归宿。所谓尽性知命，就是懂得生命本原，抒发主体情志，止于至善境界。中国书法是诗性的媒介，是人与世界共在的媒介，中国书法经典体现了"天人合一""物我齐一"以及"古化为我""我化为古"的主体间交互的对话实践。

《新唐书·裴行俭传》记载了裴行俭"士之致远，先器识，后文艺"的识人之见[1]。裴行俭是吏部侍郎，主管铨选。为什么他将器识看得如此重要？所谓器识，不仅指的是一个人的器量、见识，而且指的是一个人的德性、涵养。《礼记》云："德成而上，艺成而下。"《易·大畜》云："君子以多识前言往行，以畜其德。"器识是内在涵养，通过学习、辨识前言往行，可以蓄养德性。儒家思想中，"游于艺"与"志于道，据于德，依于仁"是关联一体的。《易·系辞》云："形而上者谓之道，形而下者谓之器。"艺以载道，诗以言志，器以藏道。孔子主张的诗教，是寓教于乐、乐以忘忧的启发式教育、沉浸式教育。植根于儒家思想体系，故而"先器识，后文艺"的观点得到了普遍认同。宋代虞俦《和张伯子韵》诗云："器识在所先，文艺乃其亚"。明代袁宗道《白苏斋类集》卷七有文论题曰"士先器识而后文艺"，提出"君子者，口不含文艺，而先植其本"。先植其本，然后花萼蕃郁，不得不显。

孙过庭《书谱》云："扬雄谓'诗赋小道，壮夫不为。况复溺思毫厘，沦精翰墨者也。'"扬雄的见解狭隘了。"小道"通于"大道"，涓涓细流通于江海。《孟子·离娄下》曰："源泉混混，不舍昼夜，盈科而后进，放乎四海。有本者如是，是之取尔。"中国书法的演化发展史呈现出万古江河、源流交织的样貌，故而识其源而知其流。为什么中国书法强调取法经典，以"与古为新"为媒介主题？儒家温故知新之说，可作为一种解释。《中庸》云："故君子尊德性而道问学，致广大而尽精微，极高明而道中庸，温故而知新，敦厚以崇礼。"古人往往以复古为创新，不是重复前贤，而是溯源返流，不是依靠外铄，而是出乎本心，故而能够"苟日新，日日新，又日新"（《礼记·大学》），不断反省、革新。源头在心，"通神明之德，类万物之情"（《易·系辞》），则能够"随物赋形"，畅神奔流，充沛如生命之生生不息。

受李叔同影响，丰子恺认为："'先器识而后文艺'，译为现代话，大约是'首重人格修养，次重文艺学习'，更具体地说：'要做一个好文艺家，必先做一个好人。'"[2] 艺术是美德与技术的结合体，不仅体现于媒介触发人的兴致，而且体现于媒

---

1 欧阳修、宋祁：《新唐书》，中华书局2000年版，第3264页。
2 丰陈宝等编：《丰子恺文集》第4卷，浙江文艺出版社1990年版，第19-20页。

介的人性化、人格化。人生活于符号宇宙之中，人与媒介、文化、艺术的关系体现了人对符号形式的理解与想象，体现了人的生命意义建构和道德价值认同。

西方哲学受亚里士多德以来的实体形而上学影响至深，注重对物质实体和心灵实体的关系思辨。西方哲学的语言学转向改写了人本主义的主体性理论，终结了以自我为中心的主体性，强调语言作为人存在的方式而形成的对话关系、交往方式，故而对主体性的理解突破了个体主体的视域而指向主体间性。西方媒介考古学对物和技术的关注，实则出于后现代主义立场，媒介考古学将物和技术视为作者的观念乃是消解人作为作者的中心地位，对媒介的异质性和多元性的定义，其意涵在于反对话语霸权和总体的人类中心论。齐林斯基指出："我思故我在——这个（笛卡尔式的）欧洲现代性的自我，和其他多元自我一样，都是即将要过期的身份模型了。"[1] 也就是说，对主体性的理解应该回到对话关系和主体间性。值得注意的是，齐林斯基提出了一个从中国儒家思想中寻找"无条件的主体"的问题："对西方身份概念构成的最大挑战来自我所认为的当代中国文化中突出的一种主体性——也就是被重新激活的'无条件的我们'（we），从中国的深层时间哲学中我们应该很熟悉这一概念了，中国在这一问题上经验丰富。"齐林斯基发现，"我们可以在儒家文献中找到这个无私主体：这个个体并没有被预设为道德上重要的行动者。孔子的'我思'指的是对某件事或某个人是可以被支配的。"[2] 齐林斯基所说的"无条件的主体"是"无条件的我"和"无条件的我们"的主体间性，借用的是孔子"从心所欲不逾矩"的理想概念，因此他设想了一个自由开放的媒介交流空间："远程信息通信技术已经变得高度离散、无处不在并且可被随意支配了。"[3] 也许齐林斯基所描述的是一个去中心化的技术乌托邦，但是他启发了我们回到中国传统来思考媒介、技艺与生命主体性的关系问题，我／我们成为了自然、生命体与技术的一部分，主体间性无所不在。

在中国审美传统中，"天人合一""物我齐一"实乃主体间性。中国诗歌的传统表现形式赋比兴，贯通的是主体之间的理解与同情。人与自然、事物之间，人与人之间，是和谐交流的关系。老子《道德经》云："道之为物，惟恍惟惚。惚兮恍兮，其中有象。恍兮惚兮，其中有物。窈兮冥兮，其中有精。其精甚真，其中有信。"道是万物之母、天地之宗，阴阳相交而有无相生。审美活动是体物之实形与虚象，从而感物兴怀、立象尽意、见心明道的过程。

---

[1] 西格弗里德·齐林斯基：《在媒介、装置和格式之间》，张艳译，《社会科学报》2023年1月12日，第6版。
[2] 同上。
[3] 同上。

中国文化有古今对话、古今共情的审美传统，古典话语中特别需要注意到的是循环时间观（《周易》云"无往不复""反复其道"）和整体时间观（《黄帝内经》云"故阴阳四时者，万物之终始也，死生之本也"），即对线性时间观、现实时间观的消解，超越当下而贯通过去、现在、未来。刘熙载所说的"古化为我""我化为古"，揭示了这种共情的审美模式，"与古为新"意味着明确深层时间中古今、他我的对话关系，"古化为我""我化为古"也是主体间性。

书法审美的核心问题，如技和艺的关系或形质与神采的关系，以及由此生发的前人之法与个人面目的关系、历代高峰与时代风气的关系等，都不是局限于狭隘的自我，而是隐含着"致广大而尽精微，极高明而道中庸"的君子器识或主体间性，这是一种传统延续，也是一种审美共感。故而本章的有关讨论既审视个体案例，又思考群体作用，特别注意帖学与碑学的观念脉络和继承关系、文人集团的共同参与和主要流派这两个重要问题。

关于技和艺的关系，或者说形质与神采的关系，唐代孙过庭《书谱》提出了一个重要命题：如何看待文与质的古今之变？换言之，面对钟、张、羲、献所奠定的格局，书法的进路何在？《书谱》论述："评者云：'彼之四贤，古今特绝；而今不逮古，古质而今妍。'夫质以代兴，妍因俗易。虽书契之作，适以记言；而淳醨一迁，质文三变，驰骛沿革，物理常然。贵能古不乖时，今不同弊，所谓'文质彬彬，然后君子'。"孙过庭认为，变是历史的逻辑，书法的技艺贵在既能继承历史传统，又不背离时代潮流；既能反映时代精神，又不沾染流弊世俗。所谓"文质彬彬，然后君子"，是一种卓然独立、自由超越的主体性建构。陈方既提出，技和艺的关系，文和质的关系，还是要回到原初真朴状态，回到人的主体性。[1]技术、计算对人的肢解，体现于一种类似于机器的符号操作，将艺术降低到技术层面，故而中国古典美学强调的是"文章本天成，妙手偶得之"，反对的是人工雕琢、刻意造作，主张的是合乎天性、从心所欲。

面对前人经典，自觉的后来者以阐释与创造两种方法继续传承。在古典语境下，

---

[1] "不同的历史条件下，同样的事物有不同的发展状况，人们对它也会有不同的审美要求。书契兴起以后，肯定也由生到熟、由粗到精，反映出审美心理上爱妍而薄质的基本趋势，正由于此，才会有被唐太宗赞为'尽善尽美'的王书出现。而且艺术有不同于科学的重要一点是：科学总是在前人已取得的成果基础上发展；而艺术的创造，特别是书法的创造发展，它在走向精熟以后，其创造往往不是在最靠近自己的前人基础上，而是在更久远乃至极不成熟的基础上寻求营养。西方艺术是这样，东方艺术也是这样。究其原因则是因为初有艺术时，人们普遍缺乏技能，因而十分讲究技能、欣赏技能，而在人们的艺术技巧普遍精到以后，随着历史生活的发展，人们的审美心理也出现了相应的发展变化。人们发现：在获得了创造艺术的精熟技能之后，却将流露于书中最初的、与生俱来的真朴失落了。失落之后，人们才意识到真朴的可贵，于是便有了对原初真朴形态的向往和追求。"陈方既：《书事琐议》，河南美术出版社2020年版，第61-62页。

阐释是以我为主的阐释，创造也是以我为主的创造，这是主体性的有意张扬，故而阐释也可能是有意误读，创造也可能找到经典依据，阐释和创造都是通过语境赋予意义。个体的创新始终有其合理性，但是脱离不了传统也脱离不了时代，需要将古人视为同时代人，在深层时间中实现主体间性对话。经典是被长期建构的想象共同体，突破"影响的焦虑"之新经典的书写也需要主体间的合力共济，在冲击、对抗传统经典的同时又补充、汇合传统经典，在多元主义的兼容中建构新的想象共同体或共时性场域。书法流派的形成机制正在于此。同时需要指出的是，后来者可能不只是发掘、吸纳某一种传统，而着意于汇集、打通不同的传统，化多元于一体，从共性中提炼出个性。

虽然媒介考古学更像是一种技术哲学范式，不是以人作为中心而是从物质和技术出发来考察文化史、媒介史，但是，马塞尔·莫斯提出的"身体技艺"和弗里德里希·基特勒提出的"文化技艺"仍关注到了身体、技术与审美、文化之间的关系。讨论书法审美问题，需要思考它与"与古为新"的媒介主题的关系。非常有意思的是，汉字"藝"的起源与农业种植有关，英语中的"文化"（culture）也与农业种植有关，书法作为一种文化技艺，其培育和分蘖、改良及变异体现了生物学、美学、语言学、信息学的理解。基特勒把文化技艺视为生产文化差异网格的操作，即一种选择和过滤的操作，区分野蛮与文明而创造秩序的行为。中国书法审美的"与古为新"是有根性的，通过发掘传统，通过化俗为雅，将信号从噪音中过滤出来，将美从芜杂中萃取出来，书法经典的媒介化即在此进程之中展开。"与古为新"意味着与前人的对话、与传统的对话，强化共识，也催发新生。批判前人之积弊，突破前人之陈规，完善前人之不足，捡拾前人之遗落，接续前人之走向，回应前人之本质，在不同元素的不同配比、合成中演变"炼金术"，使传统既新且旧，复古仍新。雷德侯这样评论中国书法经典的传统积累与赓续："他们有意识地开拓书迹在无意识中显现的种种变化，试探新的形态，寻求新的样式，研究前代大师的发明，补益他们的创造并加以阐释。一代接着一代，无数的实践者建起了日趋复杂的大厦，那正是中国书法伟大的传统。"[1] 对前人"无意识"的书迹进行"有意识"的开拓体现了传统的可阐释性。中国书法经典是一个开放而非封闭的系统，在一代代人的实践下，书法这一古老媒介被注入不同的意义，由此强化经典的长久价值并拓展经典的变化可能性。

---

[1] 雷德侯：《万物：中国艺术中的模件化和规模化生产》，张总、钟晓青、陈芳、韦正、赵洲译，党晟校，生活·读书·新知三联书店2012年版，第257页。

第一节　纵横可象：从形质到神采的认识图式

　　虽然有"书画同源"之说，二者采用的工具相同，产生的文化背景相同，视觉表现方法也几乎相通，以书入画、以画入书，皆可互为借鉴，但是中国书法与中国画还是有不同之处，最主要的一点在于形质上。中国画有工笔、写意之分，即便是写意，依然以人、物、自然的形体为对象，而书法的抽象观感远远大于中国画，因为汉字已经发展成为抽象符号。书法语言可以时间、空间分：时间上有书写的节奏、旋律，便有生命的律动；空间上有书写的形势、虚实，便有精神的意境。前文将"形质"概括为图像语言，将"神采"概括为精神语言，即着意于此，通过形质可以表现神采、观看神采，以此意义而言，书法乃语言的媒介或形式符号。

　　蔡邕所说的"须入其形""纵横可象"[1]，指出了书法须借助对物象的描摹、比拟，在视觉上实现形的表现，以引发观者的感受。精神感受产生于视觉感受，由写形而生势，蔡邕《九势》云"阴阳既生，形势出矣"，与虞世南《笔髓论》中所说"禀阴阳而动静，体万物以成形"是同样的审美原理。书法的点画、线条是抽象的，如果转化为物象，转化为阴阳的矛盾运动，便可以赋予书写者的形态、情感，"若坐若行，若飞若动，若往若来，若卧若起，若愁若喜"。"情动为志"，书法的诗性在于缘情言志。《庄子·德充符》云："所爱其母者，非爱其形也，爱使其形者也。"空洞无物、苍白无情的形，是不具有感染力的。"使其形者"是形而上的精神，精神才是感人应物、通天达地的，庄子以"母"为道之本体、媒介之源头的隐喻。汉代《淮南子·原道训》云："夫形者，生之舍也；气者，生之充者；神者，生之制也；一失位，则三者伤矣。"神以形为载体，形神合一，充盈生气，这是朴素的宇宙意识和生命意识。书法语言既是形的演示，又是神的统御，形神兼备则真气弥满，显现为鲜活的生命力。中国书法的"纵横可象"，在海德格尔的意义上理解，便是回到源初的存在现象，便是世界的敞开和艺术的现身。所谓精神物理媒介，其意在此。

　　孙过庭《书谱》所说的"质"与"妍"，如果从书法的时间规定性来看，是疾速与迟缓的不同书写效果所致。何时快，何时慢，快又如何，慢又如何，变化带来既可控又不可控的效果。晋卫恒《四体书势》有"匆匆不暇草书"之句，本意是谦敬之辞，意思大概是"匆忙命笔，无暇思考，字迹潦草，有失谨敬"，但是清人有误读，如赵翼《陔余丛考》云："作草甚难，而匆遽时有不暇也。"刘熙载《艺概》云："欲作草书，必先释智遗形，以至于超鸿蒙，混希夷，然后下笔，古人言

1　蔡邕《笔论》云："为书之体，须入其形。若坐若行，若飞若动，若往若来，若卧若起，若愁若喜，若虫食木叶，若利剑长戈，若强弓硬矢，若水火，若云雾，若日月。纵横有可象者，方得谓之书矣。"

'匆匆不及草书'，有以也。"不过，清代包世臣《艺舟双楫》云"右军作真如草，大令作草如真"，这一书理确是正解。孙过庭《书谱》云："草不兼真，殆于专谨。真不通草，殊非翰札。真以点画为形质，使转为情性；草以点画为情性，使转为形质。"姜夔《续书谱》云："古人作草，如今人作真，何尝苟且，其相连处，特是引带，尝考其字，是点画处皆重，非点画处，偶相牵引，其笔轻。虽复变化多端，而未尝乱其法度，张颠怀素，最号野逸，而不失此法。近代山谷老人，自谓得长沙（按：怀素家长沙）三昧，草书之法，至是又一变矣。"作草如真，说的不只是书写态度不可苟且，而且点画、法度亦有相同处。黄山谷以楷入草，自有一变，得之于怀素笔法。赵孟頫《跋唐怀素〈论书帖〉》云："怀素所以妙者，虽率意颠逸，千变万化，终不离魏晋法度故也。后人作草，皆随俗交绕，不合古法，不识者以为奇，不瞒识者一笑。"赵孟頫说的怀素笔法即是魏晋古法，草法与真法正如孙过庭所言是大体相涉、兼而可通的。草法与真法的本质差别不在于快慢之分，而在于形质与性情的互相转化方式表现为点画的不同。这就继续回到形、神的关系上来。从书写速度来看，作真书也不是求慢，王右军作真如草，恰恰不拘不滞，神采飞扬。不论是真是草，形质、情性俱不可分。

"永"字八法是学书者奉为圭臬的口诀。唐代韩方明云："八法起于隶字之始，后汉崔子玉历钟、王以下，传授至于永禅师而至张旭，始弘八法，次演五势，更备九用，则万字无不该于此。"张怀瓘《玉堂禁经》云："夫书，第一用笔，第二识势，第三裹束，三者兼备，然后为书，苟守一途，即为未得。"关于用笔，《玉堂禁经》对"永"字八法的讲解，结合了"五势""九用"。

侧、勒、弩、趯、策、掠、啄、磔，是八个笔画，也是八个书写动作。体会这些书写动作，如同张旭观"担夫争道"、怀素观"惊蛇入草，飞鸟出林"、黄庭坚观"长年荡桨，群丁拨棹"，道理并无二致，审美经验是可以触类旁通的。中国书法的笔法传授，在历代书家的书论里，有许多打比方的说法。有的是以物象描述书写效果、书写痕迹，如"屋漏痕""如锥画沙""如印印泥"，或者从反面指出弊端，如"死蛇挂树""踏死蛤蟆""钉头""蜂腰""鹤膝"；也有的是描述书写动作、书写姿态，如上述"担夫争道""长年荡桨，群丁拨棹"之类。笔法体验仍强调"与古为新"，即以领会前人古法为前提，"永"字八法是对前人古法的一种解读范式。

中国书法强调用笔，黄庭坚谓"字中有笔，如禅家句中有眼，直须具此眼者，乃能之知"[1]。赵孟頫谓"用笔千古不易"，指的是帖学传统下的"古法用笔"，即晋

---

[1] 徐谦：《笔法探微》，浙江人民美术出版社2021年版，第65页。

唐古法[1]。王羲之的用笔古法，被描述为"一拓直下"，爽朗清利，畅快俊逸，开创了帖学源头。褚遂良学王羲之，在笔法上有自己的领悟。颜真卿学褚遂良，阐释了褚遂良的领悟。[2] 黄庭坚又总结前人笔法，悟到"用笔同一"的奥秘，与后来者赵孟頫提出的"用笔千古不易"理一。[3] 黄庭坚说藏锋之要，不轻浮，不苟且。董其昌《画禅室随笔》云："发笔处便要提得笔起，不使其自偃。难在遒劲，而遒劲非是怒笔木强之谓。""书法虽贵藏锋，然不得以模糊为藏锋，须有用笔如太阿剚截之意，盖以劲利取势，以虚和取韵，颜鲁公所谓如印印泥、如锥画沙是也。"董其昌的理解更为贴切，提得笔起方可令锋在笔中，而藏锋之意不是模糊不发、偃笔墨猪，实乃以劲利取势，以虚和取韵，恰到好处，刚柔相济。

古代书家强调"古法用笔"，不仅帖学如此，碑学也尊崇篆隶古法，对"古"所寓的"质朴""古朴"的美学趣味和哲学意涵进行了反复实践。

帖学所用书札、手卷，皆以书小字为多，小字点画精微，笔画简短，以不见起止为妙，换作写碑、写大字，用笔方法则有不同。作为技艺的笔法与媒介的物理相关联，也就是说，所使用的书写物质和所占据的书写空间不同，笔法就有差异。碑的空间明显大于帖的空间，写碑体大字，不可中截空怯，不可像在书帖上只用笔尖写字，更宜于铺毫蓄墨。留得住墨、点画洁净方见笔锋，否则局促无力。清代包世臣在《历下笔谈》中对用笔提出了自己的想法："用笔之法，见于画之两端，而古人雄厚恣肆令人断不可企及者，则在画之中截。盖两端出入操纵之故，尚有迹象可寻，其中截之所以丰而不怯、实而不空者，非骨势洞达，不能幸致。更有以两端雄肆而弥使中截空怯者，试取古帖横直画，蒙其两端而玩其中截，则人人共见矣。"《历下笔谈》又云："北碑画势甚长，虽短如黍米，细如纤毫，而出入收敛，偃仰向背，避就朝揖之法备具，起笔处顺入者无缺锋，逆入者无涨墨，每折必洁净，作点尤精深，是以雍容宽绰，无画不长。后人著意留笔，则驻锋折颖处墨多外溢，未必备法而画已成，故举止多遽，界恒苦促，画恒苦短。"在《答熙载九问》中，

---

[1] 赵孟頫在《兰亭十三跋》中说："书法以用笔为上，而结字亦须工。盖结字因时相传，用笔千古不易。右军字势，古法一变，其雄秀之气，出于天然，故古今以为师法。齐、梁间人结字非不古，而乏俊气。此又存乎其人，然古法终不可失也。"

[2] 颜真卿《述张长史笔法十二意》记载："后问于褚河南，曰'用笔当须如锥画沙，如印印泥'，思所以不误。后于江岛，遇见沙地平净，令人意悦欲书，仍偶以利锋画而书之，其劲险之状，明利媚好。乃悟用笔如锥画沙，使其藏锋，画乃沉着。当其用笔，常欲使其透过纸背，此功成之极矣！真草用笔，悉如画沙，点画净媚，则其道至矣。"参见刘小晴：《中国书学技法评注》，第75—76页.

[3] 黄庭坚在《论黔州时字》中说："笔力同中有异，异中有同。张长史折钗股，颜太师屋漏法，王右军锥画沙、印印泥，怀素飞鸟出林、惊蛇入草，索靖银钩虿尾，同是一笔法。心不知手，手不知心法耳。"用笔关键在于自然而然，心手两忘，同是一笔法，得意为佳。黄庭坚在《题绛本法帖》中进而指出，"如锥画沙，如印印泥，盖言锋藏画中，意在笔前耳"。参见刘小晴：《中国书学技法评注》，第76页。

包世臣又说："篆书之圆劲满足，以锋直行于画中也；分书之骏发满足，以毫平铺于纸上也。真书能敛墨入毫，使锋不侧者，篆意也；能以锋摄墨，使毫不裹者，分意也。有涨墨而篆意没，有侧笔而分意漓。"[1] 他将篆书和隶书笔意在楷书中的体现，说得十分清楚，不涨墨、无侧笔才是笔力所致。篆意者，以锋直行于画中；隶意者，以毫平铺于纸上。在《答熙载九问》中，他还说到草书用笔中点画的重要性，用笔不是直来直去，同样是善用笔锋。

清人尚碑，于篆隶笔法尤多体会。刘有定云"篆直分侧。直笔圆，侧笔方"，与钱泳云"篆用圆笔，隶用方笔，破圆为方而为隶书"意思差不多。康有为云："圆笔用绞，方笔用翻。圆笔不绞则痿，方笔不翻则滞。"康有为进一步解释了圆笔、方笔的挥运之法，所谓"绞"就是绞转，《九势》云"转笔，宜左右回顾，无使节目孤露"；所谓"翻"就是元代吾丘衍概括的"斩钉截铁""折刀头"。刘熙载《艺概·书概》中提到："每作一画，必有中心、有外界。中心出于主锋，外界出于副毫。锋要始、中、终俱实，毫要上下左右皆齐。"所谓万毫齐力，就是用笔不只是用笔尖部位，铺毫后笔肚、笔根都会留下墨痕，故有中心和外界共同发

图 3-1　北魏·始平公造像记

力之说，刘熙载对发挥笔的物质媒介作用给予了充分注意。

当代黄惇认为，篆隶互通，不存在各用圆笔、方笔，不必划分圆笔、方笔，所谓方、圆，乃取势之谓，非用笔之谓。[2] 所谓圆笔之极《郑文公》、方笔之极《始平公》（图 3-1）的说法，只不过是清代人的偏见，因为碑刻之迹，书写的原作经过了刻工的改变，

1　刘小晴：《中国书学技法评注》，第 86-87 页。
2　黄惇：《从篆隶书的临摹说开去（附视频）》[Z/OL]. 深圳市书法院，2022 年 3 月 29 日。(https://mp.weixin.qq.com/s?__biz=MzA3NzQ3NzkwNQ==&mid=2654717315&idx=1&sn=48c82611f30448c890fcb1add12846a2&chksm=849e04fdb3e98deb402b92a1c3a5e136b061155e7af626a56f203d7ad6c557709349543b3ba4&scene=27.)

而后又有风雨剥蚀，不免有变形、残泐，所以用笔之说不可一概而论。[1] 透过《始平公造像记》的刀痕，可见到其笔法并非锋棱毕露，启功所谓"观碑法"，无书法心得者则不知阴阳之转化。[2] 以上都是从物质媒介、书写技艺的角度考察得出的结论，具有相对客观性。

古人将笔法神秘化，一方面，受私相传授方式的局限，另一方面，罕有人一睹传世真迹，故而"神乎其技"是一种赋魅。古代书论多由书家撰著，其中当然存在对笔法的不同理解，也难免有谬误之论，甚至以讹传讹。然而爬梳下来，辨其理路，仍可得到正解。中国书法经典技艺的传承，除了人际传播，主要依赖名家作品的流传以及历代书论的阐发之"中介"。后二者构成互文性，解读深入者自能领悟。

在空间上，书法的形、势之变，通过笔法运转、点画连接，构成了结字和章法的变化，表现为虚与实的转化、形象与抽象的转化。古人用笔的要领在"势"，结字和章法的要领也在"势"。刘勰《文心雕龙·定势》提出因情立体，即体成势，用来解释书法也是十分贴切。书势亦是因情立体，中国古代诗学讲究情本体；刘勰的即体成势，是自然成势、自如成势，与蔡邕的"夫书肇于自然，自然既立，阴阳生焉；阴阳既生，形势出矣"是一个道理；何谓自然成势、自如成势？圆者规体，其势也自转；方者矩形，其势也自安。方圆、阴阳、天地，都是辩证的。结字内圆外方也好，内方外圆也好，聚散、收放、向背、欹正、虚实、疏密，都是体现辩证关系。自然成势、自如成势，讲的是一个"真"字，不刻意造作，尽万物情状，发本来性灵，得自然之趣。董其昌赞誉王羲之《兰亭序》的章法[3]，以"随手所如，皆入法则"为自然生发的境界。从书法图式来说，点画、结字、章法构成了造型与空间安排的主要元素，特别是"计白当黑"是中国古典审美的独有原则，空白

---

[1] 米芾在《海岳名言》中说出心得："石刻不可学，但自书使人刻之，已非己书也，故必须真迹观之，乃得趣。"启功亦指出："欲知六朝笔法，可于高昌砖志墨迹中探索之。高昌墓志出土以后，屡见奇品，其结体、点画无不与北朝书体通，且多属墨迹，无刊凿之失。"启功《论书绝句》第三十二首："题记龙门字势雄，就中尤属始平公。学书别有观碑法，透过刀锋看笔锋。"启功自注其诗，阐述了观摩龙门造像诸品的门道："观者目中，如能泯其锋棱，不为刀痕所眩，则阳刻可作白纸墨书观，而阴刻可作黑纸粉书观也。"参见启功著、赵仁珪注释：《论书绝句（注释本）》，生活·读书·新知三联书店2002年版，第64-65页。

[2] 沙孟海也持有相同看法："1930年西北科学考察团从新疆吐鲁番获得大量高昌国砖墓志，其中有《画承及妻张氏墓表》，作于章和十六年，相当于西魏大统十二年（546）。志文共八行，前五行记画承本人部分，用朱笔写好，并已刻好，后三行记其妻张氏部分，写好未刻，朱书各字，落笔、收笔纯任自然，与我们今天运笔相同。前五行经过刀刻，不像毛笔所写。前后对照，证明有些北碑戈戟森然，实由刻手拙劣，绝不是毛笔书写的原来面目。刻字工师，左手拿小凿，右手用小锤击送，凿刀斜入斜削，自然多棱角，只有好手才能刻成圆势。"参见沙孟海：《书法史上的若干问题》，《书谱》1980年第7期，第4页。

[3] 董其昌《画禅室随笔》云："古人论书以章法为一大事，盖所谓行间茂密是也。余见米痴小楷，作《西园雅集图记》，是纨扇，其直如弦。此必非有他道，乃平日留意章法耳。右军《兰亭序》章法为古今第一，其字皆映带而生，或大或小，随手所如，皆入法则，所以为神品也。"

不可简单视为没有笔墨痕迹的空间，而是行气、透气、通气的有意味的形式。《庄子·知北游》云"人之生，气之聚也。聚则为生，散则为死"，书法作品之气通过笔墨的流动而流动，黑、白或虚、实共同构成气场，即精神空间。换而言之，中国书法的空间建构是由可见的、外在的形态与隐含的、内在的形态共同构成的。

董其昌《画禅室随笔》还提出将墨法融于笔法之中，"字之巧处在用笔，尤在用墨，然非多见古人真迹，不足与语此窍也"。董其昌提倡墨色随用笔而自然变化，润而不枯，实中有虚，他的作品因此具有禅意。沈曾植云："自宋以前，画家取笔法于书；元世以来，书家取墨法于画"，"元人墨薄于宋，在浓淡之间"。[1] 元明以后，用墨作为书法语言的创新，屡有收获。如杨维桢的枯槁用墨与皴擦用笔相结合，产生了叛逆奇崛的效果；王铎的"涨墨法"夸张地表现了墨色的浓淡干湿变化、墨和水在宣纸上的自然晕化；清代的"浓墨宰相、淡墨探花"，指的是刘墉和王文治的不同用墨方法；当代林散之将黄宾虹绘制山水画时的宿墨法借用于书法创造中，利用生宣的吸墨性能形成了笔、墨、纸三种材质的交互表现力，"林散之书法的奥秘就在于层出不穷的墨相"。[2] 用墨用得好，用笔的过程悉可展现，作品的层次更为丰富，形成了具有画境的立体空间感。刘熙载《艺概》总结云："笔为性情，墨为形质"，"书以笔为质，以墨为文，凡物之文见乎外表，无不以质有其内也"。笔、墨皆为介质，笔不离墨，墨不离笔，形质、神采相依相存。

从审美传统来看，对书法的媒介研究不可局限于社会领域，不可忽视人与宇宙生命的交流。从形质到神采的审美认知，通过对"笔墨"的编码－解码形成了书写和阐释的有效互动，体现为不同主体的相互促进、转化。对形质的表现与对神采的凝视隐含着信息传输的生命特征和语义元素，建立了形质与神采的内在一致性，而古人所谓的"败笔""恶法"则意味着噪音和干扰，需要通过技艺的过滤和精神的澄明进行排除。区别于技术媒介和现代媒介的是，作为书写媒介的书法在文本和内容表现上具有抽象性，"纵横可象"显现的并非具体的能指或固定的形式，故而可以书写无限可能，阐释无限可能。书法的审美传统建立于不同主体之间的共感、共享之上，这是书法审美的主体间性特质。

1　沈曾植：《海日楼札丛·海日楼题跋》，辽宁教育出版社1998年版，第321页。
2　陈忠康：《中国书法源流十讲》，上海书画出版社2020年版，第174页。

第二节　出入法度：作为媒介基础的"技艺"的体验与复现

　　书体定型之后，书法的创新趋势，在于风格变化或媒介语言的变化，其关键在于如何处理共性与个性的关系。简而言之，法度是共性，"陌生化"是个性，然而个性又可以被开放的共性所容纳。按照基特勒对于文化技艺的理解，技艺构成了媒介基础和操作基础，共性是群体性的文化操作链或媒介网络，作为媒介的书写技艺不断在更迭，不同书风是技艺的不同变体，而出入法度则是技艺的不断体验与复现。媒介考古学将"技艺"区别于"技术"，将书写媒介区别于技术媒介，强调的是生命性书写、自然性书写的主体价值，以诗意解蔽批判机械复制。李可染曾说"用最大的功力打进去，用最大的勇气打出来"[1]，所谓变革，在于出入传统法度之间，如果不能"打进去"，就无法"打出来"，这个道理可表述为"与古为新"。所谓与古为新，就是不断回到书法的本体，不断回到传统的源头，善于发现新元素，善于获得新启发，善于融会古今之变，善于创造独特个性。

　　如何处理文化断裂与文化接续问题？前文指出，中国书法经典是共时性的"想象的共同体"。沙孟海提出"穷源竟流"的学习方法，即寻访与追随经典书迹，通过对书写媒介的体验将技艺内化于己或曰主体性递归。技艺是审美参与、文化实践和知识传播的中继器。

　　古人学习书法的技艺路径，以摹古出新、集古出新为典型（图3-2、图3-3）。本书论述临摹时，举了米芾集古的例子。米芾之前，有智永临王羲之作《真草千字文》、沙门怀仁集王《圣教序》的例子，米芾之后，有董其昌集字的例子。董其昌在《画禅室随笔》中介绍："晋唐人结字须一一录出，时常参取，此最关要"。集古字是一种系统性的学习方法，元代赵孟頫系统学习晋唐传统，羲、献书帖凡数百过，写智永千字文亦以百数，用心极勤，反复身体力行，久而玩味而后自出机杼。明代王世贞在《弇山堂别集》中称誉赵孟頫"上下五百年，纵横一万里，复二王之古，开一代风气"。赵孟頫称得上是帖学传统的集大成者，董其昌自述"余年十八学晋人书，便已目无赵吴兴，今老矣，始知吴兴之不可及也"，董其昌曾经认为赵书因熟而俗，至晚年才体悟到其炉火纯青的精雅之美，而不是字字独立、亦步亦趋的简单临仿。赵孟頫在书法史的意义，在于其光复晋唐的技法、形式之美，接合了传统，扭转了书风的颓废之势。中国古人讲究取精用宏，意与古会，秉持的就是守正而创新、借古以开今的理念。

---

[1] 李可染：《李可染画展前言·我的话》，收录于李松：《李可染》，天津杨柳青画社1995年版，第185页。

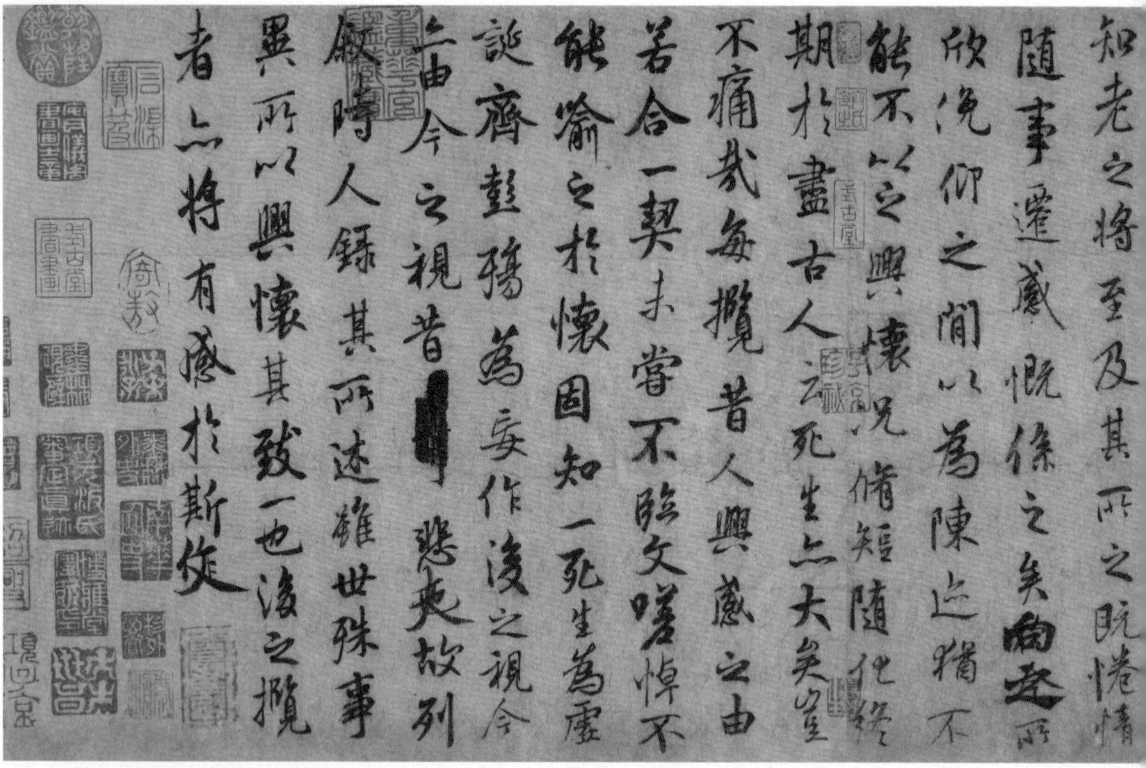

图 3-2　唐 · 褚遂良兰亭摹本

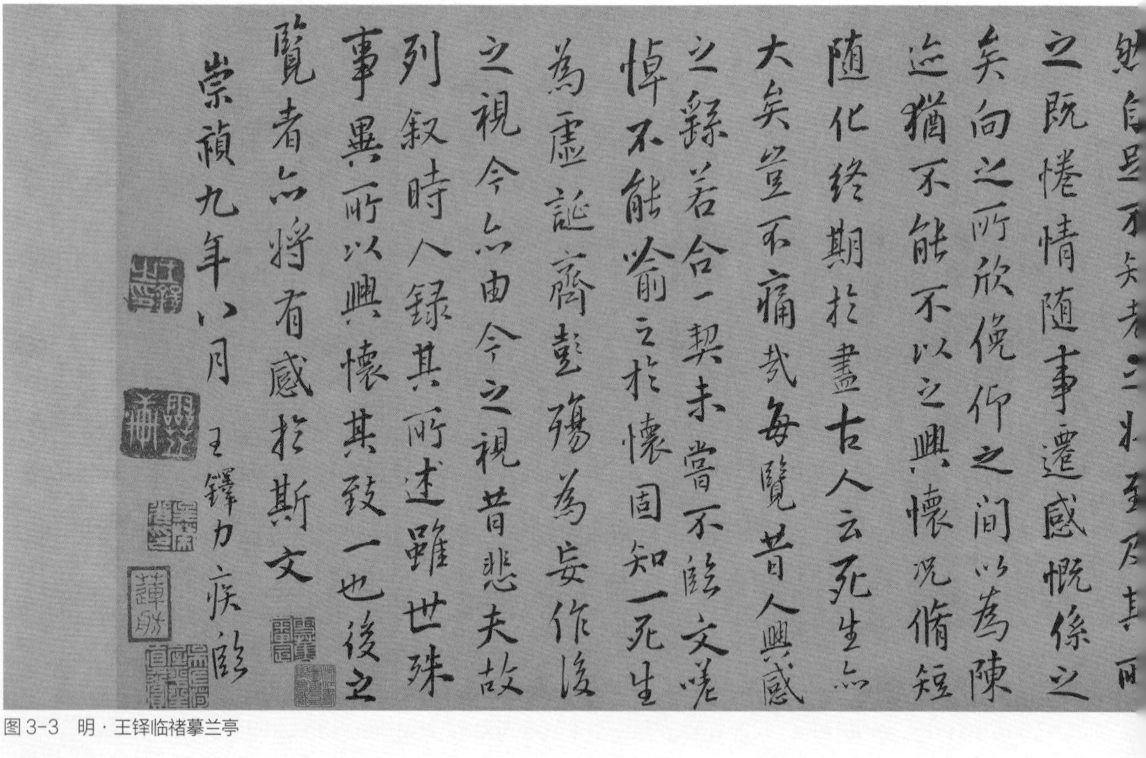

图 3-3　明 · 王铎临褚摹兰亭

褚摹王羲之蘭亭帖

永和九年歲在癸丑暮春之初會
于會稽山陰之蘭亭脩禊事
也群賢畢至少長咸集此地
有崇山峻領茂林脩竹又有清流激
湍暎帶左右引以為流觴曲水
列坐其次雖無絲竹管弦之
盛一觴一詠亦足以暢叙幽情
是日也天朗氣清惠風和暢仰
觀宇宙之大俯察品類之盛
所以遊目騁懷足以極視聽之
娛信可樂也夫人之相與俯仰
一世或取諸懷抱悟言一室之內
或因寄所託放浪形骸之外雖

王羲之蘭亭前序褚遂良
奉勅摹絹本

永和九年歲在癸丑暮春之初
會于會稽山陰之蘭亭脩禊
事也君羣賢畢至少長咸集此
地有崇山峻嶺茂林脩竹又有
清流激湍映帶左右引以為流
觴曲水列坐其次雖無絲竹管
絃之盛一觴一詠亦足以暢叙
幽情是日也天朗氣清惠風和
暢仰觀宇宙之大俯察品類
之盛所以遊目騁懷足以極視
聽之娛信可樂也夫人之相與
俯仰一世或取諸懷抱悟言
一室之內或因寄所託放浪形

张金梁用"上窥""下探"概括董其昌临习经典而接通源流的经验。[1] 董其昌自述,"余每临怀素《自叙帖》,皆以大令笔意求之",以王献之笔意理解怀素笔法的由来,即从怀素上窥至王献之。董其昌又说,"予以虞书入永书,为此一家笔法,若退颖满五簏,未必不合符前人",这是由智永下探到虞世南。董其昌的融会贯通之法,是对中国书法经典的自觉解读方式,不仅借此提高了临习水平,脱去了摹仿之迹,将古意化为己意,而且构建了中国书法史的经典形象和源流系统,对于后来者的启发意义极大。董其昌自谓"余非能书,能解之耳",但凡能解者,皆可入佳境,此与禅宗"参活句"一样,活学活用,通会自如。所谓"能解"和"上窥""下探",就是共情所揭示的主体间性或者复数主体。主体间性或者复数主体的存在是"与古为新"得以不断演化的前提,由此形成了历史文化的感知模式。

清代中期以后碑学兴起,有一种方法是发掘新资源,同样是集古成家。书家们的视野大为开阔,面对新发现的取法资源,各取所需,化为己用,并进行各自阐释。[2] 清代名家从甲骨、吉金、石鼓、诏版、封泥、瓦当、简牍、缣帛、钱币、碑额、摩崖、墓志、造像、写经等各种媒介所承载的文献中打开了无限丰富的书法传统资源,不仅于篆隶书写上集古出新,而且融合碑帖的技法、气息、意境,一扫审美疲劳之势,创造了新的变体乃至新的经典。

在发掘资源上,中国历代书家以"取法乎上"为眼光、心法。南宋严羽《沧浪诗话》讨论学诗境界,亦取其法:"学其上,仅得其中;学其中,斯为下矣。"学书最好的方法是取法经典,为了走捷径而取临摹某些并未成为经典的冷僻之作、生涩之作,很容易走弯路。康有为所谓"穷乡儿女造像"也"无不佳者"的说法,应以批判眼光对待,学习魏碑仍应有所选择。沙孟海指出,"康氏访购大量碑版,纵览汉晋南北朝一系列的墨拓,想利用那批旧时代并不重视甚至无人赏识的资料,大力宣传,来挽救当时书法界的不景气现象,也是风会使然,有过相当大的贡献。由于他面临新事物,产生激情,矫枉过正,主张太过,结果说成'凡碑皆好'","这样一刀切,便成偏激之论,非公允之言"。[3] 古人的东西不可能"无不佳者",如果不分优劣精粗,就不可能取法乎上,甚至只会落到下下地步。

被称为"大字之祖"的《瘗鹤铭》(图3-4)的发掘堪称传奇。唐代天宝年

---

[1] 张金梁:《论董其昌临书四境界》,《中国书法》2016年第5期,第158-173页。
[2] "原先专注于赵宋汇帖的视线,一旦扩大到三代器铭汉魏刻石,就给书法家们展现了形式技巧及其思想方法的崭新生长点。粗犷、凝重、质朴的碑味,书旨、刻工和自然风蚀融为一体的奇趣,与不断雅化的文人书法迥然相异的庶民情调,毋须顾及实际功用而纯粹出于笔线造型需要的古文字载体,以及由朴学以实物证史之风所推动的对大量出土文物的新发现和新阐释,无不成为人们自由取用的参照。"参见卢甫圣:《中国书法史观》,第249页。
[3] 沙孟海:《近三百年的书学》,第92-93页。

图3-4 南北朝·《瘗鹤铭》残石

间,摩崖刻石《瘗鹤铭》下半部遭雷击而坠江。宋人将未毁坏的上半部进行了翻刻。清康熙年间,有五方残石打捞出水。2008年和2010年,江苏省镇江市又打捞出几方残石。虽然其书作者不详,有作者系王羲之、陶弘景、不具名隋人、不具名唐人诸说,而且各种拓本有真伪之辨,但是隋唐以来历代书论皆将其列作大字楷书的典范,认为它是南北书风的融合,笔画饱含篆隶之高古。黄庭坚、欧阳修、王世贞、何绍基、王澍、翁方纲、康有为等皆视之为神作,其中黄庭坚取法甚多,董其昌认为黄庭坚"得笔于《瘗鹤铭》其欹侧之势,正欲破俗书之媚"。在不同语境下对传统的发掘和阐释,不断推动了经典媒介化的意义再生产。

从前人经典中获得新启发,于后来者而言,一方面是技艺素养上汲取前人精华,在人格素养上接续文化传统,即打通字内功夫、字外功夫,另一方面是强化主体审美意识和时代审美需求,将前人经典的某些个点串接成线,转化为有意识的、被放大的形式语言,转化为契合当下的书写情境、书写价值的共享界面。以"意临"为例子,所谓意临,不求全似,而是求前人经典的一部分,或笔法,或结字,或章法,

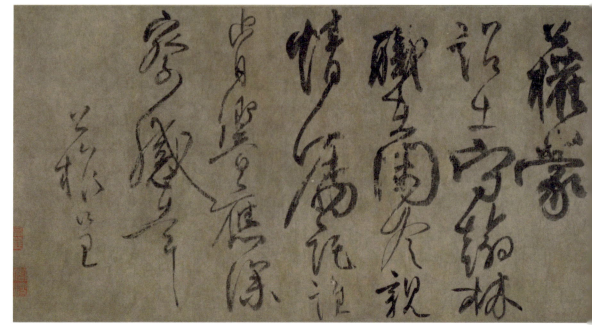

图3-5 唐·柳公权《蒙诏帖》

或气韵,董其昌谓之"哪吒拆骨还父,拆肉还母"。历代书家临兰亭的作品,几乎都是各取所需,以米芾临兰亭为例,他侧重于学习王羲之笔法,故而化行为楷的特点十分突出。明祝枝山说,老米临兰亭完全不缚律,祝枝山认为米芾是在取气韵、精神,得于神而不是得于形。以形而言,意临不是仿形而是变形。又如王铎临兰亭,也是化行为楷,同时加入了许多颜真卿的笔意,笔笔实而重骨力,有金石气,字形、章法大有不同。再观摩柳公权的行书《蒙诏帖》(图3-5),可以看出受王羲之、王献之的影响很深。非常可贵的是,他夸大了王羲之"一拓直下"的笔法和王献之"一笔书"的行笔方式,入笔自由快捷,行笔连绵贯通,王羲之、王献之的线条相对简短,而《蒙诏帖》的线条有意拉长了。这一创新,在书法史上是具有节点意义的。宋人笔法拉长线条的很多,苏轼、黄庭坚、米芾的笔下都可见波澜起伏,神驰意纵,其中有《蒙诏帖》的影子。善用长线条,在章法上既形成了开合对比,又形成了字群段落,富有特殊的节奏感。大凡有价值的个性创新,皆为后人所借鉴吸纳,故而成为新的经典,另开源流。

对于书法史上的名家而言,他们一方面善于概括、吸收书法审美的共性,另一方面能够融入自己的个性,这是"与古为新"的方法论运用。智永有意传承、传播七世祖王羲之的笔法,其目的乃继承性大于创造性,但是不经意间风神独具。[1]这种空疏、淡远的气质,得于禅意,故能脱俗。又如孙过庭《书谱》的草法,后世视为经典,米芾《书史》赞"孙过庭草书《书谱》甚有右军法。凡唐草得二王法,无出其右",本来孙过庭有意强调右军法的理性、规范,从《十七帖》中绍继而来,但是笔锋转换精到,提按、转圜灵动自如,实现了自己所主张的"在一画之中,令笔锋起伏变化;在一点之内,使毫芒顿折回旋"的个性意图。

不同时代,人们对技艺或法度的认识理解亦有不同,关键在于认识理解何以为法度、其原理何在。如果恪守前人的一笔一画、一招一式,不敢越雷池半步,那就是生搬硬套"死法",不能取源头活水。书写是一个生命展现的过程,故而古人强调书写的身心生动。苏轼《书论》云:"书必有神、气、骨、肉、血,五者阙一,不为成书也。"以人的生命体喻书的精神性,可上溯至传为卫夫人作的《笔阵图》中的论述:"善笔力者多骨,不善笔力者多肉;多骨微肉谓之筋书,多肉微骨者谓之墨猪。"也就是说,法度、技艺应合乎身心协调、身心解放的需要,"近取诸身,远取诸物"不仅是汉字构形的取象法则,而且是从身体出发,将身心同天地万物统合起来的精神秩序或主体间性。东汉崔瑗《草书势》云:"观其法象,俯仰有仪",概括了法度的两个面相:一是法象,即纵横有象之谓也;一是仪态,即人的风度精神之谓也。技艺反映了身心与自然、宇宙的协调关系。

人们借由名家名作而认识理解技艺,而"名作成为名作不全是因为形式构成等方面的贡献,是社会、文化等合力的结果"[2],钱穆指出,"非通中国人文之妙,宅心之深,何可言书法?"[3]主体不唯是具身的、个性的主体,也是传统的、历史性的主体,这也在现象学的复数还原的意涵之中。只有具备深厚的人文素养,才能领悟前人书法经典之佳处,进而理解技艺所蕴含的人文价值及其合理性。

前人经典所塑造的技艺或法度,映射的是书法审美的共性价值,不仅包括技术规律和书写规范,而且包括文化认同和精神共识。融通技艺,出入法度,意味着理解、遵循、实践了这些共性经验,如果达不到基本的美学要求,基础就被抽空了。法度标示了书法的技艺难度。对于审美接受而言,判断技艺高下,先看书写者对于法度的驾驭能力,也就是说,先入法才能后出法。出法即体现书写者的个性风格,所谓"法无定法",是能够将前人法度进行高度概括、高度融会、高度

---

1 对智永传承、传播右军笔法,苏轼评价云:"永禅师书,骨气深稳,体兼众妙,精能之至,反造疏淡。如观陶彭泽诗,初若散缓不收,反复不已,乃识其奇趣。"何绍基评价云:"智师千文,笔笔从空中落,从空中住,虽屋漏痕,犹不足以喻之。"
2 邱才桢:《书写的形态:中国书法史的经典瞬间》,北京大学出版社2019年版,第2页。
3 钱穆:《现代中国学术论衡·略论中国艺术》,九州出版社2011年版,第248页。

提炼，创造出具有个人辨识度的面貌样式，体现出具有情感表现力的品位格调，得心应手，自成一家。对于个性风格的品评、鉴赏，仁者见仁、智者见智，但是必须"有我"，即彰显主体性。清代有一桩公案。戈仙舟是刘墉的学生，也是翁方纲的女婿。翁方纲问戈仙舟："你老师的字，哪一笔是古人的？"刘墉听到后反问戈仙舟："你岳父的字，哪一笔是自己的？"翁方纲的书法讲求"笔笔有来历"，但一味法古，包世臣讥讽云"只是工匠之精细耳"。这桩公案说明，共性和个性兼具或曰"与古为新"才是书法取法经典的技艺追求。

出乎法度，意味着有破有立，破旧法程式，立新法创意。这个过程，不唯是具身的、技巧上的、才情上的，更深层的动力来自思想文化上的时代革新，所以"既是图形的，又是语义的；既关乎生命形态，又关乎文化制度；既用于自我表现，又卷入社会生产"。[1] 图形是时间的凝结，语义是时间的流动，所谓媒介深层时间，乃是古今贯通的时间、语义流动的时间。对于既已形成社会审美共识的前人法度，既要理解其图形特质，又要理解其语义内涵，其语义内涵不仅是个人生命形态的表现，还包括社会文化生产的表征，这是由书法的社会属性所决定的。

以王羲之在唐代的影响为例。李世民推崇王书，以帝王身份撰写《王羲之传论》[2]："所以详察古今，研精篆、素，尽善尽美，其惟王逸少乎！"唐太宗还广泛征求王羲之墨迹，命人双钩复制，分赐诸王。唐初弘福寺沙门怀仁集王羲之书，写太宗《圣教序》和高宗《述圣记》，勒石立碑，这是体现王羲之字形最多的作品，扩大了王羲之书法的传播力和影响力。唐初著名书法家欧阳询、虞世南、褚遂良、薛稷无不学王，五代南唐国主李煜在《书评》中说："善法书者，各得右军之一体。若虞世南得其美韵而失其俊迈，欧阳询得其力而失其温秀，褚遂良得其意而失其变化，薛稷得其清而失于拘窘，颜真卿得其筋而失于粗鲁，柳公权得其骨而失于生犷，徐浩得其肉而失于俗，李邕得其气而失于体格，张旭得其法而失于狂，献之俱得之而失于惊急，无蕴藉态度。"

王羲之被尊为"书圣"，见于唐人书论，如欧阳询《用笔论》云"冠绝古今，唯右军王逸少一人而已"，李嗣真还做出了"书之圣""草之圣"的评语[3]。但是，盛唐、中唐时期，也出现了批评王羲之的声音，如李白诗《鲁郡尧祠送窦明府薄华还西京》

---

1 卢甫圣：《中国书法史观》，第139页。
2 贞观二十二年，房玄龄、褚遂良等奉敕修《晋书》。李世民撰《王羲之传论》。王羲之《兰亭序》全文也收录于其中。
3 李嗣真《书品后》云："右军正体如阴阳四时，寒暑调畅，岩廊宏敞，簪裾肃穆。其声鸣也，则铿锵金石；其芬郁也，则氤氲兰麝，其难征也，则缥缈而已仙；其可觌也，则昭彰而在目：可谓书之圣也。若草行杂体，如清风出袖，明月入怀，瑾瑜烂而五色，黼绣摛其七采，故使离朱丧明，子期失听，可谓草之圣也。"

质疑道:"兰亭雄笔安足夸!"李白《草书行歌》甚至直接诘问:"王逸少,张伯英,古来几许浪得名?"又如韩愈诗《石鼓歌》批评王羲之书法是"俗书",失于"姿媚":"羲之俗书趁姿媚,数纸尚可博白鹅。"张怀瓘在《书议》中批评王羲之草书"有女郎之才,无丈夫之气,不足贵也"。为什么此间对王羲之书法形成了尖锐的批评呢?应与社会文化生产有关。张旭、怀素的狂草代表了那个时代的浪漫主义气象。李白学怀素,他留下的草书作品《上阳台》,后来被宋徽宗赵佶评价为"不觉人物两忘,身在世外,一帖字画,飘逸豪气雄健,乃知白不特以诗鸣也"。狂草打破了今草的法度,开创了激情浪漫的风气,这与社会文化的大融合潮流是相关的。孙过庭《书谱》云"随其性欲,便以为姿""达其情性,形其哀乐",对此,李泽厚在《美的历程》中指出:"这一抒情哲理的提出,也预示着盛唐书法中浪漫主义高峰的到来。"[1]另外,张怀瓘《书断》认为,草书"以风神骨气者居上,妍美功用者居下",强调风神骨气的阳刚之美,贬抑妍美功用的阴柔之美。狂草的大开大合、歌哭哀乐所表现的审美品格超越了讲求书礼、优雅闲逸的实用功能。这也说明,士族门阀的文化优势和审美趣味被消解了,盛唐文化的一个重要特征是打破雅俗之别,更为包容开放,过于精致的艺术反而得不到社会认同。胡汉杂糅的文化格局并不接受南方士族以纤细、妍媚为美的观念。我们今天观看盛唐、中唐时期的绘画如《簪花仕女图》《虢国夫人游春图》《都督夫人礼佛图》,便可与宋人感受一致:"昔韩公言曲眉丰颊,便知唐人所尚以丰肥为美"[2]。洛阳龙门石窟中的佛像,也是如此,给人一种威严又可亲的形象。而在初唐的绘画如《步辇图》中,女性形象娇小瘦削,还没有脱离魏晋时期的审美风格。这也便于我们理解颜真卿雄奇开张的新法,取代了王羲之优游精谨的古法。于是,对颜真卿的阐释又回到了"与古为新"的范式,颜真卿书法的篆籀气得之于古人,但是他创造了帖学的新变体,开启了时代新风气。

  捕捉作为媒介的技艺之复现性和递归循环,能够打开新的想象,这体现了媒介考古学的深层时间意识,技艺的生成性与生产性意义不言而喻。对技艺的体验和复现,引导书写者从书法的形质(图像语言)感悟书法的神采(精神语言),从文化操作感悟生命实践。媒介考古学并不是否定媒介历史的接续,而是否定单一源头的线性书写,中国书法经典演化的"与古为新",恰恰是多源头甚至源流互济的,没有预设,也没有边界,在参与社会文化变迁中始终不忘同自然、宇宙的连接,始终不忘形而上的存有统一。

---

1 李泽厚:《美的历程》,生活·读书·新知三联书店2009年版,第139页。
2 宋人董逌跋唐人周昉《按筝图》。

第三节 书风流派：媒介主题的"变体"和流动

西方媒介考古学将媒介文化的演变理解为"技术－历史事件"，比如齐林斯基认为"技术－文化－主题是三位一体的"[1]。如果将不同的书风理解为不同的书写技艺，或者理解为齐林斯基所说的媒介主题的"变体"，就可以从当下回到历史语境中，追踪不同书风的发展轨迹，思考一代又一代新经典的创造者是如何试图突破"风气囿人"的时代表征，又是如何回到历史渊源，使传统流动起来的。维维安·索布切克指出："媒介考古学把自己描述为一种特殊的历史类型。尽管它表面上是拒绝叙事化的，但它在深层结构上是情节化和形式论证的，且有着意识形态的蕴涵。"[2]这里所说的情节化模式，是"把历史在当下存在的'现实'作为一种'在场'的效应"[3]，即媒介的多样性跨越了过去、当下和未来的隔阂，激活那些先前被忽视的"技艺"在可操作的实践和知识上的历史传递和"在场"可能性。这里所说的形式论证，目的是"识别存在于历史领域内客体的独特性"，"描绘出历史领域的多样、多彩与活力"[4]。这里所说的意识形态蕴涵，是自由主义的、反建制的，是对异质性的探求，对被教化的抵御。[5]

启功《坚净居杂书》云："风气囿人，不易转也。一乡一地一时一代，其书格必有其同处。故古人笔迹，为唐为宋为明为清，入目可辨。"[6]人是时代的产物。一个时代最显著的人物，往往最能代表那个时代的风气，所谓开一代之风气者，实则为敏锐地感受一代之风气、表现一代之风气者，因此能得到广泛认同，引起群体呼应。有了广泛认同和群体呼应，就汇合为大潮和流派。南朝梁刘勰《文心雕龙·时序》云："文变染乎世情，兴废系乎时序。"刘勰指出，文艺的演变有着社会语境、历史时空的差异，不能脱离世情而空谈文艺，文艺不可能独立存在于世情之外，其兴废是时代转换的反映。因时文变，书法亦然。沙孟海说："唐朝人离不开唐朝的风格，宋朝人离不开宋朝的风格，这是时代风格。中国人离不开中国的风格，日本人离不开日本的风格，这是民族风格。"[7]时代风格、民族风格积淀为

---

1 埃尔基·胡塔莫、尤西·帕里卡：《导言：媒介考古学的考古》，收录于埃尔基·胡塔莫、尤西·帕里卡编：《媒介考古学：方法、路径与意涵》，第 10 页。
2 维维安·索布切克：《后记：媒介考古学与昨日重现》，收录于埃尔基·胡塔莫、尤西·帕里卡编：《媒介考古学：方法、路径与意涵》，第 319 页。
3 同上，第 320 页。
4 同上，第 321 页。
5 同上，第 321-322 页。
6 启功：《坚净居杂书》，《中国书法》1986 年第 4 期，第 2-6 页。
7 沙孟海：《书法史上的若干问题》，《书谱》1980 年第 7 期，第 4 页。

传统，于是他接着说："丢开传统，是不可能从空中掉下一个新风格来的。"[1]用今天的话讲，是"迭代"；用古人的话讲，是"长江后浪推前浪，浮事新人换旧人"。一个浪潮接着一个浪潮，没有前浪就没有后浪，没有传统就没有创新。沙孟海指出，新风格的形成依靠的是集体努力、约定俗成，这是极具有历史眼光的，书法经典的形成依靠的不唯是为数不多的代表性书家，不唯是孤立的重要事件，只不过是代表性书家、重要事件成为了书法史书写的节点和书法经典演化的标志。当然，书法艺术的演变不能用进化论来解释，新人不一定超越旧人，更不可能取代旧人。

中国书法史上书风流派的丰富多样的变化，是在实践和操作层面突破传统规定性，体现海德格尔所说的"去蔽"的"技术""艺术品"的在场显现，让神秘、隐蔽的东西出场了，真理发生于语言之中，书法通过千变万化的语言敞开了本真的世界。这是从艺术哲学角度来理解的。西方媒介考古学以"文化技艺"解释书写媒介，受到了海德格尔的影响。"基特勒曾经指出打字机的操作强调打字员做到'得心应手'，人的身体和打字机构成了同一性的'整体技艺'，即便打字机在最初发明之际被看作对人的手写能力的分割，但专业的打字员在与机器的长期交互、磨合中，反而形成了'人机一体'的媒介实践情形。这印证了海德格尔论及打字机时所谈及的'关系整体'的观点——打字机并非物自身，也非活动自身，'毋宁说表示物和人之间的一种源初的、不可分的关系整体'；它并不意味着人的行为，而是一种'统一的方式'，即人如何在其每次行动中，'被置入同现成在手之物的关联中'；这种关联就是'文化技艺'理论中对人和技术'共在'关系的另一种描述。"[2]中国书法的具身性书写，更是人的身体与笔墨构成同一性的"整体技艺"，故而古人以"得心应手""人书合一"为理想境界。

与此同时，笔者仍然认同历史情境论的形式，刘勰因时文变的历史观并非虚幻的在场效应，以此理解传统、经典，需要面对以下问题：其一是如何理解时、文的关系，其二是如何理解传统的断裂与接续，其三是如何理解个体作用与集体作用，其四是如何展开对传统的批判，其五是如何理解主体的自觉。

首先讨论时、文的关系。人们往往以历史的后视镜去理解前人所在的时代，也就是说，不可避免地带着当下的观念去观看历史，而不可能完全真实地回到历史语境中。比如说，后人理解王羲之以及王羲之所处的时代，必然带有目的，投射自己所处的时代的人文价值。历史学家玛格丽特·麦克米伦指出，"历史是一种强化想

---

[1] 沙孟海：《书法史上的若干问题》，第4页。
[2] 吴璟薇、高山：《中文打字机与内部出版变革：媒介技术实践与媒介考古》，《现代出版》2022年第6期，第19-31页。

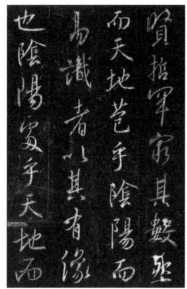

图 3-6　宋拓《集王圣教序》

象的共同体的方式"[1],我们借此理解王羲之,就会发现王羲之书风已经成为后人想象的共同体,有关王羲之书风的流传也已经成为故事的叙述,"如果一个记忆太过频繁地被提起、被塑造成一个故事的话,这些记忆很可能会慢慢变成人们认知中固定的刻板印象……人们往往会对那些记忆进行美化、润色,用更完美的记忆取代那些最原本的记忆,并且以这段记忆为代价获得生长"[2],所以,对王羲之书法艺术的理解很容易被简化为某些固定的刻板印象,忽视王羲之书法艺术的多样性与丰富性,忽视王羲之同时代书家书法艺术的多样性与丰富性,而这些恰恰都是体现魏晋书风、笔法共性的重要传统。后来帖学走向衰落,有一个很重要的原因是片面地想象王羲之的书风和笔法,片面地获取帖学传统资源,甚至将王羲之书风和帖学传统进行了窄化、僵化、同质化的改写。这正是媒介考古学所主张的对既定媒介配置的反抗和对话语的反抗,与此同时关注另类媒介以及媒介与想象力的关系。[3]

关于《集王圣教序》(图 3-6),西方有学者认为,这件作品只是基于字迹的"挑选、凑集和复制","与书法直觉的个人艺术创作无关"[4]。虽然《集王圣教序》并非王羲之真迹,人们所需要的是对于王羲之书风的共同想象或者说作为帖学权威的

---

[1] 玛格丽特·麦克米伦:《历史的运用与滥用》,孙唯瀚译,广西师范大学出版社 2021 年版,第 69 页。
[2] 玛格丽特·麦克米伦:《历史的运用与滥用》,第 45 页。
[3] Simone Natale.The history and the Antiquarian: Erkki Huhtamo's Media Archaeology[J].Cinemas, vol 25, No.2-3, 2015:185-194.
[4] 毕罗:《尊右军以翼圣教》,四川人民出版社 2020 年版,第 172 页。

《集王圣教序》的共同想象。事实上，《集王圣教序》已经成了中国书法经典，虽然王羲之的许多尺牍作品也有"下真迹一等"的复制品流传，但是《集王圣教序》被反复临摹，关于《集王圣教序》的故事叙述也不少，而王羲之的许多尺牍作品被有意无意地忽视了。王羲之在书法史上的地位被确立为高峰是在唐初，学习王书而把字迹临摹作为根本的方法也是在唐初。这就难免造成对王羲之书法与他所处时代的关系的忽视。

那么，有人会问：既然"与古为新"强调经典的共时性，为什么又要讨论经典的时代性呢？经典的时代性与经典的共时性不是对立关系，那些能够为不同时代所共同接受的审美特质是经典得以流传的重要因素。这里讨论经典的时代性，并非着意于以时代风貌论长短，而是注意到如何从不同时代的书法风貌中取长补短，并且理解不同时代之所长得以形成的条件，特别是社会语境、人文风尚、精神价值。清代梁巘云"晋尚韵、唐尚法、宋尚意、元明尚态"，虽然这种简单的划分并不能概括历代书风的时代性，但是不可误读为韵、法、意、态各有高下长短，应该视此四者皆为重要的审美维度，此四者皆能经受时间考验并能够被阐释为丰富的含义。

以明代书法为例。刘小晴对明代书法史有一个比较清晰的概括[1]，肯定了明人书尚"态"以及"态"的美学意义，并且分析了为何尚"态"、何以尚"态"的时代特征。在这里，笔者补充阐释一点，刘小晴所说的明代书法家群体，或者一时之社团、流派，受到地域、师承等关系影响，他们的书法艺术会表现出某些共性，即艺术观念、艺术风格、艺术手法等方面的大同小异。玛格丽特·麦克米伦在解释历史对人的影响时说，"当然历史也会影响我们身份认同的形成。每当一个新的自我认同方式出现时，就会有一个新的群体出现"[2]，每一个时代的书法家都会受到历史的影响，书法家在其所处的时代并不是一个单独的个体，而是群体的交集，需要寻求文化身份的认同，也需要寻找与自己声气相通的对象，当他们形成一个文化群体之后，也必将影响同时代人甚至影响书法史。由明代书风之变可以窥见知识群化或群体操作链的传播效果。

其次讨论传统的断裂与接续问题。以章草的书体传承与书风演变为例。

---

[1] 刘小晴指出："纵观明代书法，大致可分为三大时期，初期以三宋（宋克、宋璲、宋广）二沈（沈度、沈粲）为代表；中期则有'吴中三子'（祝允明、文徵明、王宠），因三子皆吴（苏州）人，一时有'天下法书，皆归吴中'之称；晚明则以四家（邢侗、张瑞图、董其昌、米万钟）及明末三家（黄道周、倪元璐、王铎）为代表。明代书风，尤以行草与小楷见长。行草多巨幛大幅，以章法气势取胜，极淋漓酣畅之致，表现出一种纵逸多姿、豪迈奔放之时代气息。至于小楷，缘明初有馆阁柔媚之习，虽开馆阁之渐，然至中叶诸家，又上追魏晋，表现出一种醇古雅逸之书风，亦足自振。以整体观之，明人书尚'态'。态者，姿态跌宕，纵逸豪放，气势磅礴，率意驰情者也。明人行草笔意不及宋人精到，法度不及唐人森严，气韵不及晋人高雅，然通篇之气势则前所未及，继元末之衰微，书风又为之一振。"参见刘小晴：《中国书学技法评注》，第424页。
[2] 玛格丽特·麦克米伦：《历史的运用与滥用》，第69页。

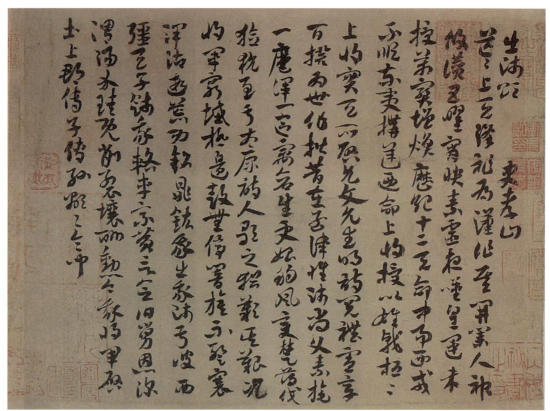

图 3-7 晋·索靖《出师颂》

张怀瓘《书断》云:"迨乎东晋,王逸少与从弟王洽变章草为今草,韵媚宛转,大行于世,章草几将绝矣。"他认为作为重要的书法传统,由于王羲之、王洽创造了新书体今草,创立了韵媚宛转的新书风,章草面临几将绝矣的境地,这就关系到可能断裂的传统之接续问题。章草之所以重要,是因为它在书体演变和书风演变的历史过程中不可绕过。它由隶书发展而来,对于草书的出现、楷书的出现都产生了重大影响,是标志性书体,通过"删难省烦,损复为单"[1]而趋于简便、易知易行,从隶书、草隶到章草、今草,以及字形规范的楷书和介于草、楷之间的行行,章草是一种过渡性的形态。在章草诞生并逐渐成熟的过程中,在张芝的影响下,北方出现了以索靖、卫瓘为代表的著名书法家。索靖(图3-7)是张芝姊之孙,曾为尚书郎,与尚书令卫瓘俱善草书,皆学张芝,并称为"一台二妙",晋人有"瓘得伯英筋,靖得伯英肉"的评价。南方出现了琅玡王氏南渡后的杰出书法家王羲

---

[1] 赵壹:《非草书》,收录于华东师范大学古籍整理研究室选编校点:《历代书法论文选》,上海书画出版社1979年版,第2页。

之、王献之，在后世看来，这是书法艺术走向自觉的标志，即从实用书写走向审美书写，所谓"古质今妍"标准的确立也是在此过程之中。书体演变和书风演变一时导致章草几将绝矣，这与因时文变显然是相关的，然而中国书法不断重复"与古为新"的叙事方式：虽然章草不再是书法创作的主流书体，但是后世不断有人从章草中汲取养分。如元代赵孟頫倡导学习章草而复古求新，邓文原、康里巎巎有意取章草笔意。明方孝孺《逊志斋集》卷十八《题宋仲珩草书自作诗》云："近代善书尤著者，称吴兴赵文敏公，及康里子山。"明潘之淙《书法离钩》卷七云："元人自赵吴兴外，鲜于伯机声价几与之齐，极圆健而不能去俗，邓文原有晋人意而微近粗，巎子山有韵气而结法少疏。然是三人者，吴兴之流亚也。"虽然邓文原、康里巎巎不能与赵孟頫比肩，但是他们都有追溯晋人的意图，是元代书坛的佼佼者。明代宋克以硬毫作章

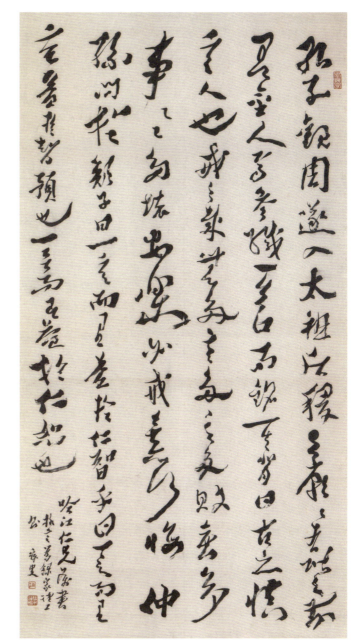

图 3-8　清·沈曾植草书《孔子家语》

草，遒劲舒展。黄道周的草书也参杂了章草写法，于折笔和捺脚处流露较多。刘熙载《艺概·书概》云"章则劲骨天纵，草则变化无方"，简明扼要地概括了章草的特点。近人嘉兴沈曾植（图 3-8）及其弟子王蘧常增加了章草厚实朴拙的趣味，突破了章草古雅纵逸的传统意态，开创了新风气。

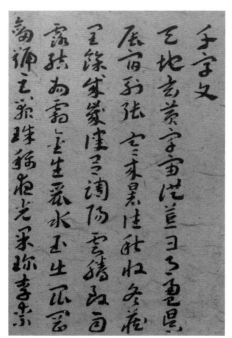

图3-9 王蘧常章草《千字文》（局部）

王蘧常（图3-9）将章草这一相对小宗的书体推至雅俗共赏的大众审美视域，他以篆籀、汉碑、简帛笔法笔意改造章草，打破了"章从隶出"的书写程式，上溯源头，融碑入帖，再创形式，在接续传统的基础上形成了鲜明个性和时代新貌。王蘧常撰写的《章草书法略谈》，在结构上总结出"省笔""借笔""减笔""复笔""添笔"，在变化上总结出"变在离与连""变在字中""变在上下""变在左右"等心得，为经典之论。对于老师沈曾植的教诲[1]，王蘧常说"余敬志不敢忘。此予究心章草之始"。谢稚柳曾对王蘧常的弟子王运天说过一段话，大意是王蘧常的书法似章草非章草，看不出其源，而其流综合了籀、篆、隶、草各体，流又变成源，所以千古独步。[2] 综上所述，书法传统的接续，达到谢稚柳评价王蘧常所说的溯源济流的境界，承上启下，又自出新意，似乎无迹可寻,实是"时运交移，质文代变"与"敬志究心""开前人未有之境"的共同作用。

再次讨论个体作用与集体作用的关系问题。一个书家的成长，不是孤立的个案，他既站在前人的肩膀上，师法经典，又受到时代风气的影响，因时文变。对于传统的继承而言，贵取精用宏、化为己意，忌不加取舍、东施效颦。以学颜真卿为例，赵孟頫指出，"近世又随俗皆好学颜书"。关于颜字的流传，沙孟海指出，学颜要能够从颜字转出。[3] 潘伯鹰说："学颜常发现如下的种种毛病：像过于方板粗笨，遂成恶劣狰狞。或折处不提笔暗过，却相反显著地露出肩来"，"若钱南园、谭延闿之学颜，舍笔法精神而袭取形貌，故不能跻于第一流。其实颜作书并不拘于一格，每件作品都有不同的面貌。伊秉绶、何子贞之写颜，虽然形貌略异，但他们兼用

---

[1] 在浙江人民出版社1989年出版的《王蘧常书法集·自序》中，王蘧常记录了沈曾植传授的一段话："右军书远承章草，旧有传本，已不传。今传章草，仅皇象《急就章》，索靖《出师颂》，萧子云《月仪帖》（旧传为索靖书，非。姚姬传辨之详矣）。数种而已，疆域褊小，殊难光大，汝能融冶汉碑、汉简、汉匋、汉帛书，而上及于周鼎彝，必能开前人未有之境，小子勉之。"

[2] 王运天：《不求一时誉，当期千载知：我所知道的王瑗仲蘧常老师》，[Z/OL]. 2020年5月15日。（https://www.sohu.com/a/395272843_260616.）

[3] 沙孟海说过："写颜字的人，向来不曾绝迹的。宋元之世，无所谓碑学，要写大字，非用颜法不可，那时书家，没一个不从颜法转出去的。苏轼、黄庭坚各得一体（黄的用笔，纯是颜法，苏是得力于《东方画赞》的），皆是名家，况其下焉者乎？在这三百年里，也有写颜字很好的几家。"他列举了清代刘墉、钱沣、伊秉绶、张廷济、何绍基、翁同龢等人学颜皆有自家面目。参见沙孟海：《近三百年的书学》，第62页。

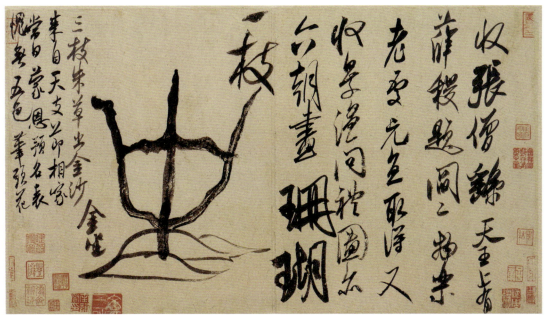

图 3-10　宋·米芾《珊瑚帖》

篆隶笔法,故深得颜意。翁同龢用笔略逊伊、何二家,亦颇得颜之雍容温厚气味。"[1]

对于时风的兴起而言,贵引领变革、不染时弊,忌随波逐流、失去自觉。宋代文人集团"趋时贵书",以苏黄米蔡为代表的尚意书风兴起,一方面引领风骚,另一方面导向他途。对于时风与古法的矛盾,米芾有反思和批评。[2] 与此同时,米芾超越古法、偏重自由书写的创新,有可取之处(图 3-10)。卢辅圣有另外评价:"价值标准上书因人贵,技术标准上卑工避俗,这是一种偏倚主体化自由的选择,是以行书为主流的宋代尚意书风与以楷书为主攻的唐代尚法书风差异之所在,是宋代书法普遍缺乏严酷的技术训练,而多乞灵于书人价值张扬捷径的时代风气所由出。"[3] 以此理解个体作用与群体作用之关系,或卢甫圣所言"私人领域与公共领域"之关系,可启发我们对于主体自觉及文化生态的思考。

又以晚明书家为例,刘正成视张瑞图、倪元璐、黄道周、王铎、徐渭、董其昌为突破文人书法而兴起艺术书写的关键人物,"所谓晚明六家者,如加上傅青主

---

[1] 潘伯鹰:《中国书法简论》,上海人民美术出版社 2017 年版,第 173-174 页。
[2] 米芾《书史》云:"至李宗谔主文既久,士子始皆学其书,肥扁朴拙。是时不誊录,以投其好,用取科第。自此惟趋时贵书矣。宋宣献公绶作参政,倾朝学之,号曰朝体。韩忠献公琦好颜书,士俗皆学颜,及蔡襄贵,士庶又皆学之。王文公安石作相,士俗亦皆学其体。自此古法不讲。"
[3] 卢甫圣:《中国书法史观》,第 181 页。

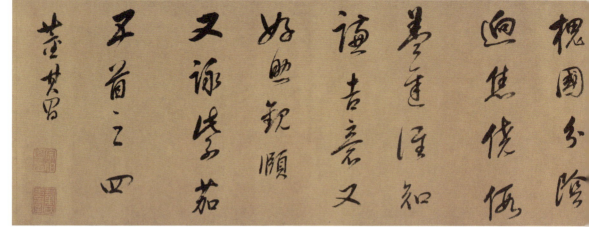

图3-11 明·董其昌《紫茄诗卷》(局部)

(傅山)则七家,乃近古五百年书三大转折点之第一,彼时苏州地区民居加高而出现挂轴书法作品,于是文人书法之绝,艺术书写成为主流,作品变大亦引起技法与工具之变革"[1]。晚明是一个王夫之称为"天崩地解"的时期,江南商品经济发展,反叛礼教之风盛行,"人情以放荡为快,世风以奢靡相高,虽逾制犯禁,不知忌也"[2]。在思想文化上,禅宗思想影响上层阶级及至市民社会,阳明心学"心即理""心外无物"和李贽"童心说"的哲学观、文艺观得到广泛传播,李贽大胆地提出"然则六经、《语》、《孟》,乃道学之口实,做人之渊薮也,断断乎其不可以语于童心之言明矣"[3],强调以自我、自性为主体,开启个性解放之心局。晚明六家,加上傅山,其书风有共同之处,合乎其时"尚奇""去伪形"、表现"真我"、追求"不似之似"的主张,于压抑中见狂放,于老拙中见凌厉,于欹侧中见连绵,于厚密中见奇古,笔势放纵,自家面目清晰。徐渭说:"非特字也,世间诸有为事,凡临摹直寄兴耳,铢而较,寸而合,岂真我面目哉?"[4] 傅山提出"四宁四毋":"宁丑毋媚、宁拙毋巧、宁支离毋轻滑、宁直率毋安排",其审美倾向鲜明,并针砭了软媚柔糜、造作安排的书坛时弊。董其昌以禅喻书:"尽法者,游戏跳跃,无不是法"[5],在师古之后达到师心的境界,在尽法之后达到无法的境界(参见图3-11)。还需要看到的是,晚明六家艺术观近似,互相鉴赏批评,互相陶染影响。如黄道周评价王铎、倪元璐:

---

1 刘正成:《松竹草堂论书·论晚明六家书》,未刊手稿。
2 张翰:《松窗梦语》,中华书局1985年版,第139页。
3 李贽:《焚书》卷三,蓝天出版社1999年版,第67页。
4 徐渭:《徐渭集》卷二十一,中华书局1983年版,第577页。
5 董其昌:《容台文集》卷三,齐鲁书社1997年版,第346页。

"行草近推王觉斯（王铎），觉斯方盛年，看其五十自化。如欲骨力嶙峋，筋肉辅茂，俯仰操纵，俱不鬓人。抹蔡（蔡襄）掩苏（苏轼），望王（王羲之）逾羊（羊欣），宜无如倪鸿宝（倪元璐）者，但今肘力正掉，著气太浑，人从未解其妙者。"[1] 倪元璐也有致黄道周书札，可见其交游之密。又如傅山在《霜红龛书论》中评价"王铎四十年前字极力造作，四十年后无意合拍，遂能大家。"文人之间的酬唱往还、品藻切磋，形成了文艺批评力量，这不只是个体之间的交流，亦可作群体互动观。当然，晚明书家在脱出文人书法而进入艺术书写的探索中，也出现了粗率放纵、蕴涵不足的问题，不免有时风流弊与个人习气，但是他们敢于抒发性灵的精神是可嘉的。

从次讨论对传统的批判问题。中国古代书家无一不强调传统的重要性，但是他们对传统的理解往往有异，尤其是对某一家之作品或某一家之观念的讨论常有分歧，或者借此批评他人，或者借此各抒己见。以米芾对王羲之的批评为例，米芾对王羲之的态度是复杂的，"影响的焦虑"给米芾带来压抑，故而他有意无意地"误读"王羲之，以期引起人们对他的注意，尤其是对他不甘作"奴书"而别出心裁的注意。宋人有"奴书"之说。欧阳修云："学书当自成一家之体，其模仿他人谓之奴书。"米芾《学书帖》云："古人书各不同，若一一相似，则奴书也。"哈罗德·布鲁姆认为诗歌的意义需要读者或批评家的赋予，而误读就是一种赋予的方式，我们可以认为，对于书法的理解与阐释，也是通过后人对前人的不断误读而发生的，这就构成了书法史不断以复古为创新、不断继承与超越的脉络。布鲁姆说，一部经典就是一份已经获得的焦虑，经典证实了我们的文化焦虑，并给这些焦虑以形式和连贯性，而反焦虑则通过创造性想象建立审美自主性，这是面对经典时的一种孤独的经验。

米芾是一个典型的植根传统又叛逆传统的书家。一方面，他浸淫于"二王"，接受并吸收"二王"的养分。[2] 元祐二年，米芾参加了以东坡兄弟为首的十六位"旧党"人士聚会的"西园雅集"。其时米芾从苏激处买到唐摹王献之《范新妇帖》，写了三首诗跋尾。[3] 米芾原诗有"贞观款书丈二纸，不许儿奇专父美"句，意在讥讽唐太宗抑献扬羲，又有"千年谁人能继趾，不自名家殊未智"句，表达了既敬

---

[1] 黄道周：《中国书法全集·黄道周卷》，荣宝斋出版社1994年版。
[2] 据温革记载："米元章元丰中谒东坡于黄冈，承其专论，始专学晋人，其书大进。"转引自翁方纲：《米海岳年谱》"元丰七年甲子"条。又据《东坡志林》卷八记载："吾尝疑米元章用笔妙一时，而所藏书真伪相半。元祐四年六月十二日，与章致平同过元章。致平谓：'吾公尝见亲发锁、两手捉书，去人丈余，近辄掣去者乎？'元章笑，遂出二王、长史、怀素辈十许帖子。然后知平时所出，皆苟以适众目而已。"可见米芾接受了苏轼的启发，对"二王"下足了功夫。
[3] 曹宝麟：《米芾与苏黄蔡三家交游考略》，《中国书法》1990年第2期，第39-44页。

佩王献之又欲有所突破的想法。东坡有《次韵米黻二王书跋尾二首》，分别和之以"秋蛇春蚓久相杂，野鹜家鸡定谁美""锦囊玉轴来无趾，粲然夺真疑圣智"，看似游戏之言，实有崇古之心。米芾《王略帖赞》诗中有"烟华淡浓动彷徉，一噫万古称天章"之句，并有"神助留为后世法"（《题永徽中所模兰亭叙》）之句，米芾对王羲之的赞美是由衷的，且以"万古天章""万世法"之评置于书法史的视域。至于米芾《与魏泰唱和诗》中"老厌奴书不玩鹅"之句，则显露了他不甘作"奴书"的心迹。米芾"一洗二王恶札，照耀皇宋万古"的说法，有大言炎炎的自夸成分，也有在宋徽宗面前献媚的成分——宋徽宗因诏为书画学博士。[1]另一方面，米芾敢于从晋唐书法中化出，其自创"八面出锋"的"刷字"法，爽快放逸，留下了《蜀素贴》《苕溪诗帖》《研山铭》等诸多名作，苏轼赞曰"风樯阵马"，赵构赞曰"如乘骏马"，朱熹赞曰"天马脱衔"，在宋人眼中，米芾的书法成已经得到了高度认同。

最后讨论主体的自觉问题。上述米芾的例子，足以说明"变"是主体自觉的核心。能变且能出入法度者，借用佛家"不二法门"的说法，是万法归一心。周汝昌引用石涛"一画之法，乃自我立"的说法，指出"尽管书学并非一个'法'字就尽其所有的能事，却又必须从'法'讲起。不然，无法讲论'书法'"[2]，"石涛在《尊受》章中所说的'夫一画含万物于中……如天之造生，地之造成……'这就是最纯正的艺术造化论，从根本上示别于摹仿论者"[3]。周汝昌所言"艺术造化论"，概括了书法的本体意义，所谓造化，就是与天地万物一体的生命，书法的生命与书写者的生命是融通的，作为本体的人以及作为本体的天地万物也是融通的。为什么要取法古人？取法古人的不唯笔法，主要是精神。祝允明《奴书订》概括了自晋至唐宋的书法简史，强调了对取法传统之"不二法门"的维护，其中"至处有二乎哉""神骨一也""无常而俱在"诸论都强调书法本体、传统渊源的重要性。他认为创新是"第新"，师古应"神访"。在《论书帖卷》中，祝允明说："有功无性，神采不生；有性无功，神采不变。"主体精神即为"神采"，"性"乃个性的获得，"功"乃共性的获得，能变者则个性出于共性，神采不得不发也。

历代书法家以能变为个人成就的标志。黄庭坚《以右军书数种赠丘十四》诗云："随人作计终后人，自成一家始逼真。"他主张书法形成个性，形成个人风格，以本色、真我为自家面目。董其昌曾自我检讨："虽然余学书三十年，不敢谓入古三昧，而

---

[1] 元代汤垕《古今画鉴·宋画》记载："米芾元章……初见徽宗，进所画《楚山清晓图》，大称旨。复命书《周官》篇于御屏。书毕，掷笔于地，大言曰：'一洗二王恶札，照耀皇宋万年！'"
[2] 周汝昌：《永字八法：书法艺术讲义》，广西师范大学出版社2006年版，第120页。
[3] 周汝昌：《永字八法：书法艺术讲义》，第288页。

书法至余,亦复一变。"[1]他将自己的创新、变革列于书法史之中,也为自己在书法史上谋一席之地,然而,仍将"入古三昧"视为一种理想境界,并将"亦复一变"视为一种自得成就。

书法史上的"因时文变""代有新变",都体现了书写技艺的创新。媒介考古学给予我们的启示在于:面对经典时要主动求变,而在传统的断裂处,可以发掘出被忽视、被遗忘、被边缘化的资源,它们独特的异质性可以从被僵化的秩序中被辨识出来,可以从"已不传"的缺席中被传递到当下和未来,这是对"与古为新"的重新认识、重新阐释。在未来,书法流派还将不断衍生、变化,而从传统中仍然可以汲取养分,化古为今,关键在于我们能够发现什么样的传统以及是否囿于传统,关键在于我们如何反抗被古老的主题传统奴化并激发鲜活的主体性。埃尔基·胡塔莫说:"媒介考古学可以帮助我们理解与传统相反的、真正新潮的和进步的事物,而不是把研究目标定位于将'创新性事物变成既存的、已经实现的事物(回顾一下库尔提乌斯对柏格森的批评)'。为了实现这一目标,利用媒介考古学视域下的'主题过滤器'来筛选文化材料,或许有所帮助,也许可以获得意料不到的结果。"[2]埃尔基·胡塔莫所提出的"复古风格－未来风格"的调适和对媒介主题的挖掘、过滤,对于我们思考书法何以反思经典媒介化,寻求创造性转化和创新性发展门径,是一把新钥匙。

第四节 碑帖各异:重写传统与重构复数主体

中国书法的传统,分为帖学与碑学两大主流,这是清人做出的界定,也是清人对传统的重写。总览中国书法的全貌,应看到碑帖各妙,既不可"非碑",亦不"非帖"。有人误认为帖学是中国书法的正统,也有人误认为"无碑不美",二者皆片面而狭隘。对帖学与碑学的认识,从对帖与碑的媒介物质性认识开始,不仅要看见其材质及书写技艺的不同,而且要看见它们是如何被呈现、被应用、被观看的,以及如何介入日常生活或历史场景的。"当停待于物体、事物或可感性质而不提升至开启它们的条件时,可视性甚至会变成不可见"[3],德勒兹的观点,启发我们关注

---

[1] 董其昌:《容台别集·卷四·杂纪》,台湾图书馆1968年版,第193页。
[2] 埃尔基·胡塔莫:《拆除神话引擎:作为主题研究的媒介考古学》,收录于埃尔基·胡塔莫、尤西·帕里卡编:《媒介考古学:方法、路径与意涵》,第39页。
[3] 吉尔·德勒兹:《德勒兹论福柯》,杨凯麟译,江苏教育出版社2006年版,第59页。

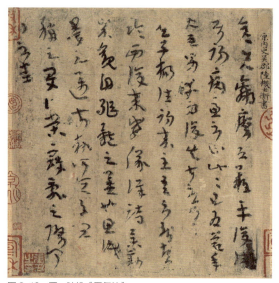

图 3-12 晋·陆机《平复帖》

碑、帖媒介的社会性功能和文化价值，由观"物"而考察"条件"，重新阐释碑学、帖学，重新构建中国书法媒介认识论。

碑帖之分，首先是介质之物不同。简牍写于竹、木片上，也写于丝织品上（《说文解字》释为"帖，帛书署也"），造纸术发明后，写于纸上（参见图3-12，《平复帖》麻纸本真迹存世）。又，摹刻、拓印于木（以梨、枣居多）、石上的书迹也称为"法帖"（参见图3-13智果《评书帖》，《评书帖》拓印后收于《淳化阁贴》）。石刻如碑碣、墓志、摩崖、造像、经幢、塔铭等称为碑。碑刻文献可复制到纸张上，所谓"字帖"，其实包含了碑和帖。学习碑和帖，当然是要察其原貌，体会书写者的书写过程、书写状态、书写技巧。"下真迹一等"是对最大限度地接近原作而复制、保存原作的描述，唐代有双钩填廓法，故有此说法。后来有木刻、石印、铜版和珂罗版为代表的印刷术，如今有借助照相机、复印机、计算机的图像处理法，高仿真复制技术越来越成熟。随着考古文献的增多和传播媒介的普及，今天我们能够见到的碑、帖资源越来越多，而且复制质量越来越高。潘伯鹰说："我们现在学书法的机会比古人好得多，问题只在我们是否努力。赵孟頫说：'古人得名迹数行，终身习之便可名世。'那么，我们真不应该辜负这样好的学习时代了。"[1] 经典传承与古为新的条件优于古人。碑、帖介质不同，不仅带来审美的异趣——前者为拟人化状貌，后者为仪式化景观，而且带来文化的殊用——碑以铭功记事为主，帖以人际交流为主，前者意在引起公共性瞩目，后者意在交流私人性信息。

所谓碑学传统，从广义上讲，凡研究历代碑石上所刻的文字、文本及其源流、类别、观念、文物、流传、影响、书写、摹勒、批评、鉴藏的都叫"碑学"。狭义而言，主要研究碑志文字的文体、书体。清人的碑学概念不局限于石刻载体研究，还包括甲骨和铜器文字及其所承载的文化信息。所谓帖学传统，也有二解。一是指以"二王"为主要代表的晋人书法，如康有为云"晋人之书流传曰帖，其真迹至明犹有存者，

---

[1] 潘伯鹰：《中国书法简论》，上海人民美术出版社2019年版，第65页。

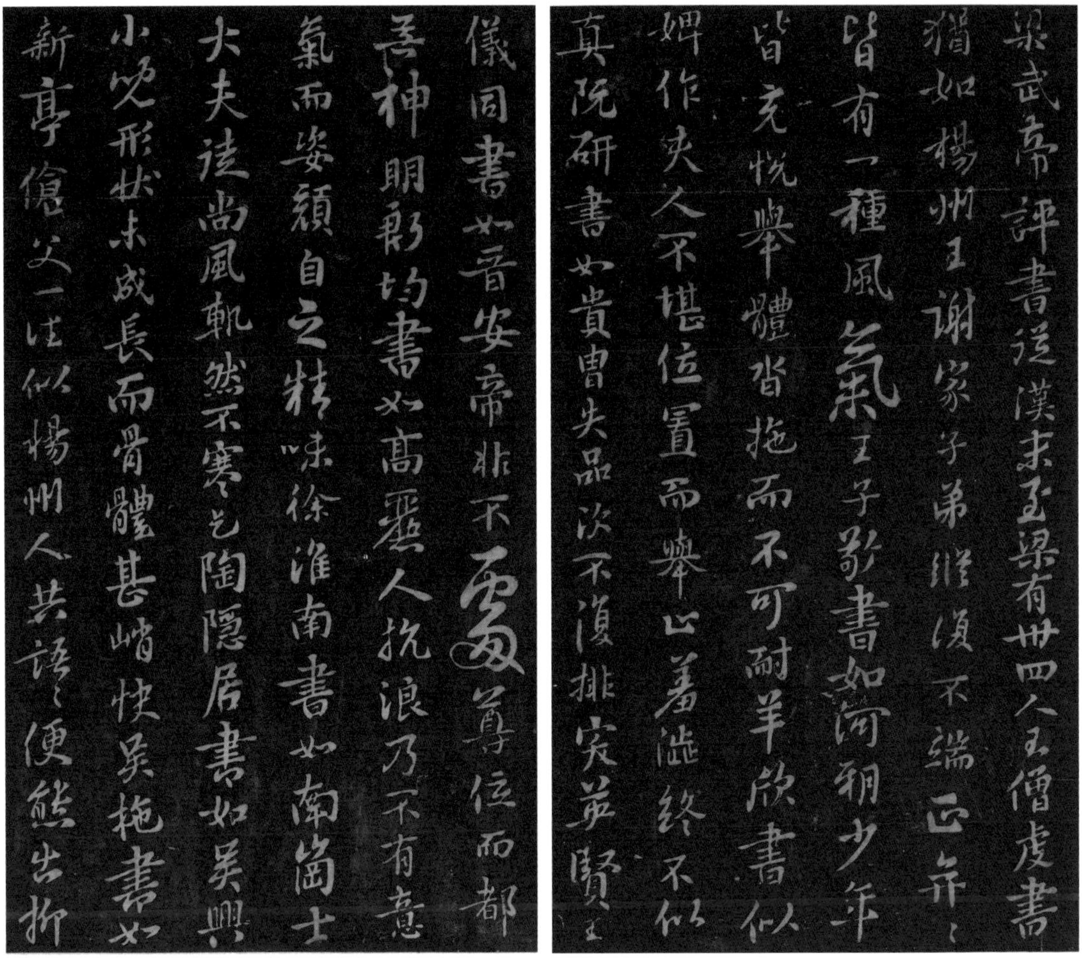

图3-13 隋·智果《评书帖》

故宋、元、明人之为帖学，宜也"[1]，这是狭义的，以"二王"法度为指归。一是指魏晋以来，钟繇、王羲之、王献之、张旭、颜真卿直至苏轼、黄庭坚、米芾、蔡襄、赵孟頫、文徵明、董其昌等为代表性书家的书法体系，这是广义的。马宗霍在《书林藻鉴》中说，"帖学自宋至明，皆所宗尚"，清代"宗赵宗董，固自有殊，其为帖学则一也"[2]。马宗霍以宋为起始，应指《淳化阁帖》的影响，阁帖主要收录晋唐大家书迹，宋元明清书家以晋唐笔法为圭臬，总而形成帖学传统。

---

[1] 康有为：《广艺舟双楫》，收录于华东师范大学古籍整理研究室选编校点：《历代书法论文选》，上海书画出版社1979年版，第754页。
[2] 马宗霍：《书林藻鉴》，文物出版社1984年版，第192页。

图 3-14　北齐·泰山经石峪金刚经（局部）　哈佛燕京图书馆藏拓本

清代乾隆年间，阮元撰《南北书派论》《北碑南帖论》，创"南北书派"之说；其后包世臣著《艺舟双楫》，继承了阮元的思想统绪；康有为著《广艺舟双楫》，提出"碑学之兴，乘帖学之坏"[1]，力主尊碑而轻帖；叶昌炽写成碑学著作《语石》，阐述碑刻源流、门类形制、铭文义例、碑刻书体、椎拓技术等，后来柯昌泗又著《语石异同评》进行补正，二书集碑学研究之大成。清末碑学兴起的主要原因如下：一是"馆阁体"[2]被视为帖学末流，人称"俗书"而已，匠气溢出，生机匮乏，失去了原本性情；二是受清代朴学的影响，学人解经由文字入手，以音韵通训诂，以训诂通义理，而考证文字源流则注重金石文献；三是地下出土文物增多，碑碣、鼎彝、泉币、诏版、权量层出不穷，甚至甲骨也发现了；四是阮元、包世臣、康有为等倡导碑学，一时风气兴起。阮元有南北书派之论，"江左风流，疏放妍妙，长于启牍"是南方书派的特征，"中原古法，拘谨拙陋，长于碑榜"是北方书派的特征（图3-14、图3-15）。康有为说："迄于咸同，碑学大播，三尺之童，十室之社，莫不口北碑、写魏体，盖俗尚成矣。""近世北碑盛行，帖学渐废，草法则既灭绝。行草简易，便于人事，未能遽废。"[3]康有为的说法有些夸大其词，碑学与帖学形成相互抗衡、相互融合的局面却成为事实，其影响至今不减。

沙孟海说："宋元以来，学者只知有帖学（康有为所谓古学），很少乃至绝无

图3-15 北魏·张猛龙碑（局部）

---

1 康有为：《广艺舟双楫》，收录于华东师范大学古籍整理研究室选编校点：《历代书法论文选》，上海书画出版社1979年版，第754页。
2 唐代两京已经有三馆（昭文馆，也称弘文馆，及集贤院和史馆），负责藏书、校书、修史，培育士子，传承文明。五代后梁置三馆于汴都禁中。宋太祖沿袭此制。宋太宗重建三馆，并建秘阁，秘阁所藏图书、书画俱为珍品。三馆、秘阁均在崇文院中，合称"馆阁"或"四馆"。
3 康有为：《广艺舟双楫》，收录于华东师范大学古籍整理研究室选编校点：《历代书法论文选》，上海书画出版社1979年版，第858页。

注意到碑学（康有为所谓今学）方面的。"¹沙孟海指出：帖学传播与刻帖有关；帖学名家代有其人；帖学以学行草、小楷为主；帖学传统自宋元已有之，碑学至清代才兴起。沙孟海又梳理了近三百年（大致上指崇祯元年以来）书法史帖学的脉络：一是在"二王"范围内活动的，以董其昌、王铎、姜宸英、张照、刘墉、姚鼐、翁方纲、梅调鼎为代表（其中姜宸英、梅调鼎是浙江慈溪人，慈溪与沙孟海的故乡鄞县相邻）；一是于"二王"外另辟蹊径的，如黄道周学钟繇、索靖，倪元璐笔法和黄道周相同，沈曾植取法黄道周、倪元璐，而且上溯钟繇、索靖，豁然贯通。沙孟海将颜真卿别开一门，认为颜真卿兼有帖学、碑学之长，不可狭隘地归于碑学、帖学之一。前人往往将颜真卿归入帖学传统，颜真卿从张旭学笔法，张旭得"二王"笔法，这是一种看法，另外一种看法是将颜真卿视为与王羲之并立的帖学高峰，或者说，开启了帖学的又一源头。晋唐之后再无新书体，故而书宗晋唐，是以学习行草和楷书为主。

"二王"和颜真卿的影响巨大，根本原因是他们的书法艺术达到了高超境界，从传播的视角，我们可以看到，"二王"和颜真卿的法帖流传，数量较大，书体以行、草、楷为主，可供取法的资源丰富，是影响广泛而深远的媒介。晋人在"二王"以外的名家，留下来的作品太少。王羲之、王献之作品在《淳化阁帖》中分别占三卷、两卷，约为《淳化阁帖》的一半篇幅。传世王羲之书迹，流到海外的双钩填墨本如下：其中日本有《丧乱帖》（日本宫内厅三之丸尚藏馆藏）、《孔侍中帖》（日本前田育德会藏），以及1973年发现的《妹至帖》、2013年发现的《大报帖》（此二帖为私藏）。日本书法鉴定家富田淳认为，《妹至帖》和《大报帖》可以接合，且书风高度吻合，二者可能出自同一作品。²美国普林斯顿大学美术馆有一件，即《行穰帖》，传为圆明园旧藏，可能是1860年英法联军火烧圆明园时掠走。中国有辽宁博物馆藏《姨母帖》《初月帖》，天津市艺术博物馆藏《寒切贴》，以及台北故宫博物院藏《远宦帖》《奉橘帖》。朱关田主编《颜真卿书法全集》，汇辑颜真卿存世可见的书法作品，包括拓本和墨迹本，楷书、行书作品有几十件。北宋吴兴沈氏、宋敏求先后编辑《颜鲁公文集》，南宋嘉定年间留元刚复加编辑，并收录颜真卿遗迹刊成《忠义堂帖》。"颜真卿传世的碑版文稿，大、中、小三样字体俱全，正、草、行三种书体也齐全，所以，风貌种种，各不相同。颜真卿的书法艺术，也正是在多种艺术手法、多种艺术特点所组成的辩证统一关系下形成的，这便是他的书法艺术生命力之所在。"³"二王"

---

1 沙孟海：《近三百年的书学》，第17页。
2 东京国立博物馆、上海博物馆、朝日新闻社编：《中日古代书法珍品集》，2006年内印本，第39页。
3 朱关田：《颜真卿书法艺术及其影响》，《书法报》2022年11月2日第8版。

和颜真卿的作品面貌多样，学习书法者视若宝库，撷珍采贝，每有收获。

唐初王羲之书迹流传、流散的情形变得复杂，唐初贵戚宠盛，宫禁不严，又流散若干，后世列为"天下第一行书"的《兰亭序》不知所终。[1] 今本兰亭有唐代冯承素本、虞世南本、褚遂良本、欧阳询本，冯本是双钩填摹，更接近原作，虞本、褚本、欧本都是临书。唐人在染黄纸上均匀涂蜡，发明了半透明的硬黄纸，适合双钩填摹。唐人又有"响拓"技艺，宋代赵希鹄《洞天清禄集》云"以纸加碑上，贴于窗户间，以游丝笔就明处圈却字画，填以浓墨"，宋以前还没有刻帖技艺，采取响拓法将墨迹复制于硬黄纸上，效果称为"下真迹一等"。冯本、虞本、褚本现藏于北京故宫博物院。欧阳询临本于北宋宣和年间刻石，北宋庆历年间发现于河北定武，故又称"定武本"，定武本原石拓本现藏于台北故宫博物院，原石久佚，故而非常珍贵。姜夔《续书谱》对兰亭版本与复制的关系有过比较客观的论述："然定武本有数样，今取诸本参之，其位置、长短、大小，无一不同，而肥瘠、刚柔、工拙，要妙之处，如人之面，无有同者。以此知定武石刻，又未必得真迹之风神矣。"后世书家临习兰亭成为帖学重要传统，如文徵明、赵孟頫、唐寅、董其昌等皆择善本反复临习。

"二王"和颜真卿对于帖学的影响，至今无可逾越。德国学者雷德侯说："从六朝时期新字体的定型到十八世纪各种字体开始互相糅合"，"这前后一千五百年间便是古典传统占统治地位的时期。"[2] 作为一个旁观者，他大致概括了帖学在书法史上的地位，但是这并不是完整的书法史叙述。除了书帖，六朝至隋唐时期的碑志、写经都是重要的媒介形态。北朝受汉文化影响继承厚葬风俗，加上佛教在北方的传播也很广泛，所以墓志、造像记、摩崖刻经的数量蔚为大观，这就是魏碑书法不同于南方简帖的情形，南帖风流闲逸，北碑雄浑磅礴，因为南帖书写于柔软而狭窄的纸帛之上，北碑铭刻于坚硬而阔大的石头之上。北碑字体有隶书、楷书和介于隶楷之间的三种写法，相对而言，墓志精劲爽利、秀妍遒丽，摩崖开张自由、宽厚丰满，造像朴拙平实、沉雄肃穆。这与材质、空间是相关联的。当然，北朝前后时期的风格不同，不同碑刻的风格更是迥然有异。唐代楷书不只是受到帖学的影响，北碑和写经体的风格也渗透进来了[3]，六朝至隋唐时期并不是帖学一统天下。

---

1 欧阳修《集古录跋尾》云："《兰亭修禊叙》，世所传本尤多，而皆不同，盖唐数家所临也。其转相传模，失真弥远，然时时有可喜处，岂其笔法或得其一二耶，想其真迹，宜如何也哉？……唐末之乱昭陵为温韬所发，其所藏书画。皆剔取其装轴金玉而弃之。于是魏晋以来诸先贤墨迹，遂复流落于人间。"
2 雷德侯：《米芾与中国书法的古典传统》，许亚民、毕斐译，中国美术学院出版社2008年版，第5页。
3 沈尹默说："晋唐间还有一种写经和抄书人的字，即前人所谓经生体，现在尚有不少真迹流传世间，风格虽然不甚超妙，然大致精整，颇有可观，见其用笔往往合于法度，比之近代馆阁体，要高明得多，亦宜参看。"沈尹默：《书法指要：沈尹默学书经验谈》，北京联合出版公司2022年版，第105页。

唐代已经有传拓技艺。韦应物《石鼓歌》云"今人濡纸脱其文，既击既扫黑白分"，描述了复原石鼓上镌刻的文字、纹样的方法、效果，以及制成拓片的过程。传拓技艺也可复原青铜器上的字样、纹样。宋代金石学兴起，应该与传拓技艺的应用相关联。但是，自宋至清初，金石学或碑学对书法的影响有限，或许在人们的心目中，北碑的书写是实用性书写，又没有名家书写的名分。启功《论书绝句》第九十七："少谈汉魏怕徒劳，简牍摩挲未几遭。岂独甘卑爱唐宋，半生师笔不师刀。"[1] 启功自注其诗，指出了书写方法根据文字递嬗而变化的时代之异，并认为不存在前必优而后必劣的区别。他说的是本人学书经历，虽然有局限性，但是他也解释了自己取法帖学的原因，自谦曰"仅能作真行草书"，因为帖学成熟故而进入门径；又说自己不懂篆隶，是因为未见篆隶原迹；学帖亦不必上溯篆隶而后习真书行书。启功的说法是比较客观的。清代以后，反对晋帖唐碑而崇尚秦碑、汉碑、魏碑，把篆隶作为学习书法的本质源头，这属于矫枉过正。常用书体还是以楷书、行书为主，社会大众学习书法也宜学楷书、行书。清代以前，学习篆、隶成功的并不多。苏轼说："书法备于正书，溢而为行草。未能正书，而能行草，犹未能庄语，而辄放言，无是道也。"他主张从楷书入手是有道理的。文徵明说"真书血脉贯通，放之便是草书；行书动必有法，整之便是正楷"，道理相同。即使是从学北碑开始，不是从学唐碑开始，也宜先学楷法。近人邓散木介绍学碑帖，所列楷书以魏碑为主，也包括唐碑和宋元墨迹。[2] 对于"与古"的理解，不是说愈古愈好，非要学习篆隶不可，前人经典有无穷的丰富性，关键是能够直追书法本体，由形质到神采，取法本心、本原。

帖学的衰落，与复刻的范本一翻再翻，翻得愈差愈远有关，更与临习者愈发泥古而不能理解晋人笔法本来多变的实质有关，他们对书帖的人文价值认识不足，局限于形的摹仿。"二王"时代，书体虽然趋于成熟，但是真行草隶之间的笔法是相通的，后来者拉开了各体的区分度，甚至拘于一家，不能融通，导致了局限性。对此，前人有反思。宋代姜夔《续书谱》云："真有真之态度，行有行之态度，草有草之态度，必须博学，可以兼通。"他认为，各体兼通，才可以得妙境，钟、王皆为兼通的典范。明代傅山也说："楷书不知篆、隶之变，任写到妙境，终是俗格。"在钟、王那里，楷书保存有篆、隶之变，并非一成不变的定体，这才是帖学源头的鲜活样式。

---

[1] 启功撰、赵仁珪注释：《论书绝句（注释本）》，生活·读书·新知三联书店 2002 年版，第 194-195 页。
[2] 邓散木：《怎样临帖（外二种）》，北京时代华文书局 2020 年版，第 73-75 页。

故而可以认为，所谓碑、帖二分，并不合乎书法的本体意义，只是为了表述之便而已。所谓碑学、帖学之提出，已经将碑、帖符号化了，偏离书法本体，是一种有意误读的媒介化建构。从隶变到楷变，北碑、南帖均有演化，分为不同趋势，但是源头是相通的，故有碑帖融合的演化。

在谈到碑帖融合之前，先来梳理帖学的"破体"这一历史脉络。真行篆隶草各有定体，而打破定体，合而裁成，则称为破体。"二王"在书法史上的贡献之一，就是兼善真行草隶，又能不拘于六书规范，创立了古今破体范式。所谓"二王新体"，实则是笔法的融通。唐代徐浩《论书》云："钟（钟繇）善真书，张（张旭）称草圣，右军（王羲之）行法，小令（王献之）破体，皆一时之妙。"羲、献都是破体的探索实践者。孙过庭《书谱》说，王羲之"拟草则余真，比真则长草，虽专工小劣，而博涉多优"，书体之间的界限并不那么沟壑分明，甚至同一书翰之内，真、行、草合于一帖，如王献之《十二月帖》，即是范本。张怀瓘《书议》评价王献之云："子敬之法，非草非行，流便于行，开张于行，流便于行草，又处其中间。"所谓破体，是书写时打破书体之间的界限，随心所欲而不逾矩，是异质性的复杂生成和跨体式的有机融合。帖学的"破体"范式为碑帖融合之先导。

杰出书家有追求破体新意之自觉。元代郝经《陵川集》云："钟、王变篆隶者也，颜变钟、王用篆也，苏变颜、柳用隶也。"颜真卿《裴将军诗帖》多种书体并用，却毫无违和感，有行草体势，有篆籀笔法，数体参合，变化多端（图3-16）。明代王世贞《弇州山人四部稿》赞誉《裴将军诗帖》云"书兼正行体，有若篆籀者"。清代王澍在《虚舟题跋》中对此诗碑亦有极高评价："书兼楷行草，若篆若籀，雄绝一世，余题为鲁公第一奇迹。"沈曾植《海日楼札记》云："篆参隶势而姿生，隶参楷势而姿生，此通今以为变也。篆参籀势而质古，此通乎古以为变也。"沈曾植将破体阐释为通古今之变，此论尤其有概括力。浙江博物馆藏颜真卿《守政帖》《修书贴》《广平帖》及辽宁博物馆藏颜真卿《蔡明远帖》等，皆为真行草参杂，大小字错落，夸张率真。颜真卿受汉碑影响甚大，兼有碑学和帖学之长。姜夔《续书谱》赞黄庭坚"以楷入草"，其草书代表作《廉颇蔺相如列传》《刘禹锡竹枝词》（图3-17）《李白忆旧游诗》等，长撇大捺，跌宕起伏，奇崛多变。元代杨维桢《真镜庵募缘疏卷》，真、行、草混杂，又融入篆、隶笔法，折笔和圆笔并用，细线条与粗线条、湿笔与枯笔形成强烈对比，跳宕张扬，令人称奇。沙孟海赞清代伊秉绶用颜楷写隶书，用隶笔写颜楷，"真是师颜之所师，'此秘待我发'，他可以自豪了"[1]。康有为

---

[1] 沙孟海：《近三百年的书学》，第64页。

赞邓石如"完白得力处在以隶笔为篆",赵之谦亦有类似肯定:"(完白)山人篆书笔笔从隶出,其自谓不及少温(李阳冰)当在此,然此正越过少温,善易者不言易,作诗必是诗,定知非诗人,皆一理。"吴昌硕则在篆隶与行草之间转换自如,以篆隶写行草,以行草写篆隶,为破体大家。(图3-18)

明代赵宧光《寒山帚谈》云:"破体有篆破真不破,真破篆不破,有篆真俱破,有可破可不破,有有义之破,有无义之破。不可破者,勿论可也。世谬以笔法为结构,或呼野狐怪俗之书为'破体'者,皆不知书法名义也。"又云:"作破体时,全以诸体会成一局,方可下笔,若随意绷补,却不是书正体法,略不相涉破体,则相为依倚,若似破不破,又非正体。"赵宧光说的"破体"是相对于"正体"而言的,即以篆书、真书为正体。在赵宧光看来,奇钩怪引、转盼非常之文,正是篆、古笔法,书体相通之处,在于今出于古,晋唐名帖的古雅趣味来自篆、古笔法。赵宧光同时指出,书写正体时如果要作破体,必须兼通诸体而会成一局,没有通会的能

图3-18 清·吴昌硕石鼓文七言联

力,只能是随意绷补,不成体系,也就是野狐怪俗之书。清代阮元也是与正体相对的角度来讨论破体的,他强调更多的是字学,因为与字学不合,所以影响书法格调。[1] 北朝战乱之际,字学教育阙如,所以六书混淆,随意增减笔画或不区分正俗,这是北碑被认为体格"猥拙"的原因之一。

碑学的不足,除了阮元所说的六书混淆、体格猥拙,另外要指出的是,鱼龙

---

[1] 阮元在《南北书派论》中说:"唯是时遭离乱,体格猥拙……唯破体太多,宜为颜之推、江式等所纠正。"又在《北碑南帖论》中说:"北朝碑字破体太多,特因字杂分隶,兵戈之间,无人讲习,遂致六书混淆,向壁虚造。"

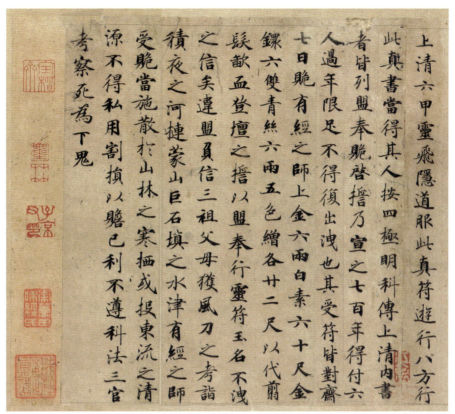

图 3-19 唐·钟绍京小楷《灵飞经》（局部）

混杂，良莠不分，尚缺乏文化技艺意义上的过滤。虽然北碑中许多作品有生涩朴拙、天然率真的趣味，但是也有许多作品缺乏艺术提炼。启功、沙孟海均指出，学碑者要辨识笔迹由来，否则容易误读，不明白字法、笔法的道理。碑刻受随刀而出、夸张变形的影响，也受风化漶漫、剥蚀破碎的影响，虽然有陌生化、异质性的效果，给人以出乎意料的视觉冲击力，但是不可不加选择地进行摹仿，而应取其精髓，学习其不蹈故常、别具一格的精神。

另外，虽然清人诟病帖学衰落与翻刻不精、字画走样有关，但是碑学拓本并未能还原其形，甚至大量以双钩本为学习范本，双钩本碑拓无疑不能优于刻帖。对于碑学的反思，仍可从媒介的物质性方面进行检讨。

敦煌石窟洞开之后，极其丰富的写经书法令人大开眼界，而且影印技术已经较为成熟，可以逼真显示书写的真实面貌。其实前人也有取法唐人经卷者。如晚明董其昌以小楷为最得意，董其昌搜罗鉴藏过许多唐人经卷，尤其注重钟绍京小楷《灵飞经》（图 3-19），其小楷从中获益甚多。董其昌曾在所书《心经》上题跋：

"文字亦能熏识趣无上菩提,故书此流布世间。"董其昌还以小楷书写了《阴符经》《内景经》《清静经》《度人经》《西升经》等大量佛经,其中可见写经笔笔不虚、结字宽泛、风神萧散之趣味。清代王文治自谓受到董其昌影响,其诗《论诗绝句》云"书家神品董华亭,楮墨空元透性灵",王文治亦经常写经,以入禅理、抒性灵。

以上对于碑学、帖学及写经体的大致认识,意在说明中国书法传统的丰富性及流动性,学书者不可能兼善诸法,却可以突破见识局限和技术藩篱,了解经典流传的规律,体悟融会贯通的原则。若将碑学、帖学符号化,即用简单的符号来概括中国书法复杂的发展脉络,并形成一个简化、僵化的刻板印象,或形成碑帖分流的历史观、碑帖对立的审美观,则是不合乎历史事实的。

媒介考古学注重挖掘历史上被忽视的或被遗忘的媒介,此主张中国古人亦有之,清代的碑学理论就有这样的考古冲动。"复古风格－未来风格"不是表述时间的古今差异,而是调和观念的源流分合。中国书法史是多样性集合的历史,而非一致性复制的历史,包括人、物质、媒介和空间的差异互动,包括技艺、话语、符号和语境的矛盾交融,努力使经典具有超越时空的意义。沙孟海的一段话极客观又极深刻:"我们学习书法,应当兼收碑、帖的长处,才能得心应手,神明变化,没有止境。"[1]自清代以来,碑帖融合之路得到明显拓展,破体书法面貌纷呈,这与人们接触到越来越多元的传统资源有关,故而以强大的修复力重组传统资源;也同"与古为新"所不断重构的复数主体实践有关,故而以强大的同化力表现独特新意。破体书法、碑帖融合意味着形质上的突破及神采上的本真,回归书法本体。

---

[1] 沙孟海:《碑与帖》,《中华活页文选(教师版)》2019年第1期,第22-25页。

第四章 中国书法经典媒介化与知识系统

"媒介考古学试图挖掘被湮没的'媒介'之意义,却在挖掘前现代'媒介'时遇到了方法论问题:在用现代术语分析前现代时,如何避免把现代的观念强加给前现代?比较极端的做法是,在论述过程中严格区分狭义上的现代电子技术和广义上的中介概念。更容易被接受的做法是,在描述前现代时使用'文化技艺'术语。"[1]"文化技艺"区别于技术性媒介,或者可视为技术性媒介的前身,媒介考古学认为任何一种文化形态都是技术的表现形式,文化技艺首先是身份的技术。"史"作为一种古老的文化身份,对于书写的技术产生了深远的影响力。

中国古代典籍普遍认为,"史"产生于上古时代。唐代刘知幾在《史通》中说:"盖史之建官,其来尚矣。昔轩辕氏受命,仓颉、沮诵实居其职。至于三代,其数渐繁。"[2]仓颉、沮诵作为最早意义上的史官,在黄帝轩辕氏时代,就开始使用文字了。甲骨文出土之后,王国维、饶宗颐学者从"史"的字源解析入手,结合卜辞内容和先民的生产生活情况判断,"殷人'史''事'不分,史之用为'事'者,皆取其初义"[3]。殷商之前的史官和西周、秦汉的史官职能不同:胡厚宣据甲骨卜辞论定,殷代的史为武官;杜维运据青铜文字及各类文献论定,周代的史司文职,人数达到百人以上。不过,可以确定的是,殷商时期文字载录已经成为一种制度。《尚书·多士》曰:"惟尔知,惟殷先人,有典有册,殷革夏命。"殷革夏命之史实载录于典册,甲骨文、金文中已经出现象形字的"册""典",可证明简牍的存在。上古时代,金石、甲骨、竹木,均为文字载体。有学者进一步指出,"殷商时期的书写者以巫官(贞人、卜人等)为主,巫官因其特殊的通神知识而获得话语权威,同时也成为书写技术的拥有者。这是与殷商王朝的族神宗法君主制相搭配的。西周时期,随着义神礼法君主制的确立,巫官的话语权威有所下降,而史官由于更能适应礼乐政治模式,其话语权威明显上升,并逐渐取代了巫官的书写者地位。此外,行政体系的发展也强化了史官的书记职能"[4]。巫、史作为职官,对文字书写的技术掌控、体制形成所起到的作用显然与政治模式相关联。

徐学标认为,"在古代,与文字关系最为紧密的群体,莫过于史官"[5]。第一,文字最早产生于巫、史之手,相传仓颉、沮诵都是造字的专业人士。裘锡圭也说:"在进入阶级社会之后,在汉字由原始文字发展成完整的文字体系的过程里,起主

---

[1] 于成:《"文化技艺"带来媒介考古学新发展》,《中国社会科学报》2020年4月1日第7版。
[2] 刘知幾,章学诚:《史通·文史通义》,岳麓书社1993年版,第105页。
[3] 徐学标:《史官主书与秦书八体》,中华书局2020年版,第20页。
[4] 孔许友:《先秦书写体制研究》,西南交通大学出版社2020年版,第435页。
[5] 徐学标:《史官主书与秦书八体》,第37页。

要作用的大概就是为统治者服务的巫、史一类人了。"[1] 第二，史官是文字的整理者与传承者，《史籀篇》《仓颉篇》这些早期字书出于史官之手。虽然王国维在《〈史籀篇疏证〉序》[2] 里提出了"史籀"为人名的质疑，"自《班志》、《许序》以史籀为周宣王太史，其说盖出刘向父子，而班、许从之，二千年来无异论"，王国维认为此说不确，"昔人作字书者，其首句盖云'大史籀书'，以目下文，后人因取首句'史籀'二字名其篇"，但是他不否认此书与史官的关系：古"籀""读"二字同音同义，"又古者读书皆史事"，"古之书皆史读之"，"籀书为史之专职"。对于《仓颉篇》篇名，王国维在此文中亦有论证："《仓颉》篇首句虽不可考，然《流沙坠简》卷二第十八简上有汉人学书字，中有'仓颉作'三字，疑是《仓颉》篇首句中语，故学书者书之，其全句当云'仓颉作书'，句法正仿'大史籀书'。"王国维的推测是准确的，后来考古出土的阜阳汉简及居延汉简《仓颉篇》，其上均可见"仓颉作书"字样，证实了史官的作用。史官又有传播文字的职责，如《周礼·大行人》云："九岁，属瞽史，谕书名，听声音。"瞽，乐官也；史，史官也。瞽史能知天道，故《国语》云"吾非瞽史，焉知天道"。王树民认为，"远古时期的历史传说能够流传下来，应归功于瞽史的作用"。[3] 书名，书之字也。瞽以口传，史以书传。第三，史官是文字应用的示范者。能否熟悉古文字以"讽籀书九千字"为标准，能否熟练书写文字则"以八体试之"，这是成为尚书史的知识要求、资格条件[4]。应用汉字须雅正规范，否则被举劾，尚书史对此负有职责。徐学标在《史官主书与秦书八体》一书中，以张家山出土的汉简《史律》为材料依据，结合各类文献，论证得出了《史律》规定"十五篇"与"秦书八体"是"史"所应具备的业务职能[5]的结论。

史官的基本职能是记录、书写，徐学标认为，"'史官主书'主要包涵两个方面的内容与要求，一是文字书写的正确性"，"二是文字书写要美观清晰。"[6] 黄季刚也说"古人于书非独记事载言而已，亦求美观"[7]。另外，从史官须熟练书写秦书八体的要求来看，不仅要熟悉八体之构形，体现书写之美观。因此，史官不一定是书法家，但是史官对于书法传播的作用是不言而喻的。

孔许友在论述先秦书写体制时指出，《左传·襄公二十四年》所记载叔孙豹"三

---

[1] 裘锡圭：《文字学概要（修订本）》，商务印书馆 2021 年版，第 46 页。
[2] 王国维：《王国维全集》第五卷，浙江教育出版社、广东教育出版社 2009 年版，第 10-46 页。
[3] 王树民：《瞽史》，中华书局编辑部编：《文史》第二十一辑，中华书局 1983 年版，第 56 页。
[4] 《说文解字·序》云："汉兴有草书。尉律：学僮十七以上始试。讽籀书九千字，乃得为史。又以八体试之。郡移太史并课。最者以为尚书史。"
[5] 徐学标：《史官主书与秦书八体》，第 6 页。
[6] 徐学标：《史官主书与秦书八体》，第 42-43 页。
[7] 黄侃：《文字声韵训诂笔记》，上海古籍出版社 1983 年，第 27 页。

不朽"之论，君子立言"势必要形诸书面，所以立言与书写有关。但立言者并不亲自书写，而要假于史官之手，这是周初以来就有的传统"。[1]"到西周后期，'史不失书'（《国语·楚语上》），史官记言已经是比较规范的制度"，"到春秋中期，随着君子文化的兴起，贵族卿大夫主动要求记言的积极性更高"。孔子"创造了君子立言的另一种模式，即通过私学教育立言"，由此，"言说者与书写者的身份关系从贵族君子与史官的关系转变为私学师弟子之间的关系。这种关系的转换对政治结构和书写活动的影响都十分深远"。孔许友进一步指出，"后世注重师法、家法的经解体书写，其渊源当然也可以追溯到这里"。[2] 这一观点是有说服力的。后世书法传承，注重家法、师法，渊源有自。

从上古到秦汉，书写群体实现了从巫、史扩展到士阶层知识分子的转变，这并不等于史官退出了历史舞台，而是说明政治传播、文化传播的覆盖面更宽了，文字的使用群体更大了，同时书写的内容也更广泛了。竹木载体的易获得性显然加快了书写活动向下层普及的进程。还应看到的是，政治权力对文字书写的控制力也逐渐弱化，这必然导致书写形式更加解放，从传播的角度而言，书写的文化意识、艺术意识逐渐凸显。

至魏晋时期，汉字完成了从古文字到今文字的演变，字体已经成熟，隶、草、真、行，俱成体系，不再孳乳新的字体。由此，中国书法从字体、书体之变转为书法风格之变，其艺术独立性也愈加清晰。文人士大夫成为书法创作的主流力量，书法也成为精英阶层关于身份建构、审美诉求、文化塑造的特殊领域。此后中国书法史的书写，重心由书转向人，由构形转向风神，包含技法、人文、审美、精神，发扬光大，踵事增华。

考察中国书法经典媒介化的知识系统，就是视书法为一种专业的知识生产，探讨书法作为文化技艺如何进行传承，书法家如何养成，书法如何进行传播和应用，书法的文化影响力如何。中古以降，书法是文人的个人知识生产，个体着功夫又必然受到整体文化体系的影响，知识的群化是一个长期过程，因此，中国书法的"致知"，始终是传承与创新的统一，共性与个性的结合。在传承与创新之中，在共性建构与个性突破之中，书法的知识生产不断更新和应用，由保守而开放，至今富有活力。

匈牙利裔英国哲学家迈克尔·波兰尼提出，创造性行为充满强烈的个性化特征，创造性张力来自于理性和批判性的审视以及其他更"默契"的认知形式，这种知识就是"隐性知识"。波兰尼从传播的角度将人类的知识区分为两种，一种是可以用

---

[1] 孔许友：《先秦书写体制研究》，西南交通大学出版社2020年版，第321页。
[2] 孔许友：《先秦书写体制研究》，第322页。

符号形式完整表述的显性知识，一种是难以言述的、内含在个人头脑中的隐性知识。隐性知识很难清晰表达，但也不是不能传递，波兰尼认为，"我们在谈及对主题的理解和对技艺的掌握时，都会使用'领会'一词，比如'领会某个主题'或'领会某个技艺'"[1]，波兰尼用"意会""内化"来描述这样的知识习得过程。中国书法的知识传递，依靠的是家法与师法的传授、手摹心追的体验、书外功夫的修养等方式，强调的是默传与意会。离开隐性知识的授受与习得，就不可能有突破与创新。同时，隐性知识的生产与传播同文化语境关系甚大，在不同的文化语境下，同一粒种子、同一条根可以开不同的花，结不同的果。比如明末商品经济萌芽之后产生了文化市场，在打破成法、释放个性方面产生了冲击波也形成了影响力，庙堂语境与江湖语境之间的张力改写了书法的知识系统。又如中国书法传播到韩国、日本，一方面韩国、日本继承和吸收了中国书法经典，另一方面经过移植与异变，在民族化、现代化的不同方向上形成新的面貌，大放异彩。这些都值得格外关注，有助于我们重新观照中国书法经典的知识系统，启发更多元、更丰富的创新转化。

第一节　家法师法：以人为媒介的传播

中国书法的知识系统中，最核心、最神秘、最不可言传的内容是笔法，笔法是可操作的文化技艺的核心素养，是人与工具默契配合的实践能力。唐代张怀瓘《玉堂禁经》云："夫书第一用笔，第二识势，第三裹束。"元代赵孟頫亦有类似观点："书法以用笔为上，而结字亦须用功。盖结字因时相传，用笔千古不易。"何谓笔法？书法史上众说纷纭，未有定论。然而，笔法不是可以任意为之，全无法度的。面对一幅书法作品时，对于笔法的优劣评判，可以形成专业共识，而经典笔法的形成又为专业共识的诠释提供了文本依据。清代刘熙载《艺概·书概》云："书重用笔，用之存乎其人，故善书者用笔，不善书者为笔所用。"刘熙载说出了一个至关重要的道理：用笔存乎其人，善用笔法意味着人与笔的协同。

笔法分执笔与运腕、点画与行笔、笔力与笔意等内容。本章讨论书法知识系统的问题，故而对笔法的传播考古，仅从执笔问题入手，叙述书法传授方式的演变过程。关于执笔法，沙孟海《古代书法执笔初探》、启功《学书首需破除迷信》、翁闿运《论唐书道下衰与横平竖直说》等论文和孙晓云《书法有法》一书值得关

---

1 迈克尔·波兰尼：《认知与存在：迈克尔·波兰尼文集》，马乔里·格勒内编，李白鹤译：南京大学出版社2017年版，第102-103页。

注。这些研究，从物质文化的角度，根据不同时期毛笔形制、书写材料、起居方式、几案家具的差别，理解书写姿势、执笔姿势的不同，有说服力。[1]

在书论里，唐、五代关于执笔法的讨论非常集中，[2]众说纷纭。唐、五代时期如此关注执笔法问题，说明执笔方法未得到确定。孙晓云在《书法有法》中说："隋唐就开始使用几、桌子书写，只是仅仅'开始'而已，不普及、不'正规'罢了。少数的'开始'，远远抵挡不住绝大多数'正规军'，以坚实的步伐行进于'尚法'的征途。后代书家总说唐以后'古法渐衰'[3]，我以为其'古法'即指将纸拿于手里书写时所用的笔法。'古法渐衰'是由于使用了桌子，这种无依托的书写方法当然就逐渐衰亡了。"[4]使用几、桌子是从上层社会开始的，渐次普及，到宋代已成流行。宋人基本上采取五指执笔法，黄庭坚描述了五指执笔之法及其书写效果。[5]执笔法到底需不需要确定？苏轼说"把笔无定法，要使虚而宽"。据黄庭坚记载，苏轼是单钩执笔，这是唐代之前的执笔法，遭到黄庭坚"吐槽"，但是这不影响苏轼成为著名的书法家。启功也说过，不要迷信哪一种执笔法。至清代以后，执笔方式越来越多样，二指、三指、四指、五指皆可，何绍基还自创回腕执笔法。清人戈守智著《汉溪书法通解》（图4-1），图解十二种执笔法，可参看。庄天明所撰《执笔的流变：中国历代执笔图像汇考》，根据历代绘画、雕塑作品中的人物执笔图像（图4-2，图4-3可为例），证实了启功的说法，"各个时代的执笔因观念与传承的

---

1 例如，启功说："古人席地而坐时，左手执卷，右手执笔，卷是朝斜上方倾斜的，笔也是向斜上方倾斜，这样卷与笔恰好成垂直状态。此时握管最省事、最自然，也是最实用的方法。"在唐代以前，执笔方式"就是用拇指和食指从里到外分别握住笔管，再用中指托住笔管，无名指和小指则仅向掌心弯曲而已，并不起握管的作用，这就是所谓'三指握管法'，与我们今天握钢笔、铅笔的方法一样。"三指握管法也被称为单苞执笔法。高桌高凳逐渐普及之后，执笔法也逐渐转为五指双苞执笔法。参见启功：《学书首需破除迷信——〈书艺丛谈〉之一》，《文艺研究》2000年第3期，第116-122页。
2 初唐李世民《指意》《笔法决》提出"自然手腕轻虚，则锋含沉静""大抵腕竖则锋正，锋正则四面势全。次实指，指实则节力均平。次掌虚，掌虚则运用便易"；欧阳询《八决》《传授决》提出"虚拳直腕，指齐掌空"；虞世南《笔髓论》提出"笔长不过六寸，捉管不过三寸，真一，行二，草三，指实掌虚"；盛唐张怀瓘《六体论》提出"笔在指端，则掌虚运动，适意腾跃顿挫，生气在焉；笔居半则掌实，如枢不转，掣岂自由，转运旋回，乃成棱角。笔既死矣，宁望字之生动"。中唐颜真卿《述张长史笔法十二意》提出"妙在执笔，令其圆畅，勿使拘挛"。晚唐韩方明《授笔要说》提出"夫书之妙在于执管，既以双指苞管，亦当五指共执，其要实指虚掌，钩压讦送，亦曰导送，以备口传手授之说也"。晚唐张敬玄《论书》提出"楷书把笔，妙在掌虚。运腕不可太紧，紧则腕不能转而字体粗细上下不均"。晚唐林蕴《拨镫序》提出"虚掌实指，指不入掌，东西上下，何所阂焉……吾昔受教于韩吏部，其法曰'拨镫'，今将授子，子勿妄传，推拖捻拽是也"。
3 古人提出"古法衰亡"的说法，以米芾为代表。米芾说："大抵颜柳踢挑，为后世丑怪恶札之祖，从此古法荡然无遗矣。""智永有八面，已少钟法。丁道护、欧、虞，笔始匀，古法亡矣。"以上见《海岳名言》。米芾所谓"古法"，指的是晋人之法，唐楷顿挫提按，棱角分明，米芾否定颜柳此类笔法。晋人一手持纸，一手悬笔，不可能有顿挫提按之类用力动作。
4 孙晓云：《书法有法》，知识出版社2003年版，第50页。
5 黄庭坚说："凡学书，欲先学用笔，用笔之法，欲双钩回腕，掌虚指实，以无名指倚笔，则有力。""先学双钩，用两指相叠蹙压无名指，高捉笔，令腕随意左右。"参见华东师范大学古籍整理研究室选编校点：《历代书法论文选》，上海书画出版社1979年版，第353-358页。

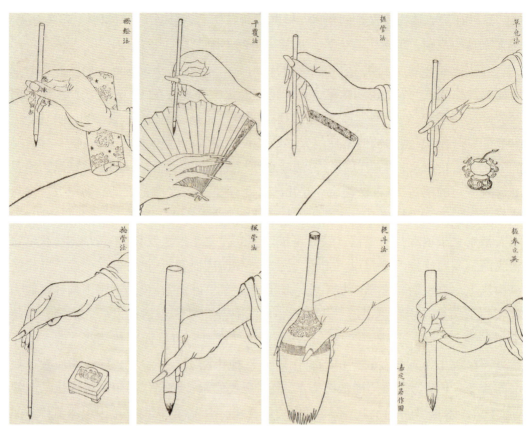

图 4-1 清·《汉溪书法通解》执笔示意图

不同而有变化",故而"形成历史上执笔方法多元并陈的景象"。[1]

唐人论述,皆认为掌握笔法有秘诀,一般不为人知,晚唐林蕴甚至神秘兮兮地说"今将授子,子勿妄传"。这就需要了解唐代及之前的书法传授问题。在刻帖没有大规模普及之前,学书者难以找到范本,书法传承主要是通过家法和师法。魏晋时期以家法为主,唐代实行科举取士制度,中下层知识分子获得晋升通道,而科举考试注重书法,师法传承渐为普及。也就是说,书法传承是以人为媒介,通过口传手授形成技艺操作链。褚遂良云:"盖书非口传手授而云能知者,未之见也。"[2] 张怀瓘云:"夫人工书,须从师授。"[3]

为什么书法传承是一个重大问题呢?《续资治通鉴长编拾补》记载了宋徽宗

---

[1] 庄天明:《中国历代执笔图像汇考》,《中国书法》2015 年第 13 期,第 103-111 页。
[2] 崔尔平编:《历代书法论文选续编》,上海书画出版社 1993 年版,第 43 页。
[3] 华东师范大学古籍整理研究室选编校点:《历代书法论文选》,第 217 页。

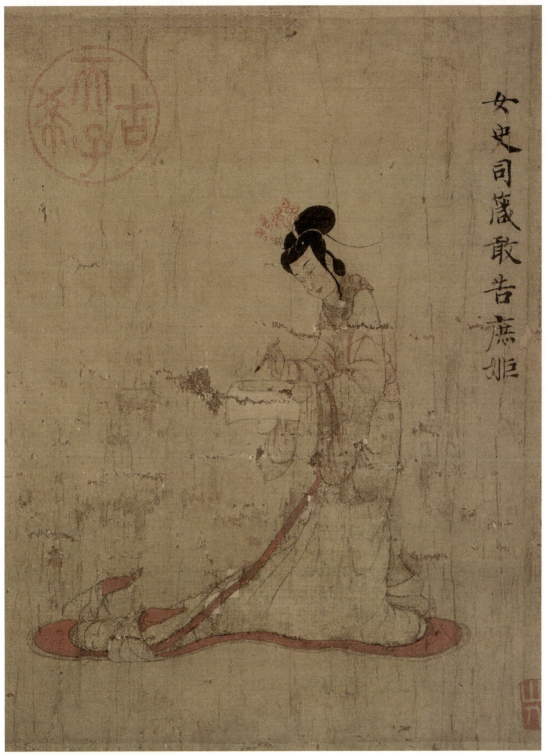

图 4-2　东晋·顾恺之《女史箴图》(局部)

图4-3 晚唐敦煌壁画《说法图》

崇宁三年六月壬子尚书省上疏及徽宗采纳的史实。[1] 尚书省的奏章说，"书之用于世久矣"，可以起到"一道德，谨家法，以同天下之习"的意识形态统治作用。附书学为之校试约束，尚书省编成《书画学敕令格式》，冠以崇宁国子监为名，宋徽宗同意施行，置书、画、算学，就是发挥其意识形态功能。

在唐代，书法被列为取士的条件，"身言书判"并列，也是出于统治的需要。《新唐书》有记载："凡择人之法有四：一曰身，体貌丰伟；二曰言，言辞辩证；三曰书，楷法遒美；四曰判，文理优长。四事皆可取，则先德行。"[2] 有西方学者认为，"儒教认为个人和社会遵循的伦理规范超越于艺术之上，这种观点贯穿于中国艺术史和艺术理论，书法艺术也不例外。"[3]

家法传承和师法传承都涉及"知识垄断"，这与封建统治秩序及阶层难以流动是紧密相关的。这里仅以"二王"、颜真卿为例，梳理其家法传承和师法传承的脉络，说明知识传授与文化积累的保守方式。

《宋书·王弘传》记载："（弘）既以民望所宗，造次必存礼法，凡动止施为，及书翰仪体，后人皆依仿之，谓为'王太保家法'。"[4] 魏晋士族将书翰仪体作为礼法的重要内容，琅玡王氏世代相传，此为家学渊源。王准之曾撰《书仪》一书，故被称为"王氏青箱学"。南朝梁庾元威《论书》记有王延之言："勿欺数行尺牍，即表三种人身。"《后汉书·窦融列传》李贤注引马融《与窦伯向书》云："孟陵奴来，

---

1 此奏章云："窃以算数之学其传久矣。《周官大司徒》以乡三物教万民，而宾兴之。三曰六艺：礼、乐、射、御、书、数，则周之盛时，所不废也。神宗皇帝将建学焉，属元祐异议，遂不及行。方今绍隆圣绪，则算学之设实始先志，推而行之宜在今日。今将元丰算学条制重加删润，修成敕令，冠以崇宁国子监算学敕令格式为名。"又言："窃以书之用于世久矣。先王为之立学以教之，设官以达之，置使以谕之，盖一道德，谨家法，以同天下之习。世衰道微，官失学废，人自为学，习尚非一，体画各异，殆非所谓书同文之意。今四方承平，未能如古，盖未有校试劝赏之法焉。今欲放先王置学设官之制，考选简拔，使人人自奋，有在今日。所有图画之技，朝廷所以图绘神像，与书一体。附书学为之校试约束，谨成《书画学敕令格式》一部，冠以崇宁国子监为名，并乞赐施行。"
2 欧阳修、宋祁：《新唐书》卷四十五《选举志》下，第769页。
3 雷德侯：《米芾与中国书法的古典传统》，许亚民、毕斐译，中国美术学院出版社2008年，第49页。
4 沈约：《宋书》卷四十二《王弘传》，中华书局2000年版，第868页。

赐书，见手迹欢喜何量，见于面也。"见书如晤面，书写的内容、格式及笔墨皆应合乎礼数。

何碧琪统计，《淳化阁帖》中收录的书法家，王氏一族有12位。"王、谢、郗、庾是东晋影响力最大的门阀，他们分别来自山东琅琊（如王导）、河南陈郡阳夏（如谢安）、山东高平金乡（如郗鉴）及河南颍川鄢陵（如庾亮）。他们以政治地位、军力、财力巩固家族地位，又以通婚与其他家族结盟，彼此在文艺、名声、风度上较劲。其中山东琅琊王氏的书法代代相传，王导、王洽、王珣三代及王羲之、王献之两代等书法名家辈出。"[1]《淳化阁帖》中，王导、王洽、王珣三代书家如下：王敦（266—324年），为王导堂兄；王导（276—339年），王羲之的堂伯父；王洽（323—358年），王导第三子；王珣（349—400年），王洽的儿子；王珉（351—388年），王珣弟；王廙（生卒不详），是王导的孙子、王荟的儿子。王羲之、王献之两代书家如下：王羲之（约303—361年）；王凝之（334—399年），王羲之第三子；王徽之（338—386年），王羲之第五子；王操之（约340-391年），王羲之第六子；王献之（344—386年），王羲之第七子。[2] 在当时，这些人物皆书名赫赫。王献之、王珉并称"大令""小令"。唐代张怀瓘《书断》记载："献之为中书令，卒于官，族弟珉代之，时以子敬为大令，季琰为小令。"《书断》又赞王洽与王羲之均为章草变今草的代表人物，"迨乎东晋，王逸少与从弟洽变章草为今草，韵媚宛转，大行于世，章草几将绝矣"。宋徽宗时《宣和书谱》评价："珣三世以能书称，家范世学，珣之草圣，亦有传焉"，今日我们所能见到的唯一晋人真迹，乃自日本回归的王珣《伯远帖》。琅琊王氏在楷书、今草、行书方面的成就彪炳史册，开帖学源流。何碧琪评价："《阁帖》保存的书法七成来自晋朝，制作复本保存书法的做法，大约在东晋二王法度确立后才出现，这是文章、书法脱离宗教及政教之后，独立成为文艺追求的象征。东晋王羲之集大成，不单是元代赵孟頫所言'总百家之功，极众体之妙'，亦是东晋王氏大族数代人书法、文化累积下的发展高度，例如王僧虔《论书》曾说：'王平南 是右军叔，自过江东右军之前，惟廙为最。'王氏等世家大族一代又一代所积累并孕育成熟的家学、家风，对于保持国家文化担纲着如支柱般的重要角色。"[3] 王廙（276—322年）之后，王僧虔（426—485年）、王志（王僧虔子）、智永（生卒不详，南朝至隋代人，俗名王法极）等王氏一族著名书家，虽不在《淳化阁帖》之中，但影响不小。王氏家风传承自觉谨严，

---

1 何碧琪：《〈淳化阁帖〉史话》，国家图书馆出版社2017年版，第19页。
2 王羲之《七儿一女帖》记录："吾有七儿一女，皆同生。婚娶以毕，唯一小者尚未婚耳。过此一婚，便得至彼。今内外孙有十六人，足慰目前。足下情至委曲，故具示。"
3 何碧琪：《〈淳化阁帖〉史话》，国家图书馆出版社2017年版，第174-175页。

典型独树，风规自远。苏轼《跋叶致远所藏永禅师千文》揭示了王氏家法的传承不仅是技法上的，而且是精神上的，文脉连贯，代有其人。家学、家风不只作用于王氏一族，"王太保家法"实则于国家的文化积累有益，书法的媒介化影响时代风潮和历史传承。

王氏子孙的书法知识传播，当然不局限于南方。例如萧子云新体，系由王褒传入关中；又如洛阳新体，与王肃北投的影响分不开。诸如关中的《董美人墓志》《杨纪墓志》，洛阳的《元孟辉墓志》《元秀墓志》《元崇业墓志》，关东的《羊祉墓志》《元景造像记》等，都可见王氏家法的痕迹。

除了琅玡王氏，陈郡谢氏的书法也是家学传承，谢安及谢安弟谢万、侄女谢道韫（嫁王凝之）皆留名于书史。王羲之与谢安、谢万有来往书翰，他们在书法上是互相有影响的。唐代孙过庭《书谱·序》云："东晋士人，互相陶染。至于王、谢之族，郗、庾之伦，纵不尽其神奇，咸亦挹其风味。去之滋永，斯道愈微。"士人之间的互相陶染，亦为文化传统，魏晋风流，正是由此类历史事件滋生。

王羲之从其伯父王导学书，无可争议。此外，传王羲之受过卫夫人的书法启蒙教育，或有可能。王献之外甥羊欣所著《采古来能书人名》云："晋中书院（郎）李义母卫夫人，善钟法，王逸少之师。"王羲之受到钟繇笔法的影响是无疑的，王羲之曾说："顷寻诸名书，钟、张信为绝伦，其余不足存。"又自谓"我书比钟繇，当抗行；比张芝草，犹当雁行"，《晋书·王羲之传》有记载。钟繇的楷书、张芝的草书是王羲之学习的对象，比较他们的法帖书迹，应为可信。

综上，王羲之的书法学习、传授，主要是家法的传承。家法不外传也不可能。张彦远《法书要录·传授笔法人名》记载："王羲之传之王献之，王献之传之外甥羊欣，羊欣传之王僧虔，王僧虔传之萧子云，萧子云传之僧智永，智永传之虞世南，世南传之，授于欧阳询，询传之陆柬之，柬之传之侄彦远，彦远传之张旭，旭传之李阳冰，阳冰传徐浩、颜真卿、邬彤、韦玩、崔邈，凡二十有三人。"这便是由家传转至师传的脉络。

唐代怀素《自叙帖》里引用了一大段颜真卿的话，颜真卿云："夫草稿之作（按：草书），起于汉代。杜度、崔瑗，始以妙闻。迨乎伯英，尤擅其美。羲、献兹降，虞、陆相承，口诀手授。以至于吴郡张旭长史，虽姿性颠逸，超绝古今，而模（按：疑误衍）楷精法详，特为真正。真卿早岁，常接游居，屡蒙激昂，教以笔法，资质劣弱，又婴物务，不能恳习，迄以无成。追思一言，何可复得。"在这段话之后，颜真卿称赞怀素云："忽见师作，纵横不群，迅疾骇人。若还旧观，向使师得亲承善诱，函挹规模，则入室之宾，舍子奚适。"从中可获得以下信息：一是草书的传承方式，

图 4-4 唐·颜真卿《颜勤礼碑》民国初拓本

是"口诀手授";二是颜真卿曾从张旭学笔法;三是颜真卿尊称智永为师,并感慨不能得到智永的亲承善诱。怀素《藏真帖》也记录了颜真卿得张旭笔法的史实:"晚游中州,所恨不与张癫长史相识。近于洛下偶逢颜尚书真卿,自云颇传长史笔法,闻斯八法若有所得也。"[1] 颜真卿《草篆帖》亦有类似记录:"但曾见张旭长史,颇示少糟粕,自恨无分,遂不能佳耳。"[2]

颜真卿《草篆帖》这段记录还透露了一个信息,即其家学渊源,故而可以理解为何颜真卿的书法富有篆籀笔法,原来"上祖多以草隶篆籀为当代所致"。在《颜勤礼碑》(图4-4)中,颜真卿记录颜勤礼"工于篆籀,尤精诂训,秘阁司经史籍多所刊定";颜勤礼父"讳思鲁,博学善属文,尤工诂训";颜勤礼孙元孙"从调以书判入高等者三",孙惟贞"频以书判入高等";诸曾孙之中,曜卿"工诗善草隶",旭卿"善草书",茂曾"颇工篆籀",允南"工诗,人皆讽诵之,善草隶,书判频入等第"……当然,颜真卿是这一辈中最杰出的人物,他谦虚有礼,不提及自己

---

1 怀素:《唐怀素三帖》,陕西人民出版社 1982 年版,第 31 页。
2 颜真卿:《颜鲁公集》卷四,黄本骥编(重印本),台北中华书局 1970 版,第 7a 页。

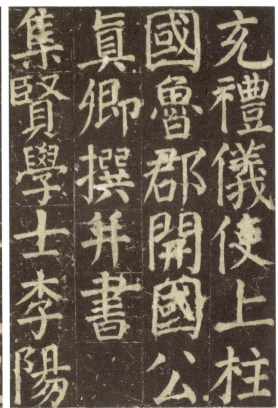

图4-5 唐·颜真卿《颜氏家庙碑》

的书法成就,用"以清白名闻"五个字表明自己不辱没家风。《颜氏家庙碑》(图4-5)乃颜真卿为父亲颜惟贞镌立。此碑记载颜惟贞"少孤,育舅殷仲容氏,蒙教笔法。家贫无纸笔,与兄(按:颜元孙)以黄土扫壁,木石画而习之,故特以草隶擅名","与会稽贺知章、陈郡殷践猷、吴郡陆象先、上谷寇泚、河南源光裕、博陵崔璩友善,事具陆据所撰《神道碑》。累赠秘书少监、国子祭酒、太子少保,真卿表谢。肃宗批答云:'卿之先人,德行优著,学精百氏,艺绝六书……'"。从颜惟贞的家学、交游、功名来看,其书法声名不俗,唐肃宗也予以高度认可。

从颜之推、颜师古到颜真卿,颜氏家法传承有序。颜氏祖籍琅玡临沂,先世衣冠南渡。颜之推经历南北两朝,饱尝离乱之苦,从其所撰《颜氏家训》中,可以领略治家、治国的伦理与器识。《颜氏家训》以"务先王之道,绍家世之业"为宗旨,训诫子孙,树立家风。明代王三聘赞誉:"古今家训,以此为祖。"颜之推治经学，故通小学，工书。颜师古为颜之推的孙子，也是著名经学家和训诂学家，尤其以注《汉书》而名载史册。颜真卿亲撰亲书《颜勤礼碑》《颜氏家庙碑》，铭记家族传统，传承忠烈门风。安史之乱时，颜杲卿和儿子季明守常山（今河北正定），颜真卿守平原（山东今县），天宝十五载（756年），安禄山叛军围攻常山，抓到颜季明，借此逼颜杲卿投降，但颜杲卿毫不屈服，大骂安禄山，季明被杀。不久，城为史思明所破，颜杲卿被押到洛阳，见安禄山时，叱詈之，被钩舌肢解而终。颜真卿寻得季明头颅，写下震铄古今的《祭侄文稿》。

清代阮元《北碑南帖论》云："唐之殷氏、颜氏，并以碑版隶、楷世传家学。"殷仲容是颜真卿舅祖，内兄颜昭甫去世后，殷仲容教育颜元孙、颜惟贞。《颜氏家庙碑》有确切记录，前文已述。颜家与殷家世代结秦晋之好，五代人中，颜家男子六次娶殷家女子。《颜氏家庙碑》还记载，"真卿早孤，蒙伯父泉（按：颜元孙）、允南（按：颜真卿二哥）亲自教诲"。这些材料均可说明颜真卿的家学传承。

颜真卿曾取法王羲之。《东坡题跋》云："颜鲁公平生写碑，唯《东方朔画赞》为清雄，字间栉比而不失清远。其后见逸少本，乃知鲁公字字临此书，虽大小相悬，而气韵良是。"[1]唐人认可《东方朔画赞》为王羲之所书[2]。颜真卿书《东方朔画赞》为大楷，其时年四十五岁，个人风格未到成熟期。颜真卿学张旭，张旭也是传承"二王"血脉的书家。苏轼学颜，亦学王，故有心得，从颜书《东方朔画赞》中看见王羲之的气韵。《颜氏家训》卷七《杂艺第十九》云："梁氏秘阁散逸以来，吾见'二王'真草多矣，家中尝得十卷；方知陶隐居、阮交州、萧祭酒诸书，莫不得羲之之体，故是书之渊源。"颜之推以王体为"书之渊源"，并以陶弘景、阮研、萧子云为范例，说明学王的合理性。颜真卿继承了右军笔法，又一变古法，挺然奇伟，令后世高山仰止。黄庭坚《山谷题跋》说："盖自二王后，能臻书法之极者，惟张长史与鲁公二人。"他在《跋洪驹父诸家书》中又说："颜鲁公书虽自成一家，然曲折求之，皆合右军父子笔法。书家多不到此处，故尊尚徐浩、沈传师尔。"黄庭坚将颜真卿与"二王"并称为"能臻书法之极者"，并且揭示了自二王到颜真卿的主流传承系统。

王羲之和颜真卿，分别以中和之笔、中正之笔，矗立起中国书法史上两座高峰。从技法上说，"王羲之是绞转的总结者，颜真卿是提按的总结者。他们是一个时代

---

[1] 苏轼：《东坡题跋》卷四，台北世界书局1962年版，第76a页。
[2] 传世摹本小楷《东方朔画赞》无款，末署"永和十二年五月十三日书与王敬仁"，与唐代张怀瓘《书断》记录"（敬仁）尝就右军求书，乃写《东方朔画赞》与之"相符。南朝陶弘景与梁武帝萧衍《论书启》云"《黄庭》《劝进》《像赞》《洛神》"为"逸少有名之迹"。唐代褚遂良《右军书目》将此帖列为第三，排在《乐毅论》《黄庭经》之后。

的总汇，又是一个时代的源头"。[1] 从文化修养上说，王羲之和颜真卿都受滋养于家学，世泽流芳，传承、积累之后的生发、释放，乃文化演衍之奇观。从时代背景上讲，他们的书法又分别代表了魏晋风度与大唐气象。从人格主体上讲，王羲之的洒脱俊逸与颜真卿的刚烈忠直，达到了至高境界。王羲之和颜真卿能够出古开新，实乃主体价值的张扬、精神力量的彪炳。后人借助对王羲之和颜真卿书法镜像的凝视，感知王羲之、颜真卿的人格主体，进而感知自身、确认自身，这就是王羲之和颜真卿书法被经典化的人文价值。以人为媒介的书法传承，既是传技，更是弘道。帖学以"二王"和颜鲁公为江河之巨源，岂可单单以知识传递而论？在刻帖和图像传播取代口传手授的家法、师法之后，中国书法的传承与创新，尤其不应忘记以人为主体、以人为目的之意义。在经典媒介化的同时，人们也是在构建自身和文化群体，构建符号化交换的价值。

第二节　手摹心追：以图像为媒介的传播

　　刻帖兴起之后，名家真迹便可以化身千万，便于传播，利于学习。临摹成为学习书法的必由之路。唐代及以前，学习书法的媒介是人，学习的方法是家法、师法，故而强调"笔法"，甚至将笔法神秘化。自宋代始，复制、印刷技术成熟，刻帖兴起，明清尤为流行，便是以图像为媒介。有了法帖范本，书法学习的普及性大为提升。临摹者从法帖中揣摩笔法，感悟审美，吸取诸家之长而后方可化为己意。

　　初学者皆从临摹开始，即使学有所成，也不放弃临摹功课。自古至今，不少名家都坚持积累功夫。着功夫是终身功课。

　　"学书所以宜临古碑帖，而不宜但学时人者，以碑帖距我远。"[2] 古碑帖已经过时间检验，经典之作得到了公认。追本溯源的好处，犹如泰山登顶可观峰峦脉络，一切变化皆有迹可循。书法的知识谱系，如树之根深叶茂，如山之势立形张，如水之源远流长。明代王铎指出，"近观学书者，动效时流。古难今易，古深奥奇变，今嫩弱俗雅，易学故也"[3]，这是他自己的临帖心得，因为古帖难临，可以师法的地方很多，而今帖易学恰恰是内涵浅易，深奥不足。他又说："书不师古，便落野俗

---

[1] 邱振中：《论楷书对笔法衍变的若干影响》，《书法研究》1984年第3期，第1-27页。
[2] 启功：《给青少年的十三堂书法课》，长江文艺出版社2019年版，第57页。
[3] 王铎：《琼蕊庐帖》，临《淳化阁帖第五·古法帖》后题跋。

一路，如作诗文，有法而后合。"[1] 合于古法才是临帖、学书的正路，否则堕于俗套。元代赵孟頫云："学书须学古人，不然，虽笔秃如山，亦为俗笔，若今'京体'是也。"明代祝允明述其学书经历云："自髫卯以来，绝不令学近时人书，目所接皆晋、唐人帖也。"然而，在唐代以前，很难学习古人，只能靠家传、师传，向身边的人、同自己时代相近的人学习书法，视野受到局限。

"与古为新"指向的是接近本原、本质之古，脱离时俗、近俗而出新。临摹分摹帖和临帖，摹帖是照着写，临帖是对着写。

摹帖是用透明的薄纸覆盖在字帖上，依样描画、摹仿。摹帖又分双钩法、单钩法、描红法。双钩法是用细线勾出字的轮廓，摹帖时填写、还原，以掌握笔画、字形。单钩法是在笔画中间画一条线，循着这条线写字，笔锋保持在这条线上运行。描红法是将范本上的字印成红色，这样底样醒目，便于初学者摹写。

临帖是将字帖平放在桌面上，或竖放在帖架上，对着字帖上的字仿写。临帖的阶段可以分为对临、背临、意临，循序渐进，以意临为上。对临的要求是在起步阶段，临写得越像越好。孙过庭《书谱》云："察之者尚精，拟之者贵似。"读帖要细致，先览察字形，后观看笔画，把握整个字的结构、姿态、气势，了解笔顺和运笔过程，落实到每一个点画之中，尤其注意起止、转折之处。有了一定基础之后，便以由形似达于神似为目标。董其昌有妙论："临帖如骤遇异人，不必相其耳目、手足、头面，当观其举止、笑语、真精神流露处。庄子所谓'目击而道存者也'。"[2] 所谓背临，就是默写。如果对临有了一定收效，特别是熟悉范本的特征之后，就可以不看字帖，凭记忆而背写。对临和背临的目的是入帖，出帖还需要提高意临水平。对临和背临是与古人合，意临是与古人离，尽量摆脱其形质，吸取其精髓，并掺入己意，注入神采。意临以"在似与不似之间"为佳。董其昌云："临书先具天骨，后传古人之神。太似不得，不似亦不得。"[3] 在似与不似之间，强调的是有得于古人之神气，也有得于天骨之本心。

宋代姜夔《续书谱》说："临书易失古人位置而多得笔意，摹书易得古人位置而多失古人笔意。临易进，摹易忘，经意与不经意也。"如何在临帖中得古人位置、古人笔意？姜夔总结为"经意"，即眼到、手到、心到。眼到是指善于读帖。当然，可以借助田字格、米字格、九宫格来安排位置。汉字是方块字，田字格区分了左右、上下，临帖时可以参照经营架构。米字格有助于临习者收紧中宫，依法伸展。九

---

[1] 王铎：《琅华馆帖册》题跋。
[2] 董其昌：《容台集·容台别集·书品》，台湾图书馆1968年版，第2037-2038页。
[3] 董其昌：《〈董华亭书画录〉补录》，上海书画出版社2014年版，第317页。

宫格有助于临习者更准确地落实点画。关于九宫格，启功另有发明，依西方几何的黄金分割法，掌握字形分布，在《给青少年的十三堂书法课》一书中有详细说明，可参看之[1]。他把传统九宫格只注意一个重心（中宫），改进为注意四个重心（黄金分割）而结字，确实便于初学者掌握。

所谓手到，是笔墨落于纸面，临摹到位。临摹依次悟得笔法、字法、章法。对临时做到一个字一个字地临，不是看一笔写一笔，从整体上把握一个字，熟练后可以一次多临几个字。体会笔法，起码的要求是写字而不是画字，每一笔都是写出来的，笔笔到位，一笔也不虚。笔法不过关，肯定影响结体和章法，故而笔法是基础。结体之要在稳住重心，无论是取势平正还是取势险绝，都注重平衡、穿插、避让、迎接、伸展，皆见虚实、张弛、疏密、主次，中宫紧敛，收放自然，参差有致，体现字法之活泼。从局部临摹再到通临，逐渐把握字与字之间、行与行之间的连接呼应、错落协调、节奏变化、气息流动，尽量合乎原作的章法布局。临习后多与原作进行对照。逐字逐行吃透，原原本本对临，以达到可以背临的程度为要求。

所谓心到，是能够与古人对话，把握原帖的格调、气质，想象书者书写时的精神状态，进入通会之境。心到了，才能与古人合，然后与古人离。书法是见人性、人格的艺术，留下的是人的生命信息。如果能够让原帖"复活"，就不是硬临、死临，而是创造性地转化，将古人的精华化为自己的东西。反复临摹，反复对话，方可会意。

宋儒朱熹讲读书方法，"谓心到、眼到、口到"，"'三到'之中，心到最急。心既到矣，眼口岂不到乎？"[2]学习书法的方法和读书是一样的。朱熹说读书要反复熟读，"读《诗》，惟是讽诵之功"[3]，正如"读书百遍，其义自见"的道理。朱熹说读书要解读文本，"晓得文意是一重，识得意思好处是一重。若只是晓得外面一重，不识得他好底意思，此是一件大病。"[4]又说解读文本就是借助文本与作者对话，"见得它意思如当面说话相似"[5]。又说解读文本还要有主体意识，"读书，须要切己体验，不可只作文字看"[6]，这便是设身处地将自己置于语境之中，融入自己的角色，把书读活了。朱熹还说读书要有自己的心得，"读书须是有自得处，到自得处，说与人

1　启功：《给青少年的十三堂书法课》，第45-47页。
2　朱熹：《训学斋规》次编，文渊阁《四库全书》影印本，第3页。
3　朱熹：《朱子语类》卷一〇四，文渊阁《四库全书》影印本，第5页。
4　朱熹：《朱子语类》卷一一四，第5页。
5　朱熹：《朱子语类》卷十，第2页。
6　朱熹：《朱子语类》卷十一，第9页。

也不得"[1]。书法传承借由参酌他者而超越此界，通往他界，叩问人的本质，确认存有的意义。刻帖不可只作图像看，超越图像语言才能"不隔"，才能与古人"当面说话"，建立这种超越形质的对话关系则意味着主体间的神采互通，意味着"说与人也不得"的生命自得。

成年人临帖，以选择原大的碑帖范本为主，吸收"原汁原味"。儿童则可以选择放大本，尤其是晋唐时期的法帖，字形不大，技法精微，适当放大便于儿童理解其结构特征、点画特征。然而，写大字、写小字运笔有异，发力所用身体部位也有所不同，儿童适宜从学大字开始，这是尊重其生理规律的需要。

学习前人经典，初学者宜"整本帖临摹"，切忌一本字帖没有学好，又去写另外一本字帖。吃透一家，至为重要。到了转益多师、博采众长的阶段，如何提炼自己所需的经典资源，就涉及新的学习方法。宋代米芾的集字临摹之法，打开了学习经典的一道门。

在米芾之前已有集字法，最为著名的是唐代弘福寺沙门怀仁集晋王羲之书而刻碑的《大唐三藏圣教序》。怀仁费尽廿五年心力，集内府所藏王字成碑，缺失之字采取拼接王羲之书迹中的部首合成，《大唐三藏圣教序》乃成王字之宝库，明代赵崡《石墨镌华》赞誉"此碑为百代书法楷模，今时尤重"，明代王世贞赞誉"备尽八法之妙"，清代康有为赞誉"位置天然，草法秩理"[2]。唐代典籍还记载了开元年间皇帝将王书集字作为范本之事。集字的好处是拓书人将书迹编成工具书，便于单个字临摹。[3]何延之《兰亭记》记载，唐太宗专门设置了拓书人职位，"帝命供奉拓书人赵模、韩道政、冯承素、诸葛贞等四人，各拓《兰亭》数本"。拓书人是谙熟书法的专业人士，是经典法书的整理者、复制者、推广者。王书在唐代成为最高书法经典，显然与皇帝的推崇、体制的配备密不可分。陈忠康考察唐人复制《兰亭》、临习《兰亭》的情形及影响时说，唐代拓书人所拓《兰亭》"相对能接近底本的原貌。这些被称为'下真迹一等'的复制品受到后人的重视"，"唐代至五代已由上至下形成普遍临摹《兰亭》的风气。一些一般写手的临作至今尚有保存，如敦煌遗书中就有4件"，名家临写《兰亭》的情形更为普遍，文献有记载的，有褚遂良、智永、虞世南、欧阳询、柳公权、陆柬之等。[4]又据《宣和书谱》记载，

---

1 朱熹：《朱子语类》卷一〇四，第4页。
2 康有为撰、祝嘉译释：《〈广艺舟双楫〉译释》，上海书画出版社2021年版，第131页。
3 《唐韦述叙书录》，收录于张彦远纂辑、刘石校理：《法书要录校理》，中华书局2021年版，第227-229页。
4 陈忠康：《千载范式：历代〈兰亭〉版本流变与传习》，文化艺术出版社2019年版，第26-27页。

唐代集王字已成风气，名手众多[1]。到了刻帖和图像传播时代，有了可以批量复制的传拓术和印刷术，人们获取古碑帖就方便多了，而且可以更自由地选择范本，书法教育也普及更广了。

米芾在《海岳名言》中有过不无得意的自我评价："壮岁未能立家，人谓吾书为集古字，盖取诸长处总而成之。既老始自成家，人见之，不知以何为祖也。"其中说出了他学习书法的要诀，从集古到化古，从入古到出古，从与古为徒到与古为新。在《自叙帖》中，米芾强调尽似古人而不能融会贯通者为"奴书"："所以古人各各不同，若一一相似，则奴书也。"临摹之后需脱化。米芾曾自叙学习古人的经历[2]，米芾"集古"注重扬长避短，举一反三，审美境界也一再提升。董其昌跋米芾《乐圃帖》，赞誉米芾得到钱穆父指点后大悟，"如禅家悟后，拆肉还母，拆骨还父，呵佛骂祖，面目非故"[3]。这就指出了米芾最终形成自家面目、脱形入神的心得：留意字法仅为摹形，得晋人之神才是根本。清代刘熙载点评了米芾从善摹到善变的学书路径[4]，所持观点皆为对米芾自叙之认同：刘说"米元章书法大段出于河南"来自米叙"乃慕褚而学最久"，刘说"一时有'集字'之讥"来自米叙"人谓吾书为集古字"，刘说"迨既自成家，则唯变所适，不得以辙迹求之矣"来自米叙"既老始自成家，人见之，不知以何为祖也"。

除了集字法，还有融通法。清代蒋衡说过自己在学习《兰亭》过程中融通不同版本、融通各家笔法的体会："庚戌夏在曲阜临两种《兰亭》，乃悟欧、褚所摹则同，笔性各异。学欧须得其灵活，学褚当知其古劲，于彼所异参透所同。从欧、褚得王，以王就我，直追原本，尽空法象。"[5]蒋衡的整合、融通方式，是从欧阳询、褚遂良的书作里领悟王羲之的笔法，将其化为己有，直到脱胎换骨。临摹其形只是看到法象，只有尽空法象才能直追原本。明代文徵明引用张融语云："不恨已无二王法，而恨二王已无法"[6]，反对泥古不化。再如临摹颜真卿，颜真卿在不同阶段的作品风

1　"释行敦，莫详其世，作行书仪刑羲之笔法。当天宝间，寓安国寺，以书名于世。尝录傅玄乐府，字画遒媚，富于绳墨，视王氏其犹得其门者……后有'集王羲之书'一十八家者，行敦乃其一也。"参见《宣和书谱》，景印文渊阁四库全书第813册，台北商务印书馆1986年版，第261页。

2　米芾《学书帖·自叙》："余初学，先写壁，颜七八岁也，字至一幅，写简不成。见柳而慕紧结，乃学柳《金刚经》，久之，知其出于欧，乃学欧。久之，如印板排算，乃慕褚而学最久。又摩段季转折肥美，八面皆全。久之，觉段全绎《兰亭》，遂并看法帖，入晋魏平淡，弃钟方而师师宜官，《刘宽碑》是也。篆便爱《诅楚》《石鼓文》，又悟竹简以竹聿(«笔»)行漆，而鼎铭妙古老焉。"

3　董其昌跋米芾《乐圃帖》云："米元章书，沉着痛快，直夺晋人之神。少壮未能立家，一一规摹古帖。及钱穆父诃其刻画太甚，当以势为主，乃大悟，脱尽本家笔，自出机轴，如禅家悟后，拆肉还母，拆骨还父，呵佛骂祖，面目非故。"参见贺复征：《文章辨体汇选》。

4　华东师范大学古籍整理研究室选编校点：《历代书法论文选》，第707页。

5　蒋衡：《拙存堂题跋》，收录于卢辅圣主编：《中国书画全书》第八册，上海书画出版社1994年版，第840页。

6　季伏昆：《中国书论辑要》，江苏美术出版社1988年版，第39页。

格变化很大，以楷书为例，早期的《多宝塔碑》方圆结合、紧密雅致，《东方朔画赞碑》方正刚健、峻拔肃穆，六十岁后书写的《麻姑仙坛记》则朴拙雄浑、开阔磅礴，《颜家庙碑》不拘一格、风棱秀出。如果不能体会颜真卿的人生阅历与思想境界之变化，就不能融通颜法。学颜之难，亦在于此。借助书法之媒介，实现主体之间的理解、对话，不只是技艺、经验的融通，而且是意会知识的察觉与身体活动的感悟，其中有具身性操作，亦有反身性思考。

临摹的目的不是仿造而是创造。通过仿造而入门，求得控笔自如、技艺精湛，之后便要"忘法"，求得精神自由、解放心手，进入创造境界。董其昌对自己的书法成就颇为得意，曾谓"吾书无他奇，但姿态高秀，为古今独步耳。心忘手，手忘笔，笔忘法，纯是天真潇洒"[1]。董其昌的创造，来源于融通各家，转化诸法。他曾说过这方面的经验："以杨少师《韭花帖》笔意书仲宣《登楼赋》，亦兼用陶隐居《华阳帖》，欲一洗媚艳之习耳！"[2] 书法家取各家之长而自成面目者不在少数，临摹多家碑帖、学习几种书体的也大有人在，最终是入得碑帖去，出得碑帖来，便具有创造的能力和创造的精神。董其昌的门人倪后瞻在《倪氏杂著笔法》中说到学书的三个阶段：初求专一，即取法古代某一家；次求广大，即集多家之长；再求脱化，脱化是最高境界。清代刘熙载在《艺概·书概》中也说道："书贵入神，而神有我神他神之别。入他神者，我化为古也；入我神者，古化为我也。"创造来自转化，化他为我，化古为今，故有新变。

书法创造所追求的是技进乎道的境界，不受技术控制也不受社会制度控制，将技艺内化为主体性，在手摹心追的体验中达到出神入化的自由境界。从媒介考古学的视角看，是"人和媒介统一在自然的文化经验中"[3]，由此实现人的主体性递归。"自成一家"与"天机迸出"是融通的，天机自我而出，古奥化为己意。如果受困于法帖图像的可复制技术，受困于同质化、去个性化的书写惯习，便意味着受困于知识茧房，导致主体性的否弃与消解。对于刻帖传播的反思，意味着对人文的物化、媒介的工具化之反抗，意味着对人的丰富性、递归的整体性之张扬。

---

[1] 倪后瞻：《倪氏杂著笔法》，收录于崔尔平选编点校：《明清书法论文选》，上海书店出版社1994年版，第423页。
[2] 董其昌：《容台集·容台别集·书品》，台湾图书馆1968年版，第1987页。
[3] 吴璟薇、高山：《中文打字机与内部出版变革：媒介技术实践与媒介考古》，《现代出版》2022年第6期，第19-31页。

第三节　字内字外：隐性知识与精神相应

清代刘熙载《艺概·书概》云："书，如也。如其才，如其志，总之曰如其人而已。"才、志，皆为书写者的主体性之流露。中国文人书法与文人画一样，强调作者的综合修养。被梁启超赞誉"现代美术界，可称第一人"的陈师曾，在《何谓文人画》一文中说："文人画之要素，第一人品，第二学问，第三才情，第四思想；具此四者，乃能完善。盖艺术之为物，以人感人，以精神相应者也。"[1] 笔者借用陈师曾的人品、学问、才情、思想四要素说，陈述书家字内、字外功夫的内涵。字内功夫可见于笔墨形迹，字外功夫隐含于笔墨精神，可谓之为隐性知识的传播与习得。

迈克尔·波兰尼认为，人类的知识有两种，通常被描述为知识的是显性知识（也译为"明言知识"），而未被表述的知识是看不见的知识，被称为隐性知识（也译为"意会知识"）。显性知识可借助传播媒介复制，是可以说出来的；隐性知识则只可意会不可言传，需通过自我领悟、实践而掌握。"所有的知识，或者是意会知识，或者根源于意会知识，一个全然明言的知识是不可想象的。"[2] 书法的学习注重意会，注重实践，是一种具身性传播，用迈克尔·波兰尼的"意会"含义也可以解释："每当我们理解世界之时，我们都在依赖着我们对这个世界作用于我们身体的影响和我们的身体对这些影响的复杂回应的意会认识。这是我们的身体在宇宙中的特殊位置。"[3] 古人所说的"心手合一""心手双畅"就是意会力量的高度聚合，这样的体验难以用语言描述，身体与世界形成了浑融感应。然而，学习书法又必须借助可见的书迹，借助家传、师传或图像媒介，意会建立于此基础之上。迈克尔·波兰尼对于知识的理解反对了理性决定论和历史相对论，体现了自由主义的认识论，如果只是屈从于权威、局限于传统，不可能产生意会知识，也不可能拓展认知维度，不可能领悟心灵与生命的意义。

《庄子·天道》云："世之所贵道者，书也。书不过语，语有贵也。语之所贵者意也，意有所随。意之所随者，不可以言传也。"庄子以"轮扁斫轮"的寓言表述了技艺不可以言传的深刻道理，"得之于手而应于心，口不能言，有数存焉于其间"。这种只可意会、不可言传的知识，在《庄子·知北游》中，被命名为"不知之知"。有学者指出："庄子此论，不仅揭示出人类传承的两大类知识中，'意会知识'

---

[1] 陈师曾：《中国文人画之研究》，浙江人民美术出版社 2016 年版，第 58 页。
[2] 迈克尔·波兰尼：《认知与存在：迈克尔·波兰尼文集》，马乔里·格勒内编，李白鹤译：南京大学出版社 2017 年版，第 121 页。
[3] 迈克尔·波兰尼：《认知与存在：迈克尔·波兰尼文集》，第 125 页。

和'言传知识'的根本不同，同时，也自根源处阐明了古人知识构成、思维模式、言说方式乃至审美心理形成的因由。"[1]早在两千多年前，庄子就表述了与迈克尔·波兰尼相近似的思想，而庄子的思想对中国人的影响无疑既深远又切近。

文人书法的理念在赵宋时期形成自觉。唐代刘禹锡批判当时轻视书法的风气，以儒家思想"志道游艺"为根据，肯定了书法在儒家意识形态建构中的作用。宋代尤其注重书品与人品的结合，此乃宋人理学思想之反映。黄庭坚《书缯卷后》云："学书要须胸中有道义，又广之以圣哲之学，书乃可贵。若其灵府无程，政使笔墨不减元常、逸少，只是俗人耳。"[2]人俗则书必俗，俗便不可医。

宋人楷书学颜者众，苏黄米蔡（按：后世以蔡襄取代蔡京，蔡京也学颜书）皆有学颜经历，蔡襄的大楷受颜真卿影响甚大。米芾有这方面记载："韩忠献公琦好颜书，士俗皆习颜书，及蔡襄贵，士庶又皆学之。"[3]韩琦为相十载，辅佐三朝（仁宗、英宗、神宗），蔡襄也是同时代的名臣。韩、蔡均工书。他们的影响力显而易见。黄庭坚曾跟随苏轼学颜书，在《山谷题跋》里有多处记录："必来作字，时时仿佛鲁公笔势，然终不似子瞻暗合孙吴耳。（按：宋人喜用"暗合孙吴"句，孙武、吴起并称孙吴，暗合孙武，意指潜移默化而暗合规则）……予与东坡皆学颜平原，然予手拙，终不近也。"[4]苏轼说："诗至于杜子美，文至于韩退之，画至于吴道子，书至于颜鲁公，而古今之变，天下之能事尽矣。"这段话是苏轼临写颜真卿《争座位帖》的跋语。[5]苏轼从书法本体上对于颜书作了高度肯定，颜书通"古今之变"，以"中锋直下"的笔法直抵上古篆文，"扫尽汉唐媚习"。苏轼的评语或对朱长文有启发，朱长文《续书断》对颜书的评语见下文。米芾对《争座位帖》的评价亦不俗，在《宝章待访书》《书史》中，米芾云"字字意相连属飞动，诡形异状，得于意外""顿挫郁屈，意不在字；天真罄露，在于此书"。[6]蔡襄书《颜真卿自书告身帖跋》云"忠贤不得而见也"，意思是从《告身帖》中可以见到颜鲁公的忠贤面目。

欧阳修强调的是书以人传，颜真卿就是榜样[7]。梅尧臣《韵语答永叔内翰》诗几乎是欧阳修的观点的改写："古人皆能书，独其贤者留。"苏东坡云："人貌有好

---

1 夏静：《庄子的"听之以气"》，《光明日报》2021年7月26日，第13页。
2 刘小晴：《中国书学技法评注》，第258页。
3 米芾：《书史》，台北世界书局1962年版，第57页。
4 黄庭坚：《山谷题跋》卷五，白石校注，浙江人民美术出版社2022年版，第74页。
5 此拓本藏美国芝加哥菲尔德自然历史博物馆。
6 米芾虽对颜书颇有微词，在《海岳名言》中说"颜鲁公行字可教，真便入俗品"，但是主要批评的是颜真卿的楷书不合晋人之法，而对于颜真卿的行书特别是《争座位帖》，他还是充分肯定的。
7 欧阳修《笔谈·世人作肥字说》云："古之人皆能书，独其人之贤者，传遂远。使颜公书虽不佳，后世见者必宝也。杨凝式以直言谏其父，其节见于艰危。李建中清慎温雅，爱其书者兼取其人也。"

丑，而君子小人之态不可掩也。言有辩讷，而君子小人之气不可欺也。书有工拙，而君子小人之心不可乱也。"君子是儒家的理想人格，君子怀德，修己安人，笃志而体。在苏轼看来，君子修持是本质上的、内在的自我超越，胜于外在的貌、言、书。反过来看，书法也是一个人内在世界的形貌、语言，书法的工拙可以反映内心的美丑。苏轼作《次韵米黻二王书跋尾二首》诗，末句以颜真卿《乞米帖》为本事，赞美颜真卿廉洁高尚的品格。朱熹云："余少时喜曹孟德，时刘共父方学颜真卿书，余以字书古今诮之，共父正色谓余曰：'我所学者唐之忠臣，公所学者汉之篡贼耳'。"取其人，学其书，这是中国古代书法传承的一个显著特点。朱熹之前，欧阳修也说到了人们对颜书认识的取向转变："余谓颜公书如忠臣烈士，道德君子，其端严尊重，人初见而畏之，然愈久而愈可爱也。"从初见而畏到愈久愈爱，敬其人而取其法，文人士大夫以书法所承载的人文价值和主体人格为取向。

虽然颜真卿在中唐已经确立书名，但是他被推崇至与羲、献并立的高峰地位，与宋代朱长文《续书断》将颜书列为唐代"神品"之首（"神品"共三人，后二人为张旭、李阳冰）有关。唐窦臮《述书赋》记录有唐一代书家四十五人，未提到颜真卿。五代时期"二王"仍为法书之宗，地位无人可及。南唐后主李煜在《书评》中说："善法书者，各得右军之一体：若虞世南得其美韵，而失其俊迈；颜真卿得其筋，而失于粗鲁"[1]，他认为颜真卿学右军仍有不足。宋太宗时期编《淳化阁帖》，羲、献所占约半数，而颜真卿的书法并未收入其中。[2] 北宋中期颜真卿的书名隆升，欧阳修主持编著的《新唐书》对颜真卿的人格与书法同时给予赞誉："真卿立朝正色，刚而有礼，非公言直道，不萌于心。天下不以姓名称，而独曰鲁公。善正、草书，笔力遒婉，世宝传之。"[3] 欧阳修及其弟子苏轼对颜真卿的推崇显然有引导作用。皇祐、嘉祐年间潘师旦摹刻的《绛帖》虽以《淳化阁帖》为底本，但又有所筛选和增补，颜真卿的《蔡明远帖》《邹

---

[1] 董浩编：《全唐文》卷一二八，中华书局1983年版，第1287页。
[2] 关于颜真卿作品的刻帖情况，美国学者倪雅梅有过梳理。"颜真卿书法究竟是应该包含在法帖中还是该排除在外，是宋代官刻帖和私刻帖之间争论的一个焦点。尽管颜真卿的作品原件有不少保存在宫廷收藏中，但直至1185年之前，在官方的刻帖中并没有收录任何一件他的作品。""992年，宋太宗下令汇刻《淳化阁帖》。这是宋代的第一部刻帖，此后也成为最著名和最有影响力的法帖。""然而，并没有一件颜真卿的作品入选其中，甚至也没有一件颜真卿的作品补录于从皇室收藏中进一步甄选并刻于1090年至1101年间的《元祐秘阁续帖》(元祐，1086—1094年)中。直到1185年，官方的刻帖《淳熙秘阁续帖》(淳熙，1174—1190年)中才收入了颜真卿的作品，而该刻帖本身也是以《淳化阁帖》为底本的重刻本。在该帖第三卷中，收录了颜真卿的两件行书《祭伯父元孙文稿》和《送刘太冲叙》，作为'唐七贤书'的组成部分。"1215年，留元刚编辑《忠义堂帖》，由38件作品组成，这是第一部单独为颜真卿摹刻的法帖，石刻原版已佚，宋拓孤本今藏于浙江省博物馆。参见倪雅梅：《中正之笔：颜真卿书法与宋代文人政治》，杨简茹译，祝帅校译，江苏人民出版社2018年版，第155-169页。
[3] 欧阳修多次赞赏颜真卿书法与为人。《六一题跋·唐颜真卿麻姑仙坛记》云："颜公忠义之节皎如日月，其为人尊严刚劲象其笔画。"《六一题跋·唐颜鲁公二十二字帖》云："斯人忠义出于天性，故其字画刚劲独立，不袭前迹，挺然奇伟，有似其为人。"

游帖》《寒食帖》《奉辞帖》为《绛帖》所录。朱长文《续书断》对颜书的评价极高，首次以"合篆籀之义理，得分隶之谨严"作为标准，破除了颜书丑拙、太露筋骨的刻板印象，且篆籀之义理之说符合儒家意识形态需要。篆籀、分隶为正体，秦代书同文、汉代立《熹平石经》，都是确立正统，颜书于发扬字学传统之贡献意义非凡，其教化作用在承载正道。从书法用笔上看，以篆籀、分隶之笔法入楷、入行、入草，古拙中正，又是一大创新。[1] 米芾"篆籀气"之论说，显然得于朱长文："与郭知远《争座位帖》，有篆籀气，颜杰思也。"[2] 朱长文纂述《续书断》仍以儒家思想为根据[3]，他主张取法贤者，弘道为上。儒家重视人格的传统是一以贯之的，对于颜鲁公的高度认可，实在于其家国意识、忠正操守、英雄气节。又如明末傅山《作字示儿孙》诗云："未习颜公书，先观颜公诂。平原气在中，毛颖足吞虏。"

当然，在书法史上不乏书品、人品不一致的例子，如宋代蔡京蔡卞兄弟、元代赵孟頫、明末王铎等人，被人诟病失节，但他们的书法成就赫然，故而不可因人废书，一概而论。清代叶昌炽《语石》卷八云："余之论书也，但以其书而已，未尝以人为区别。"卷一云："蔡元长兄弟行草皆入能品。元长简古冲穆，如仙童乐静，不见可欲。元度气格稍逊，然其书能于熟处见生，操纵离合，不失尺度，诚未可以人度。"

中国传统书论普遍认为，书家的学问决定了其眼界与器识。在书法学本身的学科体系内，除了临摹与创作知识，文字学、书法史学、书法理论、书法文献学、书法鉴藏学等都是书家应该熟悉的重要内容。古人已经有这方面的认识，如宋代米芾著有《海岳名言》《书史》《画史》《宝章待访录》《砚史》等，是书法研究的大家。关于《书史》，米芾自述，"余但以平生目历，区别无疑，集曰《书史》，所以提南识者，不点俗目"。《宝章待访录》为米芾所撰对同时代人所藏晋、唐书法墨迹的见闻录。《海岳名言》为米芾所撰书法创作心得札记。这些著作体现了米芾在书法批评、书法理论、书法鉴藏等方面的造诣。"米芾要求书家首先要精鉴赏和精书史，他强调书法的学术性和知识性，不过理论知识虽是必不可少的，但本身并非目的，它只是书家创立个人风格的手段"。[4]

书家学问，以欧阳修所言"强学博览，足以通古今"为要。黄庭坚《跋东坡

---

1 明代傅山说："楷书不知篆隶之变，任写到妙境，终是俗格。钟王之不可测也，全得自阿堵。""楷书不自篆隶八分来，即奴态不足观。""不知篆籀从来而讲字学书法，皆寐也，适发明者一笑。"傅山对于篆隶笔法极为推崇，钟、王对于楷书的贡献甚大，汉魏又处于书体演变之节点，故而钟、王楷书皆保存有"篆隶之变"的古意。傅山的小楷自觉追求这种古意，行、草亦然。明清尤其注重笔法古意。
2 华东师范大学古籍整理研究室选编校点：《历代书法论文选》，第361页。
3 朱长文《续书断》序云："盖经五季之溃乱，而师法罕传，就有得之，秘不相授，故虽志于书者，既无所宗，则复中止，是以然也。夫书者，英杰之余事，文章之急务也。虽其为道，贤、不肖皆可学，然贤者能之常多，不肖能之常少也，岂以不肖者能之，而贤者遽弃之不事哉！"
4 雷德侯：《米芾与中国书法的古典传统》，许亚民、毕斐译，中国美术学院出版社2008年版，第29页。

书远景楼赋》云:"余谓东坡书,学问文章之气,郁郁芊芊,发于笔墨之间,此所以它人终莫能及尔。"苏东坡《柳氏二外甥求笔迹》诗云:"退笔如山未足珍,读书万卷始通神。"意思是学习书法,不能一味写字,如果不读书,即使写秃的笔毫堆成山也无济于事,书读通了,下笔自有神采。宋人重视读书人的精神气质。《宣和书谱》云"善论书者以谓胸中有万卷书,下笔无俗气"。苏轼《和董传留别》诗云"腹有诗书气自华"。明末傅山《赠太原段孔佳》云:"书生段增,聪慧人也。偶来揭帖,安详连犿,日益精进。即此喻之,亦学问事,不可以技观也。"傅山将学问与书法融为一体,认为不可独以书法为技,学问精进则书法精进。林散之也说:"字有百病,唯俗难医,多读书方能医俗。"清代刘熙载将"书卷气""金石气"并列为书法美学内涵,他在《游艺约言》中说"书要有金石气,有书卷气,有天风海涛、高山森林之气",这是一个重要的理论贡献。刘熙载《论书》又云:"凡论书气,以士气为上。若妇气、兵气、村气、市气、匠气、腐气、伧气、俳气、江湖气、门客气、酒肉气、蔬笋气,皆士气之弃也。"他所说的"士气",是读书人的雅正之气。

明代项穆《书法雅言》云:"资分高下,学别浅深。"书法家虽有天资差别,但是后天的学问是可以努力补养的。清代汪荌《示儿》诗云:"读书能养气,乃为善读书。"养气是儒家修身之本,孟子《论养气》云:"我善养吾浩然之气。"孟子所说的"气",是天地之充盈正气,是道义之精神承载,是主体之积极张扬,"气"之内质如此。人们常说的金石气、书卷气,均是"气"之形态。

才情也是书家修养的体现。极尽才情者,方能不守绳墨,率意而为,随心所欲,洒脱自然。陈方既说:"王羲之书,确实是个人精神面貌的反映,人皆以为美,可是人们若以为这就是一种高雅风神的模式,都来学仿,使得分明是有高雅情志的创造,却被人只是以庸俗的心态作了庸俗的仿造、刻意的做作,如此下去,焉能不俗?"[1]才情乃情志意兴、禀赋天资的即刻显示,故而书家在不同情景之下书写有不同风格。以情感对创作的影响而论,元代陈绎说:"情有轻重,则字之敛舒险丽亦深浅,变化无穷。"王羲之的书帖,才情扑面而来,喜怒哀乐不尽相同,"尺牍书疏,千里面目",信其然也。

董其昌说:"东坡诗论书法云'天真烂漫是吾师',此一句丹髓也。"天真烂漫,始见才情;造作安排,弄巧成拙。苏东坡曾说:"予尝论书,以为钟、王之迹,萧散简远,妙在笔画之外。"笔画之外,即是精神、才情。陈方既认为字外功是"人的本质力量丰富性"是体现,"书法自来以发自性灵的真朴为美,以具有真正的功

---

[1] 陈方既:《中国书法精神》,河南美术出版社2020年版,第332-333页。

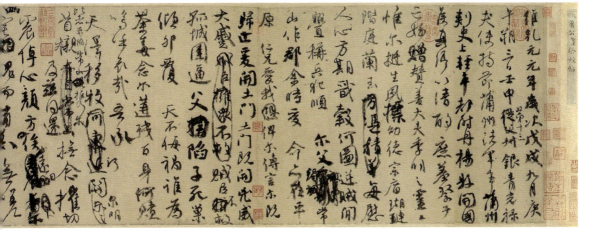

图 4-6　唐·颜真卿《祭侄文稿》

力修养、能得心应手地运用书法形式创造出有高韵深情的面目为美，而不在于有哪一种固定的面目。"[1]

接下来说书家的思想。王羲之将士人书法与儒道思想相融合，使书法具有了真正的哲学意味，其书写内容与书写形式贴合无间，在书法史上，开启了文与书并重的传统。以王羲之撰写的《兰亭集序》为例，寄情山水，游目骋怀，俯仰宇宙，思考生死，感叹人生，抒发心性，其思想境界跃然纸上。有学者评价，"王羲之所作《兰亭集序》，在情感追求与书法艺术上均代表了东晋名士高雅的人生趣味和审美趣味。可以说，'兰亭雅集'既代表了琅玡王氏家族所引领两晋文化的最高境界，亦是王羲之作为琅玡王氏家族将此传统从政治性质转为文化性质的最精彩的呈现，更是中国文化史上一次传颂千古的风流雅集，殆无可疑。"[2] 王羲之《兰亭集序》、颜真卿《祭侄文稿》（图 4-6）和苏东坡《黄州寒食帖》（图 4-7），被称为"天下三大行书"，不仅是就书法而论书法，这三件作品都是文章与书法的结合、思想与艺术的结合，并且超越了个体的经验情感，上升为普遍的思想价值和文化价值。作者的起草、修改痕迹完整地保留下来，其思想情感的起伏历历可辨，故而动人心魄。

通俗地讲，当我们阅读一幅书法作品的时候，如果能够阅读到作者的思想情感，就会被震撼、被影响，否则，我们会失望：作者在哪里？作者和这幅作品有什么关系？作者和作品是否处于同一语境？在中国书法传统中，作者的独创性和作品的

---

[1] 陈方既：《中国书法精神》，河南美术出版社 2020 年版，第 360 页。
[2] 陈岸峰：《千古兰亭：王羲之的思想与书法》，浙江人民美术出版社 2020 年版，第 163 页。

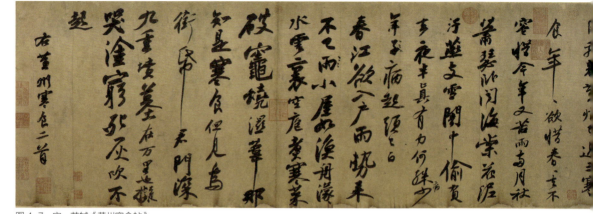

图4-7 宋·苏轼《黄州寒食帖》

唯一性是被高度看重的，随着在特定条件下创作的书法作品的诞生，书家赋予作品以特定的主体性意义，并建构了特定的作者身份、作者人格。如果作者只是一个他人文本的抄写者，其书迹是谈不上有思想的。

书家不是抄写的工具，书法创作也不等同于技术复制。宋代蔡襄自谓"襄非以书自名"的故事，在书法史上为人所熟知。[1] 蔡襄拒绝将书法工具化、职业化，这是文人人格的体现。"襄非以书自名"是一种重要的书法传统。《颜氏家训》"慎勿以书自命"的告诫[2]，实源于儒家以书法为"小道""余事"的看法。颜真卿平生不以书名自重，谨守家训使然。

中国书法是中华民族特有的精神文化形态，讲求书写者的全面修养是书法传承、学习的规律性要求。无论是家法还是师法，无论是临摹还是创作，皆为媒介考古学所说的对文化技艺"操作"的强调，这是隐性知识习得的重要特征。媒介考古学以"递归"来描述自我反思、自我身份认同和自我习得的操作过程，借用基特勒对"递归"的阐释，书法训练是一而再、再而三地允许自我指代的符号技术，"构成文化技艺的递归操作链总是包含身体技艺层面的操作。根据马塞尔·莫斯的观点，书写、阅读和计算也是身体的技艺；它们是身体被驯化了的结果，然而，值得注意的一点是，今天这些身体技艺正在与高度发达的、为人们提供了种种便利的技术进行竞争，身

---

[1] 蔡襄自叙："向者得陛下清光，时有天旨，令写御撰碑文、宫寺题榜。至有勋德之家，干请朝廷出敕令书。襄谓近世书写碑志，例有资利，若朝廷之命，则有司存焉，待诏其职也。今与待诏争利，其可乎？力辞乃已。襄非以书自名"。蔡襄：《蔡忠惠公集》，逊敏斋校刊本。
[2] 《颜氏家训》卷七《杂艺第十九》云："王逸少风流才士，萧散名人，举世惟知其书，翻以能自蔽也。萧子云每叹曰：'吾著《齐书》，勒成一典，文章弘义，自谓可观；唯以笔迹得名，亦异事也。'王褒地胄清华，才学优敏，后虽入关，亦被礼遇。犹以书工，崎岖碑碣之间，辛苦笔砚之役，尝悔恨曰：'假使吾不知书，可不至今日邪？'以此观之，慎勿以书自命。虽然，厮猥之人，以能书拔擢者多矣。故道不同不相为谋也。"

体的技艺面临着退化的危险。"[1] 当人们习惯于借助打字机和电脑键盘进行书写,用毛笔书写的技艺自然弱化了,这是一个无奈的事实。然而,人与技术、媒介是共生的,在这个意义上,杰弗里·温斯洛普－扬指出,"自然身体技术和人工文化技术之间也没有绝对的区别"。[2] 中国书法既是具身性书写又是文化性书写,这是对中国书法书写的主体性递归的客观认识,赓续传统不只是书写工具与身体技艺的连接,而是生命体验与共在世界的连接。以主体性递归阐释"与古为新",又是一个视角。

第四节　复制传播:知识扩散与文化资本流通

中国书法的普及与刻帖的兴起关系甚大,随着宋代刻书印刷技术的成熟,尤其是宋代以"二王"为中心的"帖学"的形成,名家法帖的流传成为风气。陈寅恪云:"华夏民族之文化,历数千载之演进,造极于赵宋之世。"[3] 宋代重文教,实行文官政治。宋代刻书业迅速繁荣,官刻之外,私刻、坊刻如雨后春笋,广泛地参与了知识的生产与流通。至明清两代,刻帖之事愈盛,翻刻版本也愈杂,于正反两个方面影响了书法的发展进程,一方面改变了书法传承的方式,使临帖成为一种便捷的习得手段,另一方面造成了本雅明所说的"灵晕"的消失,书迹信息变成平面化复制的"影子",难以全面展示其风貌和神采,加上复制技术不精导致点画、结构失真,临摹者无法感受古人原作的"气息"。

宋代赵希鹄说:"世言纸之精者,可支千年。今去二王才八百余年,而片纸无存,不独晋人,如唐世善书之迹,甫三百余年,亦稀如星凤。"[4] 据《四库全书·洞天清录》提要,赵希鹄系"太祖之后","家于袁州",善书画赏鉴。赵希鹄的这段话表明,对于书法经典传承而言,复制与刊行殊为必要,否则前人之作极易失传。

《淳化阁帖》(图4-8)(以下简称《阁帖》)被后世誉为"丛帖之祖"。元代赵孟頫认为,"书

图4-8　肃府本淳化阁帖原石(甘肃博物馆藏)

1　张梦彤:《作为媒介的"文化技艺":概念溯源与演化路径》,《艺术品鉴》2021年第36期,第41-43页。
2　王继周:《文化技艺:德国文化与媒介研究前沿——对话媒介哲学家杰弗里·温斯洛普-扬》,《国际新闻界》2020年第5期,第51-60页。
3　陈寅恪:《金明馆丛稿二编》,上海古籍出版社1980年版,第245页。
4　赵希鹄:《洞天清录集·古今石刻辨》,清《海山仙馆丛书》本,第28-29页。

法之不衰,此帖之泽也。"[1] 他认为《阁帖》对于保存古法、扩大传世之作的覆盖面和影响力功莫大焉。在《阁帖》诞生之前,重要的书法作品几乎都深藏于皇宫或收藏家手里,常人难见其面目,而且如赵希鹄所言,很快失传的情况每每令人遗憾。由于雕版技术的成熟和文化政策的促进,印刷出版事业在宋代得到极大的发展,"宋太宗赵炅继续太祖赵匡胤(927—976)的重文政策,'以文化成天下',开始全国性收集图书,进行补遗,并纂修大型类书","宋四大书《太平御览》《太平广记》《文苑英华》及《册府元龟》,前三种都编纂于宋太宗在位期间","《淳化阁帖》便是在四大部书编纂期间集刻而成"。[2]

《阁帖》的编纂者是王著,王著工书,学王羲之尤为逼真,有"小王书"之称。宋太宗召为侍书。淳化三年,王著奉宋太宗敕命,对内府所藏历代书法名作进行选辑,编成法帖十卷,收入103位书家作品,约420帖。《阁帖》以收录晋唐书迹为主,羲、献分量尤重,卷六至卷十皆为羲、献书迹。因刻于淳化年间,藏于开封禁中秘阁,故称为"淳化阁帖"。它是官方认可的法书范本,被宋太宗赏赐给中书省、枢密院大臣。《阁帖》原版后毁于火灾。

《淳化阁帖》真正发挥其传播作用,实有赖于各种翻刻本以及衍生的各种丛刻。在2008年3月1日国务院批准颁布的第一批"国家珍贵古籍名录图录"中,有不同《阁帖》版本,分别是:北京故宫博物院藏懋勤殿本(十卷本),可能与文献所记载"淳熙修内司本"或"世彩堂本"有关;上海博物馆藏潘祖纯跋本(十卷本);上海博物馆藏,汪庆正、孙慰祖、陶喻之、顾音海、仲威、许全胜等学者2003年汇校的《淳化阁帖最善本》(卷四、六、七、八);上海博物馆藏潘允谅旧藏本卷九。据何碧琪考察,《阁帖》至南宋已出现版本纷杂的情形,"从过去研究发现的六种主要《阁帖》系统中,其中有四种是可信的宋代翻刻《阁帖》系统","大部分明清时期的翻刻本或伪本可追溯至以上四种系统",即南宋翻刻懋勤殿本系统,包括北京故宫藏懋勤殿本(十卷本)、上海博物馆藏潘祖纯跋本(十卷本)和杭州孤山浙江图书馆古籍部碑廊刻石(被确认为懋勤殿本、潘祖纯跋本的原石);潘允谅旧藏本系统,包括潘允谅旧藏南宋翻刻本(十卷本),明代翻刻的顾从义刻玉泓馆本、潘允谅翻刻五石山房本;上博本系统,包括《淳化阁帖最善本》(卷四、六、七、八),其中卷六为泉州本系统,另外,明代翻刻的肃府本系统、清代费甲铸刻本亦可归于其中;泉州本系统,香港中文大学藏初拓泉州本(卷六至八,王羲之书),旧称"宋拓王右军书",另加上博本卷六,以及晋府本、国家博物馆藏《泉州本淳化阁帖》(十卷)

---

[1] 赵孟頫:《松雪斋集》卷十,《四部丛刊》景元本,第22页。
[2] 何碧琪:《〈淳化阁帖〉史话》,国家图书馆出版社2017年版,第9-10页。

等。香港中文大学藏初拓泉州本（卷六至八）被列入2016年颁布的第五批"国家珍贵古籍名录图录"。[1]清代乾隆三十四年，据淳化四年赐毕士安本，重编重刻《钦定重刻淳化阁帖》，原拓数种现藏于北京故宫博物院。

讲究细刻精刊的官刻和文人家刻不能满足大众需求，商人为逐利而参与刻帖行业，刻帖由此成为商品化的文化产物。《淳化阁帖》翻刻本及伪本太多，劣质版本摧毁书法法度，误人子弟不浅，故批评之声不绝于耳。如启功对兰亭刻本泛滥、乱象丛生深恶痛绝："随便拼凑，妄加古人题署，或翻刻，或临拓，任意标题，源流无可据，笔法无足取，百怪千奇，指不胜屈，更无足论了！"[2]"清中期以后帖学备受攻击，甚至出现王羲之《兰亭序》被视为劣迹等事件。虽然拓本版本学和现代印刷术能弥补以上过失，但已无法挽回清代以后帖学衰落的颓势。"[3]有学者认为，帖学流行导致书风的单一性和范本的局限性，"在帖学笼罩下，元、明人宗崇阁帖，无疑拜倒在跛足巨人足下。赵孟頫独尊于明，董其昌、赵孟頫又复并尊于清初"。[4]赵孟頫独尊于明，董其昌、赵孟頫又复并尊于清初，与统治阶级的喜好有关。元仁宗赞誉赵孟頫"操履纯正，博学多闻，书画绝伦，旁通佛老之旨，皆人所不及"。[5]马宗霍《书林藻鉴》卷一二记载："香光告退，子昂代起，赵书又大为世贵"。康熙称赞"华亭董其昌书法，天姿迥异。其高秀圆润之致，非诸家所能及也"，乾隆喜爱赵孟頫书法，其行楷得赵书之形。

宋代以来，除了官刻，尚有郡斋刻帖、士人刻帖、坊间刻帖。

郡斋刻帖，著名者有《潭帖》《绛帖》《武陵帖》。《潭帖》又名"长沙帖"。北宋庆历年间，刘沆在潭州（今湖南省长沙市）主政时，命永州慧照大师摹刻《淳化阁帖》，增入王羲之《霜寒帖》《十七帖》以及王濛、颜真卿等人书迹，计十卷。赵希鹄记载，宋高宗时期，金兵攻长沙，原版遭毁。南宋绍兴初，第三次重摹，但是失真甚远。有学者指出："《潭帖》不但进一步扩大了范本的范围，增加了新的内容，而且开了《阁帖》私家重摹之先河。此外，《潭帖》是刻帖由官方流传向民间的转折点，也是刻帖由贵胄文化向民间文化过渡的第一座里程碑。"[6]北宋皇祐、嘉祐年间，潘师旦摹刻《绛帖》，以摹刻《淳化阁帖》为基础，补《阁帖》未收录的李斯、诸葛亮、卫夫人、张旭、怀素、李白、颜真卿、李建中等人佳作，王羲之、

---

1 何碧琪：《〈淳化阁帖〉史话》，第67-71页。
2 启功：《启功丛稿（论文卷）》，中华书局1999年版，第48页。
3 启功：《启功丛稿（论文卷）》，第173页。
4 姜澄清：《中国书法思想史》，甘肃人民美术出版社2008年版，第145页。
5 宋濂：《元史》卷一百七十二《赵孟頫传》，中华书局2000年版，第2688页。
6 杨加深：《北宋书法教育研究》，中华书局2017年版，第23页。

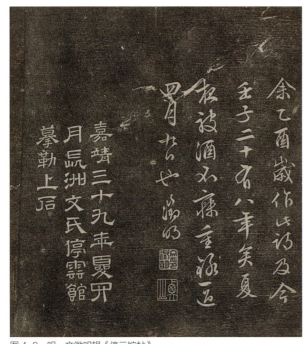

图4-9 明·文徵明辑《停云馆帖》

王献之作品亦有增加，删去了汉章帝、晋宣帝、梁高帝、简文帝等帝王书，以及司马攸、王劭、萧子云、李邕等名臣书。因刻于绛州，故名。宋代单炳文在《绛帖辨证》（原书已佚，见曹士冕《法帖谱系》）中写道："淳化官本法帖，不复多见，其次《绛帖》最佳。"南宋曾宏父《石刻铺叙》云："六卷以后则列历代名臣帖。十卷之末即二王书，至十七卷之首为止。二十卷则颜鲁公帖居半。张长史草书亦系横刊，视阁、绛名贤帖多五之一。末卷亦祖绛帖，殿以李建中字，较之诸帖为详。然止木本，世称旧有石碑，前未之见。"

士人刻帖，北宋薛绍彭曾将家藏法书刊刻为《清閟（秘）堂帖》，今无拓本传世。南宋曹氏家族刻有《星凤楼帖》，摹刻王献之书。曹彦约刻于南康（今江西赣州），其第四子曹士冕又重新摹刻。曹士冕撰《法帖谱系》二卷，叙宋代法帖源流，兼订异同工拙，其文献价值不俗。

坊间刻帖，宋代有《澄清堂帖》，原石早佚，拓本流传极少，据文献记载，有孙承泽旧藏本、邢侗旧藏本、廉南湖（小万柳堂）本三种。《澄清堂帖》前五卷为王羲之书，可补《阁帖》之不足。此三种残本，容庚、徐邦达有考证，张彦生《善本碑帖录》有著录。

金石学也兴起于宋代。南宋张淏有记述，云欧阳修收藏秦汉之前钟鼎彝器及汉代石刻拓片有千卷之多，并亲自题跋，而且让儿子欧阳棐撮其要而为之说，曰《集古录目》。欧阳修晚年自号"六一居士"，金石遗文一千卷与藏书一万卷皆列为其一，可见他的看重。欧阳修的门人曾巩集古篆刻为《金石录》五百卷。[1] 宋代赵明诚李清照夫妇、叶梦得、洪适、李丙等均收藏金石拓片，并有著录。赵明诚夫妇收录金石遗文二千卷，著《金石录》三十卷。叶梦得编纂《金石类考》五十卷。洪适集汉魏间碑，著《隶释》《隶续》四十八卷。郑樵的《石鼓文考》，薛尚功的《历

---

1 张淏：《云谷杂记》卷三，文渊阁《四库全书》影印本，第16页。

代钟鼎彝器款识法帖》也是重要的金石文字考释著作。这些文字、图像及其研究成果刊行于世,将中国书法的经典扩展至晋唐以上,丰富金石之文献,弥补旧籍之不足,考订文字之源流,辨正史料之真伪,做出了开拓性贡献。

元代刻帖风气衰落,流传至今的完整刻帖只有国家图书馆藏《乐善堂帖》。

到了明清时期,刻帖之风勃然复兴,绝大多数是文人士大夫私家所刻。[1] 刘恒指出,明清私家刻帖从内容和体例上大致可分为三类:一是重刻、翻刻《阁帖》《大观帖》《绛帖》《汝帖》等宋代名帖;二是藏家汇编藏品丛帖,如明代收藏家华夏编刻《真赏斋帖》三卷、王肯堂编刻《郁冈斋墨妙》十卷、吴廷编刻《余清斋帖》二十四卷以及清代冯铨编刻《快雪堂法书》五卷、梁清标编刻《秋碧堂法书》八卷等;三是汇刻名家专帖,如明末清初董其昌书作汇刻为《玉烟堂帖》《书种堂帖》《来仲楼法书》,王铎、傅山、张照、刘墉、邓石如等名家也都有专门的法帖行世。此外,一些著名书法家也选编法帖,用于营利,如明代文徵明辑刻有《停云馆帖》十二卷(图4-9),董其昌辑刻有《戏鸿堂法书》十六卷(图4-10),邢侗辑刻有《来禽馆法帖》三卷,清代成亲王永瑆辑刻有《诒晋斋法帖》四卷。"明清时期的刻帖已经不仅仅是文人士大夫的雅玩,进而成为一项文化艺术产业。"[2]

王靖宪在研究明代法帖中得出了与刘恒相同的看法,明代中期以后,江南民间刻帖之风盛行,与当时商品经济的发展和以书画为中心的艺术作品的社会需求有

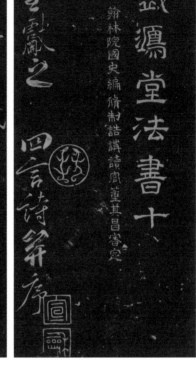

图4-10 明·董其昌辑刻《戏鸿堂法书》

---

1 刘恒:《明清私家刻帖》,《文艺报》2015年11月13日,第7版。
2 同上。

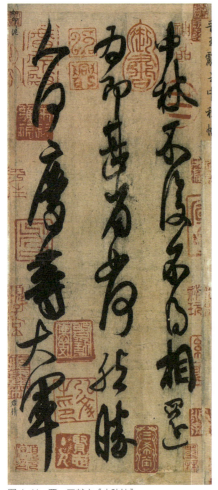

图 4-11 晋·王献之《中秋帖》

关,法帖已经作为一种商品流通了。[1] 日本学者增田知之根据其时地方志及个人日记、笔记、别集等文献记载情况,考察了明代文徵明、文彭、文嘉父子参与民间刻帖的活动,"文氏一族除了自己所刻的《停云馆帖》,还参与了上述无锡华夏的《真赏斋帖》、上海顾从义的玉泓馆本《淳化阁帖》的刊行(文彭写了跋文)。并与嘉靖年间翻刻《淳化阁帖》的苏州袁褧有交往,顾从义的《淳化阁帖》是从上海同乡潘允亮处借到袁褧所刻的阁帖而刊行的。并且,《停云馆帖》的镌刻者章简甫也参与了顾从义《淳化阁帖》的刊行事业,章简甫的儿子章藻于万历三十年前后(1602—1610年)刊行了《墨池堂选帖》。由这些事实可知,自嘉靖年间到万历年间初期的法帖刊行大部分与文氏一族有关。"[2] 王照宇所著《闲居与雅玩:明代吴地书画收藏世家研究》,以文氏(文徵明家族)、安氏(安国家族)、华氏(华云家族)的书画收藏、流通为研究对象,描述了商品经济发展以后,书画交易的繁荣,"有明一代在这个时期出现的大藏家最多,某种程度上与此时社会风气的变幻不无关系"。[3]

刻帖风气沿袭下来,清初刻帖以宫廷为盛,大都在康熙、乾隆时期刊刻。康熙刻《懋勤殿法帖》,收录历代帝王和名人书法 142 家,计 534 帖。乾隆刻《三希堂法帖》,其中有王羲之《快雪时晴帖》、王献之《中秋帖》(图 4-11)、王珣《伯远帖》,此三帖为乾隆所酷爱,珍藏于养心殿三希堂,故名"三希堂法帖"。《三希堂法帖》收录自魏晋至明末 135 人 300 余件作品,并各家题跋 200 余条,分为 32 册,刻石 500 块。民间刻帖沿袭前代,卞永誉的《式古堂法帖》、陈春永的《秀餐轩帖》,均着手刊刻于明代末期,完成于清代初期。梁清标以家藏精品编成《秋碧堂帖》勒石镌刻,自西晋陆机至

---

1 王靖宪:《明代丛帖综述》,收录于启功、王靖宪主编:《中国法帖全集》第十三册,湖北美术出版社 2002 年版,第 1-24 页。
2 增田知之:《明清法帖丛考》,姚宇亮等译,浙江大学出版社 2022 年,第 17 页。
3 王照宇:《闲居与雅玩:明代吴地书画收藏世家研究》,中国美术学院出版社 2022 年版,第 163 页。

元代赵孟𫖯,编为 8 册。清中期和后期比较有名的民间刻帖,有曲阜孔继涑汇刻《玉虹鉴真帖》《玉虹鉴真续帖》《谷园摹古法帖》,以及以家藏为主编选的刻帖如太仓毕裕编《经训堂帖》,南海叶梦龙编《风满楼集帖》,南海吴荣光编《筠清馆法帖》,番禺潘仕成编《海山仙馆藏真》《海山仙馆藏真续刻》《海山仙馆藏真三刻》,等等。

对于明清时期的民间刻帖、收藏、鉴赏、交易、交游和出版活动,白谦慎、增田知之均借用西方社会学概念,称为"文化资本"的流通。[1]书法活动从士大夫阶层向商人阶层、平民阶层渗透,离不开"文化资本"的流通作用。明清书画家如文徵明、董其昌、王铎、傅山、王时敏、邓石如等皆有润格,即使不是直接出售作品,也会形成英国学者柯律格所称的"雅债",即书画家以此"经营身份",进行人情酬酢与变相买卖,实现艺术与社会、政治之间的互动。[2]白谦慎说:"我认为,凡创作时不是为抒情写意,旨在应付各种外在的社会关系,或出于维系友情、人情的往返,物品的交换,甚至买卖而书写的作品,广义地来说,都可以视为应酬作品。"[3]明清文人其实明白这个道理,如傅山自辩云:"凡字画、诗文,皆天机浩气所发,一犯酬酢请祝、编派催勒,机之远矣。无机无气,死书死画死诗文也。徒苦人也。"[4]从此风气流俗,功利心炽盛,书法的正统观念受到极大冲击,经典的生产与再生产不可与古代同日而语了。帖学衰落,可从台阁体的板滞拘束见其俗,亦可从应酬作品的物化复制而见其俗。

有学者分辨了"帖的传统"和"帖学的传统",认为"帖的传统"是人的传统,"帖学的传统"是物的传统。[5]此论颇可注意,又与笔者之见有差异,笔者认为从家法师法(以人为媒介)到手摹心追(以刻帖为媒介)的知识扩散,是一个历史过程,都在帖学传统之内,亦皆在教化话语之中。这位研究者注意到帖和刻帖在媒介现象上的差异是有眼光的,刻帖是物的复制、技术的介入,后来变为文化资本的流

---

1 白谦慎:《傅山的交往和应酬:艺术社会史的一项个案研究(增订本)》,广西师范大学出版社 2016 年版,第 174-175 页;增田知之:《明清法帖丛考》,第 25 页。
2 参见柯律格:《雅债:文徵明的社交性艺术》,刘宇珍、邱士华、胡隽等译,生活·读书·新知三联书店 2012 年版。
3 白谦慎:《傅山的交往和应酬:艺术社会史的一项个案研究(增订本)》,第 101 页。
4 同上,第 153 页。
5 丘新巧指出:"帖的传统是口传心授的、人的传统;而帖学的传统则是物的传统。也就是说,帖是从人传到人的,比如王羲之传给王献之然后一直传下去,形成一个传承有序的谱系。这里最重要的是人之间的传递,而不需要经过物的中介,物在这个传递谱系中并不那么重要。但是,帖学传统则是物的传统,有没有拥有《淳化阁帖》或其他刻帖的拓片决定了你能不能进入这个传统。所有的后来者都需要通过作为物的刻帖这个中介进入到此传统当中。正因为人的缺失,才可能围绕前人所写下的墨迹('帖')形成某种专门的学问('帖学')。对于书法这件事情来说,人们的关怀开始全部凝聚、投注在这些物身上,那个活生生的书法家已经隐退,我们只能见到他写下来的一些翻刻到木头或是石头上的痕迹。而这些物也为人们的书写提供了一种终极的准则和法度,它们是具有普遍教化功能的书写法度在物质上的呈现。"丘新巧:《碑与帖:书写媒介现象学》,《东方艺术》2018 年第 3 期,第 83-95 页。

通，失去了人的真气、活力。当刻帖成为商品，当书法的应酬、鉴藏、出版等作为文化资本进行流通，媒介消费主义便冲击了书法的经典性意义。书法与休闲娱乐、流行文化结合愈多，古法、古意便愈少，离自然性书写和生命性书写便愈远。中国书论中所诟病的"枣木气"，本指刻帖技术粗劣，版刻书法僵硬死板，又引申为临摹刻帖不精而缺乏生动气韵的意思。从另一方面看，刻帖对于帖学经典的传播起到了很大作用。后来者对于经典书帖的真迹、原作的无限想象，成为中国书法经典叙事的一个重要内容，有无限想象，故而滋生、衍化无限新意。

第五节　海外衍芬：媒介文化的移植与异变

中国书法在汉字文化圈的影响至今未衰。日本、朝鲜半岛以及东南亚国家，在历史上都曾使用汉字，对汉字书写和文言表达有文化传统上的接受和价值观念上的体认。虽然一些国家后来发明了本民族文字，实行"去汉字化"，但是并不能否定汉字的影响。书法在东亚三国名称不同，中国称"书法"，韩国称"书艺"，日本称"书道"。韩国的书艺和日本的书道，自古以来都深受中国书法影响。韩国当代书法家任昌淳说，"书艺"这个词指的是"追求有艺术价值的文字的书写"，而来源于中国古代书为"六艺"之一的典故。[1]"书道"和"茶道""花道""剑道""弓道""柔道"等名称一样，是日本吸收外来文化后融入民族特色而形成的特殊文化。奈良至平安时代，日本大学寮设立明经道、算道、书道、音道等四个专业，中下级贵族子弟学习经学、算术、书法和音乐，以此为入仕途径。"书道"之名，始于此。中国汉代武帝设立明经科，推崇儒学经典，从儒生中察举人才，历隋、唐、宋数代，直到宋神宗时废止。日本在制度上借鉴了这一做法。在历史上，无论是"书艺"还是"书道"，都将文字书写视为包含识字教育、书写教育、传统文化教育和艺术教育等多方面作用的个人造诣，被赋予文明传承和文化创造的意义。

考察韩国、日本的书法史，可以看出，两国都曾经以中国书法为直接摹仿和取法的对象。王羲之、欧阳修、颜真卿、赵孟頫等中国书法家的书风，对两国书法名家、书法流派和书法爱好者的影响是全方位的。两国古代书论的要义，也都源自中国典籍。甚至两国书法教育也采取的是"拿来主义"的方式。与此同时，韩国和日本都在不同历史时期追求书法艺术各自的民族化，进入现代以来又不约而同地追求各自的现代化。

---

[1] 任昌淳：《韩国的书艺》，收录于李强编译：《韩国书法丛考》，河南美术出版社2004年版，第7页。

这三条主要线索，都值得关注。中国书法的发展与创新有哪些可能性？我们把视野扩大到韩国和日本，参照书法在不同文化语境中的移植与异变，就会形成扬长避短、取长补短的思维方法，也会产生与韩国、日本携手推动书法在世界文化新格局中展现新价值的设想和愿望。媒介考古学注重对文化多元性和文明多样性的研究，故而对书法在东亚的传播实践和传播思想进行考察殊有必要。

今天的韩国书艺分为三派：汉字派、韩文派、现代书艺派，汉字派在书坛占据主要地位，这是经过长期的历史积累而形成的局面。日本书道在历史上分为唐风书法和假名书法两大系统，其中唐风书法也被称为汉字派书法。后来出现的近代诗文派、少字数派，都是对古典主义书法的改良、创新，其传统根脉犹在。至于二战后出现的日本前卫书道和韩国现代书艺，则受西方抽象表现主义的影响更多，背弃了传统书法的一些书写规范和审美原则，后面再作讨论。

在古典主义时期，韩国的汉字书艺和日本的唐样书道沿袭的是中国书法的传统，也紧跟中国书法的发展步伐。

书法在朝鲜半岛的流传，历史悠久。南北朝时期，王羲之的书法就传到朝鲜半岛，王羲之风格占据主流地位。新罗统一后，与唐代的文化交往密切，上层社会学习唐代书法，效仿欧阳询、褚遂良和虞世南的书风。新罗人金生在高丽时期被尊为"书圣"。据高丽时期李奎报的《东国李相国集》记载："东国诸贤书诀评论序并赞，晋阳公令述曰：盖我国之第一人也，有与逸少无异者，故先举其偶者耳，第一者其谁，金生是已。此乃神笔也。"[1] 又，《眉叟记言》云："金生入山中，折木画地，学右军入神。"[2] 韩国当代书法理论家金膺显评述云："从金生的书法遗迹可以看出，他受唐代书法的影响颇深，尤其是颜真卿、柳公权的书法影响更为直接，有些用笔的方法似（从）颜真卿的书风中脱出"，"金生并且影响着高丽以后的书法"，"朗空大师白月栖云塔碑是金生书法集字碑"，"释端目学怀仁集王羲之圣教序而传金生书法，是对韩国书法的一大贡献"。[3] 高丽时期，朝鲜半岛的书法依然以中国为榜样，金膺显《高丽时期书家列传》云："从高丽太祖到恭让王二十三代王朝历经457年，对应了中国大陆从北宋、南宋、辽、金、夏、元、明六个朝代的更迭交替"[4]，"在书法上，如果说高丽初、中期都是以唐风、右军风、北碑为主流的话，到了高丽末期则流行赵孟頫的松雪风，一直影响到后来的

---

1 金膺显：《韩国书圣金生及其书迹》，收录于李强编译：《韩国书法丛考》，第 198-200 页。
2 同上，第 198-200 页。
3 同上，第 204 页。
4 同上，第 94 页。

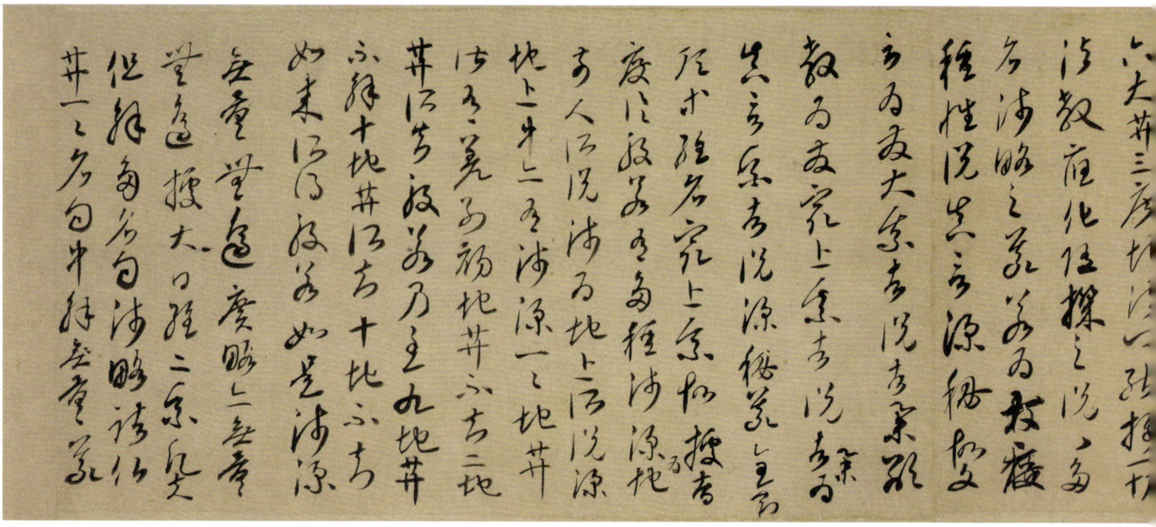

图4-12 日本空海《金刚般若经开题》残卷

图4-13 日本嵯峨天皇《光定戒牒》局部

朝鲜王朝"。[1] 至朝鲜时代，世宗第三子李瑢（安平大君）继承高丽的传统，首倡赵法，形成官方规度，松雪体流行了二百年。取法中国朱子学的朝鲜本土性理学派倡导复古之风，王羲之法帖回归一时，石峰韩濩为代表性书家，亦步亦趋追随魏晋书风，崇尚正统，世称"东国真体""石峰体"，影响逾百年。清代金石学的兴起影响了韩国书坛，朝鲜时代最伟大的书法家是金正喜，他建立了"秋史派"风格，碑意十足。金正喜，号秋史、阮堂、礼堂，是韩国著名的金石学家、书法家和诗人。清嘉庆十四年，24岁的金正喜随父亲鲁敬到达北京，拜翁方纲、阮元为师，并以阮元弟子之名义而自号阮堂。"秋史体"以隶书为本，体现了古意与新意的融合、帖意与碑意的融合，险峻拙朴，别具一格。韩国书法古来尚碑。好大王碑矗立于高句丽故土鸭绿江西岸，清末叶昌炽《语石》称誉"此真海东第一环宝也"。在近世以前，海东金石文字数量不少，清代金石学家刘喜海辑《海东金石苑》8卷《海东金石苑补遗》6卷。

---

[1] 金膺显：《韩国书圣金生及其书迹》，收录于李强编译：《韩国书法丛考》，第104页。

金正喜为隶法张本,除了受到清人影响,应与历史上韩国书法受北碑影响很大有关系。他说:"书法渊源于西汉,正书和行草源于隶,隶的波磔确立于西汉。隶书的力以古拙为上,拙诚属不易。汉隶所长在拙,书法不应追求外在的美,和写字匠不一样。清古高雅的精神,通过文字香、书卷气方可显示出来。"[1]

唐样书道在日本书法史上具有开通源流的意义。日本古代追慕中国文化,"书法与汉字相同,经由百济传入日本。由于当时中国已经进入隋朝,最早传入日本的书法为六朝书风。直至派出遣隋使,日本才开始越过朝鲜半岛直接汲取中国文化,随之隋唐书法传入日本"[2]。近世以前,日本历代书法家名录中,有皇室书法家、贵族书法家和武家书法家三个重要群体。日本书法史上第一位书法家是圣德太子,其注疏佛经笔迹《法华义疏》是现存最早的重要书法作品。奈良时代圣武天皇和光明皇后这一对皇室书法家也名著一时,圣武天皇也是佛教徒,其书法作品有《宸翰杂集》和《贤愚经》,光明皇后的书法成就更胜一筹,她临摹王羲之钩摹本的《乐毅论》劲秀神妙,是楷书中的典范。接下来是"平安三笔"空海(图 4-12)、嵯峨天皇和橘逸势。空海是遣唐僧,从中国带了不少晋唐法书到日本。空海的传世名作《灌顶记》得颜真卿行书之气骨雄浑,又得王羲之行书之俊逸舒朗。嵯峨天皇的名作有《光定戒牒》(图 4-13)《哭澄上人》[3]

---

[1] 任昌淳:《韩国的书艺》,收录于李强编译:《韩国书法丛考》,第 27 页。
[2] 贾佳:《日本书法教育史考》,南开大学出版社 2016 年版,第 52 页。
[3] 澄上人是与空海同时入唐的僧人书法家最澄,《哭澄上人》是嵯峨天皇为最澄所作五言排律诗。最澄著有《请来目录越少州录》,是他自己从中国带回日本的名迹目录,包括王羲之、王献之、欧阳询、褚遂良等人的书法石拓本,另抄录有《空海请来目录》,即空海从中国带回日本的名迹目录。

《金字法华经》等，皆与佛教有关。橘逸势是低级贵族，敏达天皇九代之后裔，曾与空海一同入唐，其唐风作品《伊都内亲王愿文》用笔顿挫分明，取势跌宕起伏。镰仓时代幕府崛起，但是皇室在文化上的优越感不减，天皇书法家依然密集涌现，后伏见天皇、后醍醐天皇、后二条天皇等都受到宋代书法的影响。室町、桃山时代有一位著名的皇室书法家尊圆亲王，他是"御家流"的创始人，"御家流"影响后世甚大，特别是武家文书大都以此书风书写，至江户时代甚至成为"国民书法"。与平安初期的"三笔"相对应，日本贵族书法家群体中出现了"平安三迹"，即小野道风、藤原佐理、藤原行成。虽然他们依然以汉字为载体书写，依然取法晋唐名家，但是已开始追求民族文化的独特性，"平安三迹"的连绵映带彰显了新的书风。小野道风被称为"和样"书法的奠基人，其存世作品甚多，从"二王"和颜真卿的书风中化出，线条刚劲，节奏分明。藤原佐理书风闲逸放诞，铁线纵横。藤原行成既取法王羲之，又追随小野道风，有隐逸洗练的面目。"野迹""佐迹""权迹"体现了日本民族刚柔相济的性格。镰仓时代，武士政权崛起，武家对书法、教育、学问愈加重视，虽然武家书法家未出现名家圣手，但是带动了僧人书法家的成长，促进了书法的普及化。江户中后期出现的"幕末三笔"，即市河米庵、贯名海屋、卷菱湖，"这是三位以汉字书法称雄的大家，卷菱湖书宗唐欧阳询，市河米庵书学米元章，贯名海屋则学王右军、颜鲁公，风格各异"，"书法的本体意识也更强"，文人格调鲜明。[1]"幕末三笔"对明治时代的日本书法局面影响深远，特别是"菱湖流"被明治政府和皇家宫内厅指定为官方文字和钦定文字，取代了"御家流"。

中国黄檗宗东渡日本的禅僧隐元、木庵、即非，均擅长书法，被称为"黄檗三笔"。米元章、张即之、赵孟頫、祝允明、文徵明、董其昌等中国书法家的作品在江户时代得以流行。清代杨守敬担任驻日本外交官四年，他携带大批汉魏六朝碑版原拓、汉印、古钱币等到日本，日本书法家大开眼界，兴起学习篆隶、注重金石趣味的风气，木神英山称之为"杨守敬旋风"。日本当代书法家岛谷弘幸说："日本的书法是不断地受到中国书法的影响。中国的书法，即使在重视个性的宋元时代也不断受到王羲之的影响，而日本的书法，却一直在学习的榜样中国书法的影响之下的。虽然存在平安时代的三笔、假名，安土桃山时代到江户时代的和样书法这些日本独有的书法，但其主流还是中国的书法。"[2] 以上粗线条梳理，旨在说明中国书法经典对日本书道产生了源头性影响和持续性影响。

对韩国和日本各自的民族化、各自的现代化这两条线索的关注，是这里讨论

---

[1] 陈振濂：《日本书法史》，第217页。
[2] 东京国立博物馆、上海博物馆、朝日新闻社编：《中日古代书法珍品集》，2006年内部印刷本，第37页。

的重点。关于民族化，涉及将本民族文字的书写嵌入书法的实践，涉及书写内容上以本民族的文学取代中国诗文的实践，涉及材料媒介创新的实践，还涉及建立本民族审美心理结构的实践。关于现代化，主要指受西方美术形式和西方美学观念的影响。

朝鲜王朝第四代王世宗李裪公布"训民正音"，以谚文28个基本字和将基本字合用或在基本字上加符号的合用字来记录语音，取代汉字记录语音，形成了自己的文字，后来发展为韩文。在相当长的历史时期，官方文字仍然是汉字，"训民正音"的使用范围有限。韩国的韩文书法，始于"宫体"，即十九世纪晚期宫中女性用韩文写信所形成的书体。纯元王后使用毛笔依照汉字书法的形式书写韩文，引来效仿。

无独有偶，日本的假名书法的兴起也是由女性推波助澜的。"在古代日本，汉字汉诗叫'男手'，日本假名则叫'女手'"，"在平安时期日本人心目中有两种文化类型，一是汉字、汉语、唐诗（男性意识）；一是假名、国文、和歌（女性意识）"，"以'假'和'女手'为标志的假名，虽说在一定时间内难以与汉字抗衡，但它毕竟是日本民族的文字，它是有生命力的。"[1]

因为表音文字与表意文字的区别，韩文书法、假名书法与中国书法毕竟存在形式上的差异，需要审美"对接"。韩文笔画丰富性不够，线条单调，所以韩文书法难以达到汉字书法的笔势灵动和蕴藉隽永，没有形成大的流派和优秀书家。二战后出现的"民体书法"，自称区别于"宫体"，形式上更为粗率，审美趣味不足。韩国成均馆大学东洋哲学博士叶欣认为，实施"韩文专用"政策导致越来越多的韩国人不认识汉字，人们不再愿意花大量的时间研习传统书法艺术，就只学习韩文书法，这对书法艺术的冲击是巨大的。[2]假名的书写符号来自汉字草书，在视觉表现上能更好与汉字书法相融，而且书写的内容以和歌、俳句为主，在精神意境上也能共通于汉字诗文，所以，假名书法开创了新的传统。纪贯之的《古今和歌集》就是开宗立派的杰作。"从此以后，假名书法被真正赋予了与汉字书法对等的地位，日本书法中的汉字、假名双线型的发展特征，获得了历史性的确定。"[3]

日本假名书法的探索经历了多方面的努力。从材质媒介的创新来说，色纸的运用以及由此进行的技巧之变，打开了新的形式空间，提高了假名书法的艺术价

---

1 陈振濂：《日本书法史》，第147-148页。
2 叶欣：《韩国国策对当代韩国书法界的影响小考》，[Z/OL]. 2022年9月4日。（http://shufa.pku.edu.cn/hwsf/1359243.htm.）
3 陈振濂：《日本书法史》，第147-148页。

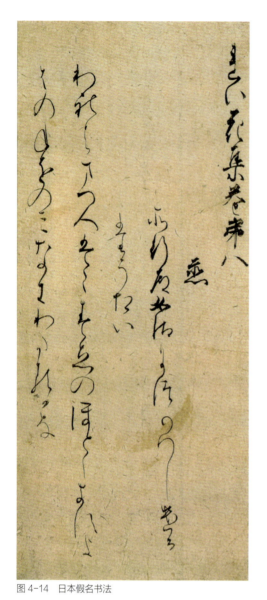

图4-14 日本假名书法

值(参见图4-14)。"《西本愿寺本三十六人集》是假名书法的高峰,又是日本平安时代造纸艺术的结晶","原来的制作目的是为白河法皇60寿辰作贺,用纸有厚式、薄式、陆奥纸、纸屋纸等不同款式,纹样也有方纸、罗文、飞云、隈取,以及其他各种纹型。至于色彩,有金、银、群青、石绿、蓝、赤、棕、橙、赭、黄等各种不同色调。此外,纸质一般则有素纸、蜡纸、竹纸或还有茧纸。"[1] 纸张的创新对于书法图式和效果呈现的创新起到了促进作用,线条、章法的变化尤为明显,体现了迥异于唐样书法的美学趣味。清代以后,中国书法参考借鉴了日本色纸在材质媒介上的创新做法,这是中日书法文化交流的一项成果。

单一民族的国家内部更容易形成审美共性。韩国和日本在本民族审美心理结构的特征方面,自见殊分,各有不同。韩国古典美学或文化哲学的核心范畴是"风流"。"国有玄妙之道曰风流"出自"东国儒宗"崔致远撰写的《鸾郎碑序》。崔致远12岁时就被送到唐朝读书,18岁及第,曾在溧水和扬州为官,以《讨黄巢檄》文扬名天下。《三国史记》记载:"自西事大唐,东还故国,皆值乱世,自伤不遇"[2],但是他的学问、思想、书法、诗文都冠绝一时。崔致远吸纳了中国的儒释道思想,结合新罗的"花郎道",提炼出了"风流"这一民族价值理念。有学者概括,"风流"是不具有时势之必须和物质之功利的无我的放纵,是能使全员参与而需遵循秩序和规则的嬉戏,是来自生命本身的欢天喜地、心旷神怡的快乐的喷发。[3] 也有学者认为,"风流"是符合格式又超出格式的"超格美",是朝鲜古代文人对中国

---

[1] 陈振濂:《日本书法史》,第156-157页。
[2] 转引自李强:《韩国书法丛考》,河南美术出版社2004年版,第192页。
[3] 潘畅和、姜云:《古代韩民族的原始意识结构——"兴"与"风流"》,《东疆学刊》2015年第2期,第1-5页。

传统诗学精神的一种创造性阐释。[1] 此外，韩国的传统民族情绪强调"恨与憾"，由于长期受到边境惊扰，加上近现代屈辱的日本殖民地历史，恨文化逐渐成为韩民族的一种强烈的文化心理。韩国学者金烈圭指出，"这不是个别人的情感体验，而是整个韩民族的'集体无意识'，是在长期的历史过程中，蓄积已久的一种大众化的社会风尚和伦理观念"。[2] 综合"风流道"和"恨与憾"，我们再来审视韩国书法的发展，就会发现近世以来韩国书法急于挣脱中国书法所影响的古典传统，"民体书法"失去了文化根基，而现代书艺游离于汉字美学之外。韩国书法界也在反思，寻找守正创新之路。如大邱艺术大学校教授金兑庭在《韩国书法的真面目》中提出，相比中国和日本书法的追求理性或理智，韩国书艺则更强调感性或情绪。韩国全北大学教授金炳基认为，书艺的"艺"不同于西方现代美术中的"艺"，要将西方主导的"变化至上主义"转为汉字文化圈传统的艺术观"游于艺"。[3]

日本古典美学的核心范畴是"幽玄""物哀""侘寂"。我们很难用简短的文字概括其各自复杂的含义，而且，作为一个审美对象，它可能既是"幽玄"的，又是"物哀"的，还是"侘寂"的。"幽玄"来自禅宗思想，最澄《一心金刚戒体诀》有"得诸法幽玄之妙，证金刚不坏之身"的句子，意思大约是佛法玄秘深奥。平安末期，藤原俊成在歌坛倡导"幽玄"之风，以"余情""淡味"为美，审美情感与意识是含蓄的、深沉的、不可言说的。本居宣长评论《源氏物语》时将日本书学的本质归纳为"在于物哀"，即对周遭的人事和自然抱有细敏微妙的感受力，积极与消极、灿烂与凄美，皆在一瞬，达成物哀。"侘寂"最初体现于"俳谐连歌"中，松尾芭蕉的俳句"寒风入竹松，静默不作声""寂静啊，蝉声渗入岩石中""乌鸦停枯枝，秋日入黄昏""拔掉白发，藏枕下，蝈蝈吱吱叫"等等，将"寂之声""寂之色""寂之心"统一于"风雅之寂"中。我们阅读和样书道，从墨色的由浓变淡、由湿变枯，字形的由大变小、由平变侧，线条的由丰变简、由连变断，空间的由实变虚、由动变静，等等，都可以感受到一种矛盾对立的统一，一种物我观照的映射。中国当代行、草书创作者，如沃兴华、胡抗美等，皆受到和样书道的影响。林散之的行、草书在日本备受推崇，实乃其书风契合日本人的审美观念。

不仅是和样书道，日本的少字数派和前卫派书法，也在调和外来文化与本土文化之间实现了有意识的转化、创新。"和"是日本文化的显著特质。和样书道吸

---

1 蔡美花、袁棠华：《风流：朝鲜古代文人对中国传统诗学的创造性阐释》，《东北师范大学学报（哲学社会科学版）》2019年第6期，第61-66页。
2 范小青：《道不远人，人无异国——韩国文化的历史基因与现实表现》，《光明日报》2020年3月19日，第13版。
3 林如：《当代韩国书艺的现状》，《中国文艺评论》2015年第3期，第107-115页。

收的是中国古典文化，少字数派和前卫派书法对接的是现代西方文化。少字数派也称"墨象"派，二战以后，"它的强化造型语言，不以字义为唯一条件的优势，为走向世界提供了最佳范例。"[1] 日本书道研究者认为，"第二次世界大战结束到现在"，"是受西洋美术或美学的刺激，加上禅宗思想而形成的'现代书风'和'传统书风'相互颉颃的时期"。[2] 此处举两个日本书道借鉴西方美术和美学思想的例子。其一是手岛右卿的作品"崩坏"1957年在巴西圣保罗美术馆展出，不识汉字的彼得罗萨读解了这幅作品的主题："这是物体崩坏的景象"。后来，彼得罗萨与手岛交流时，得到了确认，这让彼得罗萨大为惊讶。手岛右卿说，他的创作灵感来自二战时目睹日本建筑物遭轰炸而崩坍时的强烈感受。彼得罗萨所惊讶的，其实是视觉语言的表现力。其二是井上有一在世界上的影响。井上有一1957年和右卿一同参加了圣保罗国际美术展，1958年又和右卿一同参加了布鲁塞尔"近代美术50年"展，之后，多次以抽象表现主义旗手之名参加了国际美术展。这里顺便说一句，后期的井上有一是反抽象表现主义的，但是他的书法作品走向世界，产生国际影响力，是从圣保罗和布鲁塞尔的展览开始的。后来，井上有一选择了抛弃一切技巧的汉字书写方式，并且切中时代之痛。1993年，针对日本经济衰败现状，展出一字书"贫"字作品64件。又如在美国人克勒塔企划的"1945年以后的日本美术"展览上，井上有一展出《无我》《啊，横川国民学校》，揭露战争罪行。少字数派和前卫派书法并不是追求空洞的形式，而是追求"有意味的形式"和"有表现力的形式"。英国的克莱夫·贝尔在《艺术》一书中提出，艺术的本体在于有意味的形式。德裔美国符号论美学家苏珊·朗格提出"艺术是情感的形式""艺术是有表现力的形式"。应该说，少字数派和前卫派书法受到西方的影响很大，西方现代美术的一个重要特征是否定形本身，即对形的解构，对物的外在之形的否定，或者是对现象世界的超越，比如野兽派马蒂斯对物象的简化，康定斯基用点线面构成来剥离物体表象，纽约抽象表现主义对潜意识和偶然效果的放大，等等。抽象表现主义的代表人物之一弗朗茨·克兰，大规模创作黑白抽象画。美术评论界将其作品与中国书法产生了联系，中国书法不正是有"计白当黑""墨分五彩""超越形质"之类的美学原则吗？西方表现主义美学家如克罗齐、科林伍德早在二十世纪之初就开始强调直觉、想象、情感、变形、创造在艺术上的表现力。少字数派和前卫派书法在二战后走上国际舞台，恰逢西方抽象表现主义风潮，这不只是机缘巧合。日本美学家今道友信指出："应该承认一个毋庸置疑的事实：形的文化

---

[1] 陈振濂：《日本书法史》，第299页。
[2] 西林昭一、温井祯祥：《日本采纳汉字和书法的形成》，《中国书法》2002年第7期，第30-36页。

正在结束。"¹ "在现代,有些艺术要与美诀别。"² 他主张艺术要着重思想的表达而不是经验的表达,要表现运动的"像"而不是静止的"象"。也就是说,现代艺术不将美作为首要价值,而是把生命、激情、活力作为主题。在现代语境下,传统书法如何超越局限?需要有新的艺术理论和美学思想支撑。

韩国的现代派书艺,受到了日本前卫派书法和西方现代艺术的影响,也提出了自己的主张。韩国现代书法家尹焕冼强调书法是"以文字为素材的造型艺术",利用笔、墨的变化表现点、线、面,塑造动态造型。韩国现代书法家金基升认为,韩国抽象书艺的"墨映"区别于日本前卫派的"墨象",强调绘画性运动。另外,孙炳哲提出了"物波主义",物波指的是心物之波,心物之气的视觉显现是心物之波之运动,以"无形心境,自然明气"的心物之哲为认识论。³

中国书法在日本和韩国的异质性生成,主要特征是上述的民族化和现代化两种趋势。新的形式语言产生于新的文化语境,并聚合起新的想象共同体。与此同时,中国书法在本土的演化也受到了具有相似性的日本现代书法和韩国现代书法的影响。中国现代书法运动始于二十世纪八十年代,晚于日本和韩国。朱青生把"现代书法"分为七大类⁴。其中,所谓的"非字书法""外文书法"根本不是中国书法,所谓的"人体书法"勉强算是行为艺术,"牌匾书法"中国古已有之。"少字书法"借用或挪用的是日本的概念,"观念书法"近似日本的"前卫派书法"、韩国的"现代派书艺"。对经典的反叛,或者说创造新的经典,需要基于新的象征性资源,否则是脱离当下文化情境的,没有能量和动力,徒具形式上的变化,缺乏可阐释的意义。针对中国当代书法界简单摹仿、复制日本现代书法实践的现象,有评论者指出,"不能仅仅局限于表现手法的断章取义,更需要关注其创作理念,提取其所蕴含的艺术语言,进行覆蹈、抒发并变革"。⁵

中国书法如何在现代化语境中创新内容和形式?如果书法孤立于当代日常生活的情境和话语之外,封闭于博物馆、美术馆的展厅里,就会丧失其文化塑造力、审美感染力和知识对话力。书法在当今的媒介化构型,必须面对如何介入社会生活的问题,即如何借助书法的形式符号关联社会情境,从文人书写转向公共实践,重构媒介与社会文化的关系。美国传播学者詹姆斯·罗尔认为,"当今的文化更具

---

1 今道友信:《美学的将来》,樊锦鑫等译,广西教育出版社1997年版,第12页。
2 今道友信主编:《美学的方法》,李心峰等译,文化艺术出版社1990年版,第323页。
3 林如:《当代韩国书艺的现状》,《中国文艺评论》2015年第3期,第107-115页。
4 朱青生:《从无锡到北大——我所经历的现代书法实验》,《现代书法》2000年第3-4期合刊。
5 孙列、刘仲林、崔之进:《当代中国书法创作体系中的日本因素》,《贵州大学学报(艺术版)》2019年第2期,第40-46页,第107页。

有象征意义、多样化和变化性","人们创造、阐释并利用大量的符号和生产符号的技术，以便设计出多种文化风格和身份"。[1] 通过新的笔墨语言表达多样化的象征意义，寻求自身的文化风格和文化身份，形成与历史、当下及未来的文化关联，实现归根复命的主体性递归，这是当代人借助书法这一媒介进行精神建构和文化交往的需要。

---

[1] 詹姆斯·罗尔:《媒介、传播、文化——一个全球性的途径》，董洪川译，商务印书馆2005年版，第175页。

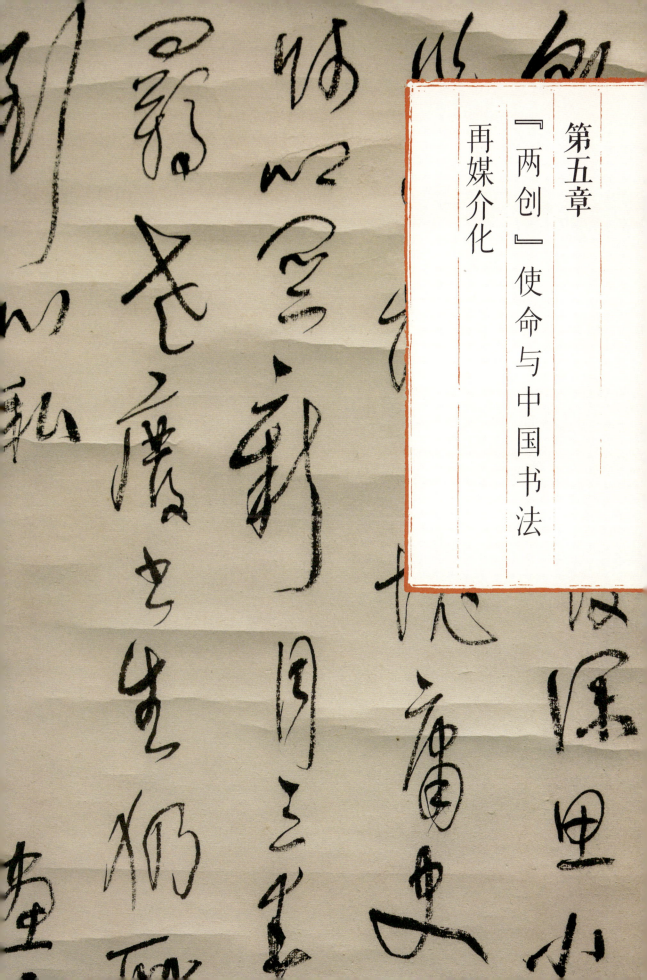

第五章 「两创」使命与中国书法再媒介化

中国书法如何借古开今？需要以今天的眼光审视书法史的结构、要素和趋势、规律，考察书法史叙事是如何形成又是如何被理解、接受的。在媒介考古学视域下，本书对书法何以实现创造性转换和创新性发展提出了回溯－前瞻式思考。

首先从文化视角来看，中国古代书法从秦汉以前的史官书写，到魏晋南北朝的贵族书写，再到隋唐科举制度下的士人书写、宋代的文人书写，及至晚明以后的艺术书写，它所承载的文化价值越来越转向开放。字体、书体的演变和确立，碑、帖传统的精神沿袭和风格流变，于整体秩序中体现了主流话语权力的影响，然而话语权力一再分配，从保守垄断到重组流通，其过程显示出下移、俗化趋势。甲骨文的人神沟通、神圣其事，钟鼎文的礼乐有序、崇祖述德，乃至秦刻石的铭功立威、永为仪则，都是"高高在上"的书写。战国简帛传承古文典册，熹平石经、正始石经刊定儒家经典，是统治阶级实施王政的礼教载体[1]，特别是隶书由徒隶之书跃升为庙堂正体，以汉碑为典范，"追述君父之功美"[2]，发挥文化标榜之功用，北朝碑版墓志承袭有加，固守儒家经艺之本。程章灿认为以碑碣、摩崖为代表的石刻，成为空间景观与文本景观，成为文化工具和传播媒介，"吸引不同读者的围观阅读，凝聚不同的诠释体验"[3]。东晋书帖不再恪守庄严稳重，风流多姿，"遒美"韵味由此成为审美新标准，书法的实用性愈发减弱而审美性愈发增强。士族门阀制度消失后，书法逐渐普及扩散至知识阶层，书写的内容将文化与日常生活联结起来了，书写者注入了更多的个人体验和个性意识。到了清末民国，发生了重大知识型转变，传统文化向现代文化转型，废除科举之后，书法被视为旧学，为新学所轻视，新文化运动鼓吹汉字改革，又以白话文取代文言文，书法逐渐脱离了实用书写功能，面临全新挑战。书法转为以艺术表现为主要功能，并不同程度受西方艺术形式影响，表达多元价值取向。

其次从审美视角看，从尚象到尚意再到尚趣，从公共艺术到个人艺术，展开了从以书为主到以写为主、从以摹仿为主到以创造为主的不同阶段。早期汉字书写的最重要特征是以象形为本，体物取象，摹仿自然，画成其物，象形是"六书"的基础。隶变、楷变之后，象形意味大大弱化，表意功能更加凸显，故而王羲之云"须

---

1 东晋干宝《搜神记》记载："及明帝立，诏三公曰：'先帝昔著《典论》，不朽之格言，其刊石于庙门之外及太学，与石经并，以永示来世'。"曹丕《典论》云"盖文章，经国之大业，不朽之盛事"，对文学的经国作用和不朽意义进行肯定，将《典论》与熹平石经并立而列为经典，这是魏明帝以文教化天下的一种举措。
2 "臣子追述君父之功美，以书其上，后人因焉。故建于道陌之头显见之处，名其文就谓之碑也"，见刘熙：《释名》。王元军在《汉碑石书刻考察》一文中说："就立碑的范围来看，远不止'臣子'为'君父'立碑，当时有各种形制的碑，就其性质而言，大约有纪功碑、去思碑、德政碑等。"参见上海书画出版社编：《碑帖的鉴定与考辨》，上海书画出版社2010年版，第42页。
3 程章灿：《作为物质文化的石刻文献》，南京大学出版社2023年版，第285页。

得书，意转深，点画之间，皆有意，自有言所不尽，得其妙者，事事皆然"。[1] 表意即表言语不能尽之意，强调意象之美、精神之动，以意为抽象的神采。苏东坡诗云"我书意造本无法，点画信手烦推求"，郝经《移诸生论书法书》云"不知书之为我，我之为书，悠然而化，然后技入于道。凡有所书，神妙不测，尽为自然造化，不复有笔墨，神在意存而已，则自高古闲雅，恣睢徜徉"。他们所说的"意"都指的是人格精神，点画信手，纵意所如，主体与客体互相转化与融通则是意与妙合，神在意存。明代后期，人性解放的思潮渐成态势，书法家敢于表达对现实的感受，敢于宣泄性情欲望，敢于追求奇趣异趣。书者，如也；写者，泻也。从以书为主到以写为主，意味着审美的个性表现大于共性传达，法度也越来越宽泛，人们对于雅俗之分、美丑之分有了全新认识，审美边界越来越模糊。民国时期，梁启超、蔡元培、刘海粟等将书法纳入美学范畴，体现书法的美育价值及其对于个性解放的意义，书法审美因此向现代性嬗变。

再次从知识视角看，书法是建立在文字载体的基础上的文化生产和艺术创造，文字的使用越来越普及，书法的文化生产功能也越来越多元，艺术创造功能也越来越独立。在中国古代，一方面，书法发展不断受到文化制度的规制，另一方面，不断根据文化语境的变化而左冲右突，打破既有规范，拓展流域范围。中国书法经典的形成，受到庙堂塑造与江湖改造两条路径交互影响。庙堂塑造以官方刻石、内府刻帖为导向，帝王喜好、科举标准、书论阐释都是不同方法，如小篆、唐楷作为正体；二王书风滋生帖学；宋四家的地位确立于本朝；松雪体、香光体流行于康乾时期，不一而足。江湖改造则以士民参与、社会需求、风俗移易为动力，借助实用方式、宗教生活、商品交换等多方面力量形成潮流。如隶变是下层徒隶作为书写主体追求简便的功用需要所完成的；又如写经体是写经生或庶民常年抄写，久书成艺所形成的；又如怀素的狂草以狂禅为寄托，"落笔纵横不忘神，方知草圣本非颠"；至于明清对于帖学的反动，与书画市场的兴起也有关系。需要看到的是，民间力量经常获得支持，不得不为庙堂所验证。后汉赵壹《非草书》[2] 批评杜度、崔瑷的草书竟然大为流行，这等伎艺怎么可以于政治有益呢？他认为草书无实际功用，徒为伎艺之细耳。赵壹没有看到社会文化语境是变化的，汉兴草书与纸张发明之后士大夫的使用偏好大有关系，尺牍书翰是精英阶层的精神交往媒介，二王行草为时所贵，成为一种高雅艺术，以至于宫廷搜罗以为宝，不可贬低为实用书写。朱熹批评苏、黄而尊蔡襄，云"字被苏、黄胡乱写坏了，近见蔡君谟一帖，字字

---

[1] 张彦远纂辑、刘石校理：《法书要录校理》，中华书局2021年版，第5页。
[2] 张彦远纂辑、刘石校理：第2-4页。

有法度，如端人正士，方是字"¹，但是他自己的书法也是以行草之势居多，岂能脱离文人情调？从知识传播的视角看，书法成为大众喜闻乐见的媒介，这一趋势不可逆转。清末民国引入西式教育制度、西式社团组织形式、西式报刊传播方式、西式文化机构（如图书馆、美术馆、展览馆等），书法的知识生产与知识传播迥然不同于过去，越来越重视书法之于民族文化、公共话语、大众参与的意义，此为书法美术化转向之条件。

综上，从权力话语更替、审美标准革新、知识生产变迁等方面考察中国书法经典的媒介化，可以了解书法本体、审美主体和传承载体的活力。文化守成、审美僵化、知识复制，不是历史逻辑，更不是历史真相。中国书法的嬗变，始终面向广阔的生活世界，而不是凌虚蹈空，更不是闭门造车。虽然其过程有潮起潮落，但是一再复振于道路狭隘之时，脱离于形乖意舛之际，崛起于人文失落之间。

需要检点的是：为什么有时道路狭隘？为什么有时形乖意舛？为什么有时人文失落？中国当代书法在处理继承与创新的关系时可以避免哪些问题？必须正视语境的变化和范式的更换。

大而言之，近现代以来，中国书法经历了美术化转向和视觉化转向两个大的变化，美术化、视觉化是区别于中国书法经典的全新范式。也就是说，用笔者提出的文化纪统、审美传统、知识系统来阐释，是否能够接着讲下去？如果讲不下去，是否需要重新定义书法本体？如果讲得下去，如何对接新的话语体系，解释变化的过程？回答这样的问题，以笔者的学力和见识，难度不言而喻，但是问题又绕不过去，即使不能完全回答，把问题展开也有必要。对断裂、转型的媒介叙事的关注，对媒介文化在物质层面、话语层面的考察，对媒介本体论的再思考，从历史中打捞媒介演化的偶然性与贯通性所形成的关联事实，有助于开拓书法史、书法观念史和书法传播史研究的思路。

陈振濂对"美术"进行了知识考古："中国古代是没有'美术'这个词的，书画篆刻在中国古代简称'书画'。为什么到了民国初年这些人都将其叫做'美术'？因为'西学东渐'已经成气候了。更重要的是，'美术'这个词刚刚被引进的时候，因为不同的专家在不同语境中用这个词，其标准、意义是非常不统一的。"² 他认为，因为西学东渐，而西洋也没有作为艺术的"书法"，因此今天来看在当时那个重大的文化转型阶段人们对于"美术"的使用歧义，应该思考"百年之前我们为什么急不可待地要从'书画'转型为'美术'以求不落伍、不被嫌弃，而百年之后我

1　朱熹：《朱子语类》第八册，卷一四〇，中华书局 1986 年版，第 3336 页。
2　陈振濂：《书法新时代：陈振濂学术演讲录》，宁波出版社 2018 年版，第 201 页。

们为什么又要反省'美术'的不足而重新呼唤'书画'（诗书画印）的当世价值"。[1] 陈振濂提出了一串极为重要的问题：在书法传统与书法现代化转换之间，如何重新定义书法作为艺术的"身份"？如何看待"美术"的分科教育与书法的综合修养之间的矛盾？如何用现代思维转化、激活中国书法的传统？

关于中国书法的美术化转向，我们需要看到的是，清末民国时期，新学兴起，新式教育也逐渐推行，而书法教育分为两翼，一翼为师范教育、中小学教育的写字课程，一翼为高等教育、艺术（美术）专科教育的书法课程。前者距离古代的字学传统不远，而对于后者而言，意味着书法教育开始朝向现代学科转型，书法艺术也借用了西方美术的概念。例如，民国二十七年（1938年）农历十月廿九日，弘一法师在致马冬涵的信札中写道："敝人写字时，皆依西洋画图案之原则，竭力配置、调和全纸整体之形状，故朽人所写之字，应作一张图案画观之斯可矣，决不用心揣摩。"[2] 有研究者指出，画家书法强调书法的美术化或图案化，在民国年间此风盛行。[3] 民国艺术教育大都将书法设为其中一门课程，作为美育引起美感、改造新人的举措[4]，故而有此观念变化。书法的美术化转向，通过书法教育和传播，改变了人们对于书法语言的认识，也改变了人们的审美观念，民国书法在形式上的翻新变化令人目不暇接。但是，书法的美术化也带来了刻意经营的技术化问题，与古典传统追求"天工"存在差异。

中国书法的视觉化转向，始于二十世纪八十年代中期。第一个阶段，改革开放后受到西方现代艺术影响的前卫派人士，为了争取新的表达权利和表现反叛传统的姿态，摹仿、借鉴日本现代书法和西方构成艺术、观念艺术、装置艺术甚至行为艺术等手段，去经典化，去本土化，去书写化，引起了人们对于书法的文化本源、文化身份和艺术语境、艺术内涵的再思考。有些探索较为温和，只是在形式上借用西方艺术语言，而有些探索则完全将笔墨作为物质性媒介，将"形"与"意"割裂开来，似乎脱离了书法本体，背离了书法经典。第二个阶段，中国加入世界贸易组织后，消费社会快速形成，书画产业化市场化特征越来越明显，去深度化、媚俗而夸张的视觉表现手段成为不少书法创作者吸引"眼球经济"和博取"文

---

[1] 陈振濂：《书法新时代：陈振濂学术演讲录》，第192页。
[2] 李叔同：《李叔同（弘一法师）谈艺录》，《爱尚美术》2019年第1期，第88-91页。
[3] 曹建：《民国时期书法的观念与后碑学特征》，《中国书法》2008年第12期，第28-33页。
[4] 例如，教育家蔡元培是最早提出"美育"者，主张"美育者应用美学之理论于教育，以陶冶感情为目的者也"，"一个完整强健人格的养成，并不源于知识的灌输，而在于感情的陶养。这种陶养就在于美育。塑造全面完整的人，也正是美育的宗旨。"又如，鲁迅在教育部工作时所写《拟播布美术意见书》（发表于1913年2月《教育部编纂处月刊》第一卷第一册），提出了自己关于美术教育的主张："所谓美术，就是作者运用思理来美化天物的意思"，能够发挥"表见文化""辅助道德""救援经济"的作用。

化注意力"的媒介生产、媒介消费方式。作为文化研究的一个对象，有必要发起讨论和批判。特别重要的一个问题是从传统社会快速迈向现代社会和后现代社会，意味着文化也必然急遽转型，在新的语境下，"何以书法"的问题就格外值得深思，必须直视话语更替与知识型转变的事实。

中国书法的创新应该着眼于突破经典而不是脱离经典或反经典、消解经典。下一步，是继续经典的再生产，还是开启经典的再创造？虽然媒介考古学认为历史是异变、突变的，话语实践不是经验性、实证性的，但即使是断裂的、异质性的历史叙事依然是有规则的。潘祥辉指出，"中华文明是世界古代文明中唯一没有中断并传承至今的文明形态，许多文化传统就像基因一样传承至今，这依托于中国历史上一些特殊的传播媒介、传播制度和传播观念"。[1] 中国书法经典承载了中国文化传统，无论如何进行转化、创新，都不可能割裂传统，正如基因可能重组、编辑，但是不可能完全删除、替换。当今时代，书法对于经典的突破，以流动的、长远的历史观来思考，应该看到相较于前人的异质性，同时看到与前人联接的共同点。期冀书法教育与学术研究能够为书法在赓续传统的基础上的突破创新提供新理论、新范式。

第一节　话语更替：文化语境与知识型转变

鲁迅在《门外文谈》中说过："因为文字是特权者的东西，所以它就有了尊严性，并且有了神秘性。""由历史所指示，凡有改革，最初，总是觉悟的智识者的任务。"[2] 鲁迅的这篇文章，谈的是文字改革、文学改革，如果我们将其要义运用于书法改革，也是具有启发意义的。鲁迅提倡的是大众的文字、大众的文学，在新文化运动的语境中，吹响了反对特权者的文字、特权者的文学的号角，并且对特权者的造魅予以揭露。

考察古代汉字史和书法史，我们确实可以看到大众和特权者对于权力话语的争夺以及权力话语秩序的变化，也就是福柯所说的"话语的深层结构"的变化。在汉字史上，正体与草体不断地互相促发、调适，反映的是大众对于简便化的需求与特权者对于规范化的需求之间的矛盾。裘锡圭指出："历来的统治阶级都轻视俗体字。其实，在文字形体演变的过程里，俗体所起的作用十分重要。有时候，

---

[1] 陈洁：《在赓续历史文脉中推进文化创新》，《新华日报》2023 年 6 月 11 日，第 1 版。
[2] 鲁迅：《门外文谈》，北京出版社 2014 年版，第 1-5 页。

图 5-1 汉·《熹平石经》残石

一种新的正体就是由前一阶段的俗体发展而成的(如隶书)。"[1](《熹平石经》的隶书字体被确立为官方正体,"八分"字体中规中矩,这是隶变结束后的标准书体。参见图 5-1)至清代,书法史的叙事形成帖学和碑学两支,帖学自唐代至清初几乎垄断了中国书法的话语权,而碑学的兴起亦可视为有意反叛,"二王"被符号化、象征化,致使帖学传统失去活力。华人德说:"碑学书派在艺术眼光上一反二王书风好尚'劲媚',而从汉魏碑刻中寻求高古朴茂,甚至丑拙荒率。庄子云:道无所不在,在蝼蚁,在稊稗,在瓦甓,在屎溺。这正是碑学书派取法'穷乡儿女造像'及瓦当砖甓之属艺术思想的哲学依据。"[2] 虽然书碑者大多也有一定知识修养,但是甚少留名,而刻帖收录的皆为名家笔迹,帖学的精英意识明显。碑、帖的并行不悖、互相融合,在"平民书法"和"院体书法"中间取得平衡和接洽。最终所谓的反叛、解放,仍然归于道;反叛、解放又每每以复古为旗号,如沈曾植所称"通乎今以为变""通乎古以为变",化解融通,是中国文化可以不断生发活力的特质。

对帖学传统的反叛发轫于明末清初的个性解放,错综复杂的社会变化更是导致了不同价值观念的冲突。徐渭的书法特立独行,笔重势沉,跌宕张扬,狂傲不羁,用笔上多运用破锋、散锋、露锋,不守前人法度,章法布局打乱字距、行距,如暴风骤雨,恣肆歌哭(图 5-2)。徐渭的一生,幼年成为孤儿,乡试八次不中,受胡宗宪案牵连而屡次自残不死,狂病发作杀死继妻而入狱七年,晚年贫困潦倒。徐渭以艺术语言表达他与主流权力话语的对抗。朱耷的书法削尽冗繁,秃笔少墨,欹正互出,以涩取润,字形常见变形,以丑拙荒疏为个性,遗世独立,卓尔不群。朱耷的一生,逃禅,归宗,还俗,疯狂,极其矛盾。"八大山人"的署款也被读作"哭之笑之",可见其内心的痛苦、孤独、感伤。朱耷的题画诗句,如"墨点无多泪点多,

---

1 裘锡圭:《文字学概要(修订本)》,商务印书馆 2021 年版,第 67 页。
2 华人德:《评帖学与碑学》,收录于上海书画出版社编:《碑帖的鉴定与考辨》,上海书画出版社 2010 年版,第 345-346 页。

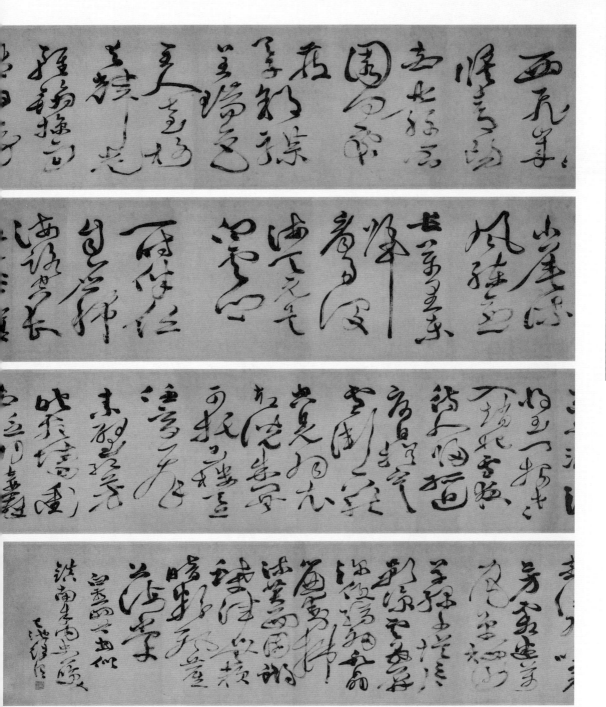

图 5-2　明·徐渭草书白燕诗卷

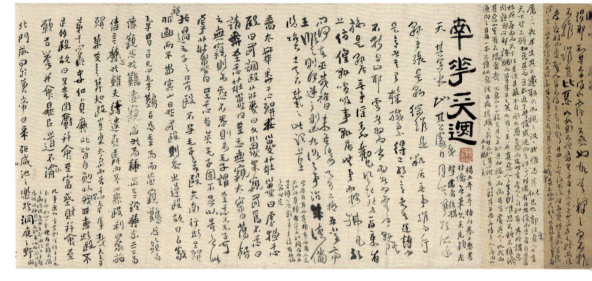

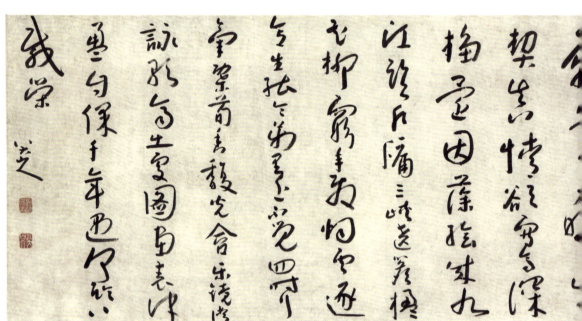

图5-3 清·朱耷草书五言排律

山河仍是旧山河","画境皆由心境造,荒山深处寂寥深",面对旧山河,面对乱世,心境是清苦寂寥的,纸上多是泪点。作为明遗民和明太祖朱元璋第十七子朱权的九世孙,朱耷亦僧亦道的生活是为了逃避政治迫害,潜踪隐迹,佯狂装哑,以笔墨游戏晦涩地鸣不平(图5-3)。傅山的书法以支离和丑拙为面貌。白谦慎指出:"生活在动荡不安的时代,肢体的'支离'成为'足以养其身,终其天年'的一种生

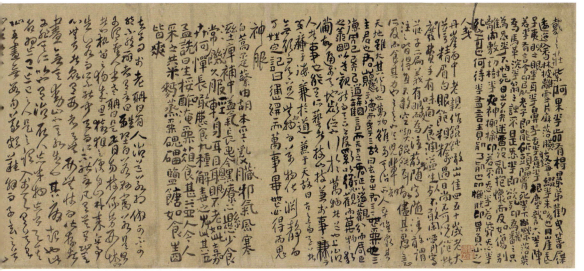

图 5-4　清·傅山《啬庐妙翰》手卷（局部）

存方式，'支离'由此暗示着逃避当代政治，更可以进一步引申为退隐和对现政权的消极抵抗"，"傅山鼓吹'丑拙'，和他提倡'支离'一样，可以理解为在满族统治者和明遗民之间的政治对抗依然十分尖锐的情形下的情感表现，而他鼓吹的'宁拙毋巧'，也令人不难察觉其中的弦外之音。"[1] 傅山的《啬庐妙翰》（图5-4），频繁使用异体字和俗体字，混用不同书体，甚至一个字用不同书体的笔法书写，结字有意打破平衡刻意变形，字形大小对比悬殊，甚至字与字相互堆砌重叠，以及无视行距规则而致章法错乱。在白谦慎看来，这些书迹特征都体现了傅山将支离和丑本书为美学观念的激进表达行为，具有话语意义上的多重反抗意图。薛龙春研究发现，王铎的书法作品中也有"大量的古文、篆籀字形的隶化与楷化，或为整字，或为偏旁"，[2] 这种字体杂糅的现象，是明末"尚奇""好古"文化的反映。徐渭、八大山人、傅山等尝试从帖学传统中解放出来，这是从古典话语向现代话语转换的前奏。

我们还应该看到，徐渭、八大山人、傅山对于自己的艺术成就是自傲的，甚

---

[1] 白谦慎：《傅山的世界：十七世纪中国书法的嬗变》，第141-149页。
[2] 薛龙春：《二王以外：清代碑学的历史思考》，生活·读书·新知三联书店2023年版，第28-32页。

至将本人列入书史之中，为自己争取在书史上的地位。[1] 徐渭与近世书者拉开距离，认为他们是"俗人"，所书为"伪迹"，不可能"独出乎己"，而"高书"乃"天成"，"不入俗眼"。八大山人有诗云"世界八万四千，究竟瞻顾碍眼"，意思是尘俗不入其眼。

白谦慎对傅山《啬庐妙翰》卷中的两段批点予以注意，其一云"字原有真好真赖，真好者人定不知好。真赖者人定不知赖。得好名者赖，亦须数十百年后有尚论之人而始定"，其二云"吾看画看文章诗赋与古今书法，自谓别具慧眼。万亿品类略不可逃。每欲告人此旨，而人惘然。此识真正敢谓千古独步。若哾哾焉，近于病狂。然不哾哾焉亦狂。而却自知所造不逮所觉"。"真好者人定不知好"与徐渭"高书不入俗眼"之说如出一辙。白谦慎指出："这种自负得令人吃惊的论调立即引起我们的注意。它让我们思考，这个手卷的书法究竟有哪些优点。傅山敏锐地意识到其书法中所表现的'丑拙'很难被同时代的人所接受，但他宣称真正的好书法往往不会被当代人评为佳作。因此，他的批点其实也是一种自辩和自荐，尽管他承认自己的艺术创造力无法与他的艺术洞察力相比。"[2] 傅山对数十百年后自己的书名得到确立是有期待的，这也显示了他的前瞻眼光。王铎也有留名书法史的影响的焦虑与反焦虑，他说"我无他望，所期后日史上，好书数行也"[3]，这一预期，同样是建立在自己敢于创新的基础上。

上文所说的庙堂塑造与江湖改造，用媒介理论来解释，表现为权力话语的争夺机制，而权力话语秩序的变化，作用于二者的冲突与"合谋"。马克思指出，意识形态是"以思想的形式表现出来的占统治地位的物质关系"[4]。占统治地位的思想是统治阶级对意识形态进行控制的结果，"这在观念上的表达就是：赋予自己的思想以普遍性的形式"[5]。西方马克思主义的研究重视马克思提出的意识形态问题，同时吸收了资产阶级哲学思潮，关注意识形态的构建条件、构建过程及意识形态控制方式的变化，并形成了多种诠释性学说。以葛兰西的意识形态与"文化霸权"理论为例，葛兰西用"文化霸权"来阐释统治阶级的意识形态支配方式，统治意识形态"含蓄地表现于艺术、法律、经济活动和个人与集体生活的一切表现之中"[6]，

---

[1] 徐渭自评"吾书第一，诗二，文三，画四"，在《题自书一枝堂帖》中又云："高书不入俗眼，入俗眼者非高书。然此言亦可与知者道，难与俗人言也。"在《跋张东海草书千文卷后》中又云："近世书者阒绝笔性，诡其道以为独出乎己，用盗世名，其于点画漫不省为何物，求其伪迹古先以几所谓由乎人者已不得，况望其天成哉！"徐渭：《徐渭集》第四册，中华书局1983年版，第1091页。
[2] 白谦慎：《傅山的世界：十七世纪中国书法的嬗变》，第179-180页。
[3] 朱仁夫：《中国古代书法史》，北京大学出版社1997年版，第62页。
[4] 马克思等：《马克思恩格斯全集》（第3卷），人民出版社1972年版，第52页。
[5] 马克思等：《马克思恩格斯选集》（第1卷），人民出版社1995年版，第100页。
[6] 安东尼奥·葛兰西：《狱中札记》，曹雷雨等译，中国社会科学出版社2000年版，第237页。

成为统治阶级维系其统治权的策略。统治阶级所提倡的书法审美标准，实则嵌入了意识形态，以内化的方式体现其话语霸权。葛兰西又指出，霸权的形成是话语争夺的过程和"谈判"的结果，是支配者与被支配者的"合谋"。他认为意识形态内化于人，隐蔽而非公开地实现了对人的控制与支配。所有需要得到当时认可的书法家，都会自觉不自觉地回应主流审美标准的期待，即使有所突破，也只能是一种"谈判"，其效果仍是"合谋"。阿尔都塞指出，"任何一个阶级如果不在掌握政权的同时对意识形态国家机器这套机器行使其领权的话，那么它的政权就不会持久"[1]。阿尔都塞认为，人的社会主体性的建构存在着意识形态控制，即意识形态控制了人的社会主体性的建构。人的社会主体性的存在，是拥有社会身份（文化身份）的存在。人的社会主体性伴随着环境与条件的变化而变化。必须看到的是，徐渭、八大山人、傅山等虽然各自在其作品中流露出对现实政治的不满、对主流审美标准的不满，但是仍期待得到文化认同和接纳，只是姿态上或消极或激进，始终表现为紧绷的矛盾张力。

如果说庙堂塑造是统治阶级以官方刻石、内府刻帖、科举标准、书论阐释等方式形成"上行下效"的意识形态控制效应，那么，江湖改造并不是对统治意识形态的完全颠覆，而是为了获得身份认同而采取的"合谋"策略，或者说，是为了建构社会主体性而实施的文化参与行为。在福柯看来，权力关系是复杂的，不可能被简单地包含在一个二元对立模式之中。他指出，"权力关系植根于社会网络系统之中，但这并不是说，存在一个可以宰制社会方方面面的、首要的和基本的权力原则"[2]。根据福柯的权力理论，权力通过话语发生作用，话语产生着权力、传递着权力并强化了权力[3]。话语和话语结构是权力得以实现的条件。以意识形态与权力话语为解释框架，我们发现中国书法史上统治意识形态一再"拨乱反正"，在规范文字秩序方面如此，在整合书法审美方面和培植文化精神方面也是如此，施行"允执厥中"的中庸之道、人伦之治，以中庸之道协调价值多元化，以人伦之治建构社会影响力。同样，江湖改造所隐含的审美理想反对的是"俗书""俗眼""俗手"，将"丑拙"视为"天机""奇古"的表现，努力接洽文化传统，而不是脱离于文化传统之外。

书家有意识地进行江湖改造的另一个动因，是对应书画市场的需求，以"陌

---

1 阿尔都塞：《哲学与政治：阿尔都塞读本》，陈越编译，吉林人民出版社 2003 年版，第 338 页。
2 Foucault M. Afterword: the Subject and Power, [M].in H. Dreyfus and P. Rabinow (eds). Beyond Structuralism and Hermeneutics, Chicago: University of Chicago Press, 1983:224.
3 米歇尔·福柯：《性史》，张廷琛等译，上海科学技术文献出版社 1989 年版，第 99 页。

生化"模式获得市场关注。明末商品经济的发展和市民社会的形成,为书画市场的培育提供了条件,至清代书画市场延续发展。潘伯鹰在论述清前期书法时说:"更有郑燮、高凤翰、丁敬、金农等一类人,可以代表在野的书家,他们有一共同点,即是反馆阁的方向,他们的字形参用古篆隶结构,不同笔法,流为一种狂怪的姿态。虽然狂怪是短处,但古趣是长处。并且他们是最早开启学古碑风气的。尽管造诣不高,影响不大,以时代论,是不可埋没的豪杰之士。"[1] 郑燮、高凤翰、金农,还有罗聘、黄慎、汪士慎,都是康乾时期活跃于扬州地区的书画家,他们的书法以"怪"闻名,是"在野"的代表,敢于叛逆出新。郑燮的书法,自称"六分半书",也有人称为"板桥体",参以篆、隶、草、楷的笔法和字形,章法如乱石铺街(图5-5)。黄慎以破毫秃颖写行书和草书,笔势时断时续,笔意跳荡起伏,倔强执拗,风格明显(图5-6)。金农的隶书被称为"漆书",以扁笔浓墨刷字,只折不转,简朴厚拙(图5-7)。康有

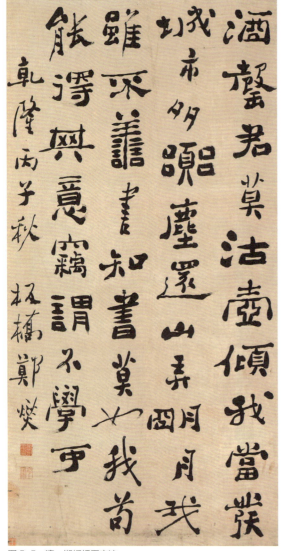

图5-5 清·郑板桥五言诗

为批评"冬心(金农)、板桥,参用隶笔,然失则怪,此欲变而不知变者"[2],对刻意之变颇有微辞,但是他们敢于求变,并且从传统中寻找资源求变,还是值得肯定的。"扬州八怪"这一类的书家,多为布衣,靠鬻字画为生,而扬州处于运河中段,贸易发达,徽商附庸风雅者众。以"怪"创造特定的艺术价值,以"怪"运营书画市场,这是不可忽视的事实。书法审美从精英阶层普及到市民社会,下移、俗化的趋势不可避免,"失则怪"甚至剑走偏锋都是可能的,对于创新,我们仍应持有包容的态度。

---

1 潘伯鹰:《中国书法简论》,上海人民美术出版社2017年版,第157-158页。
2 康有为撰,祝嘉译释:《〈广艺舟双楫〉译释》,上海书画出版社2021年版,第13页。

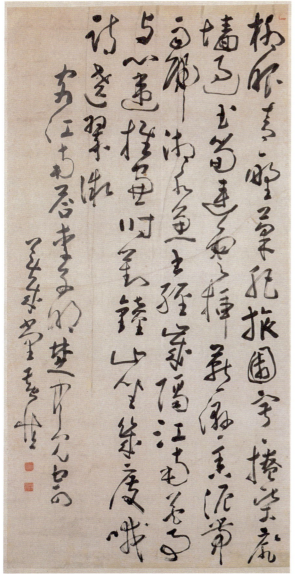

图 5-6 清·黄慎草书诗轴

图 5-7 清·金农《相鹤经》隶书轴

  权力话语的更替在书法史上的体现，也包括后来者对于史上书家的重新阐释，据此表达对书法创新的认识。沙孟海说，"把颜字别开一门，是我的'杜撰'，向来论书学的从没有这个例子"，沙孟海进而指出了帖学、碑学之说的模糊性，"帖学和碑学，本没有截然的区别"[1]。沙孟海对颜真卿的再阐释，乃着意于碑帖融合的

---

[1] 沙孟海：《近三百年的书学》，浙江人民美术出版社 2022 年版，第 61 页。

书学思想，自清季以来，探索碑帖融合者形成主流。颜真卿突破他所在时代独尊二王笔法的局限，突破"书贵瘦硬方通神"的审美风气，朝着唯美主义的反方向一路前行，以雄强刚直的笔法、丰筋健骨的字法、厚重茂密的章法独树一帜，马宗霍《书林藻鉴》称赞："纳古法于新意之中，生新法于古意之外，陶铸万象，隐括众长，与少陵（杜甫）之诗、昌黎（韩愈）之文，皆同为能起八代之衰者。"沙孟海"把颜字别开一门"，是着眼于书法史上颜书代有继承的事实，更是依据于颜书"兼有帖学、碑学之长"的判断。其实历代突破对帖学的狭隘继承而屡屡展开对颜真卿的再阐释。为什么颜书能够"纳古法于新意之中，生新法于古意之外"？其新意足以自成一家，别开生面，苏东坡《书唐代六家书后》赞叹云"格力天纵，奄有汉魏晋宋以来风流"。借用英国十八世纪经验主义美学家博克所提出的"崇高"和"美"两种观念而言，二王之书在于"美"，鲁公之书在于"崇高"。其新法堪为后世楷则，开宗立派，郝经《陵川集》赞叹云"为书家规矩准绳之大匠"。和王羲之一样，颜真卿在书法史上是辐辏其前、辐射其后的关键书家，树立的是轴心性经典。如果一个书法家的新意不具有可阐释性，如果一个书法家的新法不具有可传承性，那就不能够得到认同和接受。颜真卿的书法内涵极其丰富，在不同时期有不同风格，千变万化，又内在一致，其可阐释性、可传承性超乎寻常。

除了《述张长史笔法十二意》，颜真卿几乎没有其他书论文章存世了，《述张长史笔法十二意》写于"变法"之前，是关于"何以得齐古人"的问答。虽然颜真卿没有表达其"变法"的书学思想，但是他从"得齐古人"中广泛涉猎，"兼有帖学、碑学之长"，这显然是自觉的，自有依据。

卡尔维诺给文学经典下了十四个定义。[1] 将这十四个关于文学经典的定义迁移到对书法经典的理解，也颇有意思。书法经典是那些反复被临摹、反复被揣摩、反复被辨识、反复被阐释的作品，也反复被效仿者有意误读、反复被效仿者有意改写、反复让效仿者确认自我的作品。它之所以具有"初读也好像是在重温"的吸引力，又让人"每次重读都像初读那样带来发现"，是因为它已经形成了深层记忆，它具有源头性和共时性意义，为后来者提供了"与古为新"的媒介主题。

为了进入经典谱系，或者说反抗影响的焦虑，历史上有一些书法家对自己的创新进行自我阐释，以期形成话语影响力，此风自宋以来尤盛。宋人好议论，通过书信、题跋、笔记、诗歌等发表书学思想。以黄庭坚的草书变法为例。黄庭坚

---

1 伊塔洛·卡尔维诺：《为什么读经典》，黄灿然、李桂蜜译，译林出版社2006年版，第1-10页。

是有反思能力的书法家[1]，悟到了字中须有笔，下笔不粘不脱、不即不离，书贵含蓄以韵胜，意到笔到等书理。黄庭坚的草书，他自谓受到张旭、怀素启发，并且颇为自得，《山谷题跋》卷八《跋此君轩诗》云"自疑怀素前身，今生笔法更老"，又如"数百年来，惟张长史、永州狂僧怀素及余三人悟此法耳。"那么，他所说的笔法比怀素更老是何意呢？邱才桢在《书写的形态：中国书法史的经典瞬间》中指出，黄庭坚草书是在"楷书意识"下化出的奇崛创造。[2]《山谷题跋》卷四《跋张长史〈千字文〉》云："楷法妙天下，故作草能如此。"《山谷题跋》卷七《评书》云："余尝观汉时石刻篆隶，颇得楷法。后生若以余说学《兰亭》，当得之。"他所说的"古法"，"与科斗篆隶同法同意"。他又说："直须落笔一一端正。至于放笔，自然成行。草则虽草，而笔意端正。"[3]我们可以从黄庭坚草书的形态中看出，其点画如长枪大戟，瘦硬劲健，陡峭清奇，求的就是字中有笔、意到笔到、笔意端正的"古法"，"与科斗篆隶同法同意"。南宋袁燮《宝真斋法书赞》卷十五《黄鲁直〈食面帖〉》云："今观此帖，乃能收敛以就规矩，本心之所形也。"黄庭坚诗《题苏才翁草书壁后》亦云"唯有草书三昧法，龙蛇夭矫锁黄尘"，"龙蛇夭矫"即"科斗篆隶之法"。黄庭坚《戏草秦少游〈好事近〉因跋之》又云："三十年作草，今日乃似造微入妙，恨文与可不在世耳。此书当与可老竹枯木并行也。"黄庭坚自评其草书造微入妙，形态、精神皆与文与可老竹枯木并行一致，这就区别于弄笔左右缠绕的俗法，用笔有擒纵，收放自如，形于本心。黄庭坚的自省、自知，是其出新意的自觉缘由，是其立极则的反正方法。

历史上具有创新意识和创新能力的书法家冲破了文化惯性和审美定势，更替了原有话语秩序，获得了普遍的文化认同和审美接受，暗合了极则必反的理性与取向，也丰富了中国书法的传统。

近现代以来的话语斗争，首先集中于中西之辨、体用之辨。考察中国近现代以来的历史可以发现，国人对于西强我弱的反思，先是着眼于技、器的层面，提出师夷长技以制夷，然而中日甲午海战失败以后，认识到光有坚船利炮并不能改变局势，于是着眼于制度层面的求索，先后开展戊戌变法和辛亥革命，但是制度上的改良、革命并未成功，于是着眼于文化层面的出路寻找和系统重塑，鼎革以文，

---

[1] 黄庭坚《钟离跋尾》云："少时喜作草书。初不师承古人，但管中窥豹，稍稍推类为之。方事急时，便以意成，久之或不自识也。比来更自知所作韵俗，下笔不浏离，如禅家黏皮带骨语，因此不复作……"《山谷题跋》卷五《书自作草后》云："绍圣甲戌，在黄龙山中忽得草书三昧，觉前所作太露芒角。"《山谷题跋》卷九《跋唐道人编余草稿》云："山谷在黔中时，字多随意曲折，意到笔不到。"

[2] 邱才桢：《书写的形态：中国书法史的经典瞬间》，北京大学出版社2019年，第50-54页。

[3] 黄庭坚：《山谷老人刀笔》卷四《初仕至馆职四·与宜春朱和叔》。

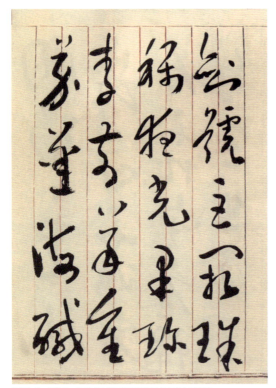

图 5-8　民国·于右任《标准草书千字文》（局部）

期冀思想、文化上的自新自强。有研究者在研究新文化运动时注意到，"以'文'为手段的革命也是可能的"，"章太炎的革命有一个很大的特点，是认为伦理的力量可以改变世界，'则道德堕废者，革命不成之原'"，"章太炎心目中的'革命'必须是思想、文化的革命"，"这一点同样也见于后来鲁迅的革命"。因为语言（"文"）与意识形态形构之间的关系，"正是语言，才是形构了包括革命主体在内的主体性的关键。以晚清章太炎、民国初年的鲁迅等的实践为代表的革命，正是以'文'为手段的革命之典范"。[1]民国时期的书法变革，至少有一部分接受了现代思想的知识分子，是投射了思想、文化变革的理想的，例如，1932 年，于右任在上海创办"标准草书社"，推广自己书写的《标准草书千字文》（图 5-8）。[2]于右任在 1944 年 1 月刊行的《书学》杂志第 2 期上，发表了演讲稿《标准草书与建国》："新国家之建设，尤利赖于进步之文字，以为之推助而速其成功。欧美各强国，科学进步，文字亦简，印刷用楷，书写用草，习之者，皆道其便。吾国文字，书写困难，欲持此以自立于竞争剧烈之世界，其结果则不遗必变。"于右任希望将"标准草书"作为通用书写体，并融入其建国主张，虽然这一愿望不切合实际，但是不可忽略其思想、文化价值，于右任是鲁迅所说的"觉悟的智识者"。于右任认为，书法是可推动"文化的革命"的媒介，可见书法之于中国文化的重要性。又有黄仲明提出了"标准行书"之呼应，以行书的标准化来实现实用书写的简易。虽然这些理想主义的尝试有些不切实际，但是民国书法试图走出前朝遗老、旧式文人的踪迹，革命者和新式知识分子、职业书画家的书法作品，摆脱了许多传统观念，丰富了不少现代语言，标新立异者不在少数。书写与大众文化普及、社会变革的关联，超越了前人对于书法的理解，也启发后来者重新审视书法的媒介化功能。

1　林少阳：《鼎革以文：清季革命与章太炎"复古"的新文化运动》，上海人民出版社 2018 年版，第 17-37 页。
2　乌莹君：《〈书学〉杂志研究》，南京艺术学院 2013 年硕士学位论文。

福柯的知识型理论启发了我们对于书法经典的再生产与再创造的思考。书法经典的再生产与再创造意味着知识型的转变，而在不同的历史时期知识的范式与形态必然不同，书法在现代社会的发展必然区别于在古代社会的发展，从传统书法到现代书法，或者说从传统经典到新经典，这样的转型要求我们构建具有现实意义和阐释能力的知识体系，将历史与语境关联起来，形成传承与创新的动态平衡。媒介考古学家埃尔基·胡塔莫所说的将历史、当下和未来进行互相知会、互相阐释的意图，也体现了此取向。如何对"与古为新"进行新的阐释与发挥，使之呼应话语更替的语境？据此理解，鲁迅所说的"智识"与福柯所说的"知识型的转变"，理路殊无二致。文化情境的变化、审美取向的变化、知识体系的变化，都按照现代化的逻辑演进，书法经典的媒介化与再媒介化必然体现人的实践能动与媒介影响的相互关系。

第二节　标新立异：延异性主体与现代性价值

前文提到了中国书法经典形成的两条进路：一为继续经典的再生产，一为开启经典的再创造。这两条进路，都是以历史为方法：前者的路径是与古为新，或以复古为解放，从历史经验和前人文本中获得新资源、新启示，表现出与前人不同的面目；后者则期冀打破路径依赖，或另辟蹊径，通过比较当下语境与历史语境的差异，并以历史经验和前人文本为参照系，改变书法经典原有的内涵意义和外延意义，创造新文本、新价值。

当然，经典的形成会受外力的作用。声名被后世湮没的书法高手不在少数。这里举一个例子。"东海徐氏书家，作为一个承传有序的庞大书法群体，在横跨初唐、盛唐和中唐的百余年历史中绵延五世"[1]，与颜真卿同时代的徐浩，在当时其书名与颜真卿并称为"徐颜"，徐在前，颜在后。《新唐书·徐浩传》记载："尝书四十二幅屏，八体皆备，草隶尤工，世状其法曰'怒猊抉石，渴骥奔泉'云。"唐代李邕、窦臮、窦蒙等对徐浩书法评价尤高。和颜真卿一样，徐浩的家学渊源了得，其祖徐师道、其父徐峤之都是大书法家，他也将书艺传到儿子徐璹及孙辈。欧阳询、虞世南、褚遂良、薛稷、陆柬之、徐浩、颜真卿和柳公权，都是唐楷的代表性书家，然而徐浩在后世的影响力明显不及其余各位。为什么会出现这种情况呢？至北宋，

---

[1] 张永华：《东海徐浩家族书法研究刍论》，《中国书法》2019年第3期，第182-186页。

苏轼对徐浩书法成就曾加以称赞，黄庭坚也认为苏轼学过徐浩书，但是苏轼本人只字未提学过徐浩，苏过还曾否认其父学徐。北宋文人集团欧阳修、苏轼、黄庭坚等大力彰显颜真卿的地位，尤其是他们将颜真卿的书品与人品树为旗帜，形成了极强的说服力和影响力。宋以后，徐浩在书法史上的地位就不复显著了。再举个例子，唐代诗人贺知章、李白、王维、杜牧皆在书法史上留名，从另一个角度说明了李叔同所说的"文艺以人传"的传播效果。贡布里希甚至提出，"实际上根本没有艺术其物。只有艺术家，他们是男男女女……更难得的是，他们是具有正直性格的人"。[1] 经典需要不断被提及、不断被阐释，反之是被疏漏、被遗忘。因此媒介考古学有意于重新发掘历史，反抗历史被意识形态所遮蔽。

先从媒介考古的角度谈一谈经典的再生产话题。以元明两代小楷的兴起为例，元明小楷是取法魏晋小楷的经典再生产，因为小楷应用范围大，而前人经典数量不多，所以，元明小楷的名家名作在书法史上形成了新经典。魏晋小楷是帖学的重要组成部分，宋代刻帖尤其是丛帖多有小楷书。魏钟繇《宣示表》十八行、《荐季直表》，晋王羲之《黄庭经》《乐毅论》《曹娥碑》，晋王献之《洛神赋》十三行等，俱为经典。欧阳修说："羲、献以来，遗迹见于今者多矣，小楷惟《乐毅论》一篇而已……以此见前人于小楷难工，而传于世者少而难得也。"[2] 打开《淳化阁帖》，就知道欧阳修"小楷惟《乐毅论》一篇"之说不实。宋人多书行草，工小楷者不多，这是事实。今人傅申说，有宋一代没有小楷名家，而赵孟頫开启了元明小楷新阶段。[3] 傅申认为，赵孟頫、祝允明、文徵明、王宠、黄道周、傅山、董其昌等，都在小楷上面下了大功夫，正是因为宋人不善小楷，留下了空白，元明人自觉地继续经典的再生产，这既是对传统的接续，又是对后世的牵引。

明代赵宧光《寒山帚谈》云："小楷世用极博，钟繇、二王居然立极。""不有后世名家，无能洞悉古人妙境，去其太无当者。"[4]"楷者，端正之称。其原出于徒隶，至小楷则又从粗入细，反俗还雅，故命之嘉名。法具名中，可以想见。"[5] 赵宧光是具有书法史眼光的，他看到了"小楷世用极博"的情形，也看到了宋元缺乏名家

1　E.H. 贡布里希：《艺术的故事》，范景中、杨成凯译，广西美术出版社2008年版，第596页。
2　欧阳修：《六艺之一录》卷二七三，文渊阁《四库全书》影印本，第23页。
3　傅申指出："大体而言，书法至子昂之后，进入一个新时代。因赵氏精工小楷，遂蕴酿出元明之小楷时代。其间虽多半出于赵体，但风气所趋，元末小楷已转向遒丽光洁，至宋克而为一大关键，开二沈馆阁体之先河。在这一段期间内，小楷名家辈出，为有宋一代所无，其字大者如指头，小者如蝇头，皆彬彬可观。但是盛极而衰，馆阁一体，渐流于板刻甜熟，至明代中叶，文士画家如姚绶、沈周、吴宽等皆以宋人为宗，无复工楷。必至祝允明、文徵明、王宠等出，晋唐小楷复现人间，而小楷风格再进入一个新的阶段。"傅申：《书史与书迹——傅申书法论文集（二）》，台北"国立历史博物馆"2004年版，第96页。
4　赵宧光：《寒山帚谈》附录，文渊阁《四库全书》影印本，第7页。
5　赵宧光：《寒山帚谈》附录，第8页。

的事实,还指出了小楷"反俗还雅"的审美特质,清晰地表达了传统影响的焦虑感。

鲜于枢评价"子昂篆隶正行颠草,俱为当代第一;小楷又为子昂诸书第一",倪瓒称赞赵孟𫖯小楷"圆活遒媚"。赵孟𫖯倾注心血于小楷,取法钟繇、二王。从其题跋可了解其早年学习小楷的经历:至元二十四年,赵孟𫖯跋临写《曹娥碑》云:"《曹娥碑》正书第一,欲学书者不可无一不善刻,况得其真迹。"至元二十六年,赵孟𫖯以小楷抄写南宋姜白石《兰亭考》,在跋中自叙"予自少小爱作小字",二十年后,至大二年又在此卷后题跋云:"余往时作小楷,规模钟元常、萧子云,尔来自觉稍进"。至元二十八年后,跋临习《东方朔画赞》云:"余深爱此墨本《画赞》,笔意清古。"赵孟𫖯还多次临摹《洛神赋》,自谓"余临王献之《洛神赋》凡数百本,间有得意处"。可见从钟繇、萧子云,再到王羲之、王羲之,魏晋小楷嫡乳,给予赵孟𫖯滋养,然而他又能变化而出,如大德九年所书《高上大洞玉经》,堪称炉火纯青。

董其昌对自己的小楷亦颇为自得:"吾书无所不临仿,最得意在小楷书。"他将自己与赵孟𫖯进行比较:"昨见项晦伯家有赵文敏书《汲黯传》小楷,特为遒媚,与本家笔不类。……《汲传》颇繁,呵冻难竟,故书《伯夷传》,不知视文敏若何也。"董其昌尤其推崇王献之《洛神赋》十三行,天启八年,董其昌临写后跋云:"余今年定小楷之宗,以此为法书第一。每每落笔,辄用其意。"崇祯元年,董其昌写《洛神赋》后跋云:"李伯时画,每每附以楷书,皆精绝,虽米元章无以过也,然晋人风韵去之远甚。余补《十三行》别有意致,以待鉴赏家评之。"次年,又自评

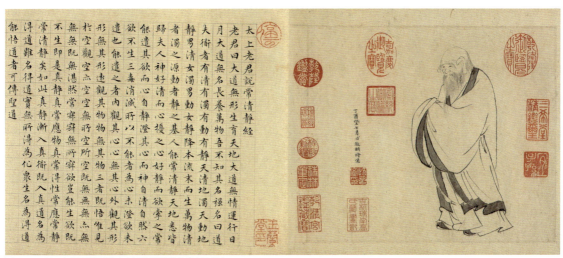

图 5-9 明·文徵明书画卷(老子像常清静经)(局部)

图 5-10　明·祝允明《和陶饮酒诗册》

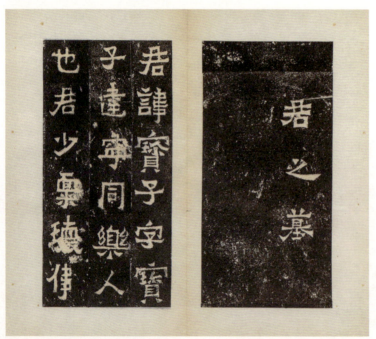

图 5-11　晋·《爨宝子碑》墨拓本（局部）

图 5-12　晋·高句丽王朝《好大王碑》墨拓本（局部）

"余此书直得晋人之髓"。对于同时代人的小楷，董其昌更是看不上眼，殊为自得[1]。哈罗德·布鲁姆所说的前代诗人与后世诗人之间不是哺育的关系而是竞争的关系，此论断可以解释董其昌的心态，影响的焦虑隐含着权力意志，董其昌试图树立延异性的主体，自谋书法史上一席之地，乃以超越前人、表征自我为行为目的。所谓延异性主体，按照德里达的阐释，是指"一个主体内部的自我与他者两种因素不是二元对立关系，而是二元互补关系"[2]，即"你中有我，我中有你"，或刘熙载在《艺概·书概》中所说的"古化为我""我化为古"。

明代文徵明、祝允明的小楷成就亦不俗（图5-9、图5-10），并非董其昌所说的那么不佳。文徵明九十岁仍能书蝇头小楷。其编刻《停云馆帖》，将晋唐小字列为卷首。据今人王壮弘《帖学举要》，《停云馆帖》第一卷有隶书三行记载曰"嘉靖十六年春正月，长洲文氏停云馆摹勒上石"[3]。马宗霍云"吴中皆文氏一笔书"[4]，文徵明小楷能祛台阁体之病，有书卷气。祝允明《出师表》《叙字卷》等师法钟繇，又有多次临摹王羲之《黄庭经》之墨迹流传，五十四岁时书《东坡记游》，融钟、王于一炉，颇有神采。王宠小楷传世墨迹不少，笔墨质朴，气息高古，有淡雅清净的韵味。张廷济跋王宠《洛神赋》云："钟太傅《荐季直表》至元始显，至明中叶始煊赫。雅宜山人作字纯从此出，若更永其年，当窥十二种意外巧妙。"

关于经典的再生产，还有一种情形是发掘新资源而打开新路。举《爨宝子碑》（图5-11）《好大王碑》（图5-12）的经典塑造及再生产为例。《爨宝子碑》刊刻于东晋大亨四年，清乾隆四十三年出土，现存于云南省曲靖市第一中学"爨碑亭"内。此碑字体体现为由隶转楷时期的风貌，方笔锐折，刻痕方劲，结字扁方凝重，横画向上拨挑，似斗拱飞檐，质拙端严，朴茂奇古。康有为在《广艺舟双楫》中评此碑"端朴若古佛之容"。云南《爨龙颜碑》《爨宝子碑》并称"大小爨"，而《爨龙颜碑》书风近似中原碑刻，《爨宝子碑》则别具一格，"没有任何时期的碑与之相似，可谓空前绝后。"[5]《好大王碑》全称"高句丽广开土境平安好大王碑"，原碑无年月，罗振玉考证为东晋义熙十年立，现矗立于吉林省通化市集安市太王村，光绪六年被发现。

---

1 董其昌将自己与同时代人作过比较，认为以后自己在书史上的地位高于他们："二沈及张南安（张弼）、陆文裕、莫方伯稍振之，都不甚传世，为吴中文、祝二家所掩耳。文、祝二家，一时之标，然欲突过二沈未能也。以空疏无实际，故余书则并去诸君子而自快，不欲争也，以待知者品之。"董其昌：《画禅室随笔》卷一，文渊阁《四库全书》影印本，第12页。
2 肖锦龙：《论德里达的"独体"概念——兼谈他的主体理论》，《文艺研究》2020年第3期，第5-15页。
3 王壮弘：《帖学举要》，上海书店出版社2008年版，第97页。
4 马宗霍：《书林藻鉴》，第196页。
5 陈亦刚：《经典的误读与局限性传播——以〈爨宝子碑〉的遭遇为例》，《东方艺术》2018年第22期，第76-80页。

此碑字体残有篆意，似隶似楷，起笔圆钝，结字疏朗，憨厚平正，康有为在《广艺舟双楫》中评此碑"若高丽故城之刻，新罗巡狩之碑，启自远夷，来从外国，然其高美，以冠古今"。丛文俊称《好大王碑》字体为"旧体铭石书"，"把它和两汉面目相近的金石文字归为一类，即隶书而无波挑或波挑之法不太显著的类型，在时间上早于东汉晚期至唐的'八分铭石书'"[1]。《爨宝子碑》《好大王碑》同为东晋铭石书，皆远离中原主流文化圈，各有鲜明的地域特征和视觉审美特征，一方一圆，其书法与汉碑相比别有异趣。近当代书家如沈曾植、经亨颐、赵冷月、秦鄂生、周庸郐、周慧珺等，临摹《爨宝子碑》皆有获益。杨守敬、叶昌炽、吴大澂、王国维、罗振玉等金石学家都考释、品鉴过《好大王碑》，故为书法家所重视。

关于此二碑的经典塑造议题，有论者注意到"经典的误读"问题。关于《爨宝子碑》，陈亦刚指出，"爨氏家族并非所谓云南本地少数民族，而是中原迁徙而来的汉人，并且，其家族本来具备悠久的历史及深厚的文化渊源，例如史学家班彪、班固即为其祖辈中的佼佼者"，"云南当时，亦绝非许多研究者轻率认定的荒蛮边地，与中原文化天悬地隔"。《爨宝子碑》作为书法经典而被误读，是由于很多人"将《爨宝子碑》视为云南边陲少数民族首领受汉文化熏陶、仿效汉制而树碑立传，因而，以此为思考基点，非常理所当然地，《爨宝子碑》便成为了西南边地写法不成熟却获得意外之趣的，向中原文化及碑刻传统致敬的天真之作"。[2] 关于《好大王碑》，丛文俊将其阐释为"建立在旧体铭石书基础上的存古倾向、书法美的多元与模糊（若有若无的不确定性）特征，是处于'集体无意识'状态中的一种创造"，"除'古朴'与滞后，'拙陋'与粗俗的视觉形式和书写技术等判断外，还要到'毡裘气'、'异态'中寻绎其固有的民族文化品格和初始投入的艺术个性"。[3] 以上阐释是否"误读"？是也，非也，结论并不重要，但是此二碑的经典塑造，显然同它们的"异态"或异质性被反复强调密切相关。正因为其"异态"或异质性，明显不同于中原碑刻、江左翰墨的趣味，所以被后人塑造为书法史上的新经典，借以立异而标新。

《天发神谶碑》被塑造为新经典的情形也是如此：清以前鲜有临摹，清以降备受尊崇。此碑虽为篆书，却多方折之笔，下垂处如悬针，锋芒纵出。张廷济称"雄奇变化，沉着劲快，如折古刀，如断古钗，为两汉来不可无一、不能有二之第一佳迹"。嘉庆年间毁于火，故宫博物院藏有宋拓本。清代以降，吴让之、赵之谦、徐三庚、黄牧甫、李叔同等曾临摹此碑，求其奇异古拙之趣。

---

[1] 丛文俊：《好太王碑书法及其相关问题略论》，《东北史地》2004 年第 1 期，第 51-53 页。
[2] 陈亦刚：《经典的误读与局限性传播——以〈爨宝子碑〉的遭遇为例》，第 76-80 页。
[3] 丛文俊：《好大王碑书法及其相关问题略论》，《东北史地》2004 年第 1 期，第 51-53 页。

《爨宝子碑》《好大王碑》《天发神谶碑》从边远文本、边缘文本，演变为经典文本、代表性文本，在于书论者、书法家有意的阐释、解读，甚至是有意的误读，从而强调此类文本的特殊性：既代表了特定历史文化内涵，又承载着共性书法审美价值。它们由此得到广泛传播，在名家临摹的示范带动下，成为"活"的文本、在场的文本，成为书风传承一脉，不断促进经典的再生产。清末民国以来，出土书迹越来越多，书法家可参考、借鉴、吸收的新资源也越来越多，特别是龟甲兽骨、秦汉简帛、敦煌经卷等诸多前人所未见者，为经典的再生产提供了更大范围的可能性。另外，如何对这些被历史所忽视、所遗忘、所不察的媒介资源进行对应新语境的误读和现代性转化，更是一个值得思考的命题。媒介考古学启发我们把书法媒介当作文化记忆，并展开文化的想象力，这就是一种面向未来的认识论。然而，如果主体不能确立现代性价值，就最多可能停留于经典的再生产，而绝不可能实现经典的再创造。

再来谈一谈经典的再创造。"经典的再创造"是陈振濂提出的一个议题[1]，在谈到书法的"当代性"时，他提出了区别于书法的古典形态、古典观念、古典书写内容的创新路径问题。他说，当代书法已经从书斋笔墨（私人空间）转向展厅形式（公共空间），从文化技能转向艺术表现，从书写古代文本转向书写社会生活，需要将书法作为"实验室"。陈振濂认为，"今天看书法，就是不断在追问，不断寻找它的可能性，不断使书法在今后有很多种发展的方式，每一种发展的方式都有它的合理性"。但是，"经典的再创造"该如何进行，这个问题目前没有确定答案，还存在着许多不确定性，这就是陈振濂所说的需要"不断寻找它的可能性"以及"每一种发展的方式的合理性"。"实验"需要想象力，所有推陈出新的想象都应该是合理的想象，至于是否合理，既要看它是否能够对接传统，又要看它是否引领时代，而且今后还要看它是否能够经得起历史的审视与检验，最终要看它是否在现代语境中生产出现代性意义。

日本书法家井上有一说："战后我们确实从陈旧的书法中解放出来，而且自由地开展了各种尝试，如完全离开书法去搞抽象，曾为各种表现的多样性搞得形容憔悴……只有从人性的根本上认真挖掘自己的勇者，才能洞穿'前卫书法'。"[2] 他把对书法现代性的理解与探索，归结为人性的解放，勇于面对人性的根本，无所谓"前卫"，投入自己全部的身心。福柯关于西方文化近代以来的知识型转变的解释，可启发我们理解书法在不同历史语境下的文化使命。福柯区分了文艺复兴时期、古典

1　陈振濂：《书法新时代：陈振濂学术演讲录》，第76-100页。
2　海上雅臣：《井上有一：书法是万人的艺术》，杨晶、李建华译，中国人民大学出版社2012年版，第135页。

时期和现代时期的知识型演进。西方文艺复兴时期的知识构成原则是追求相似性，或者说是追求主、客观世界的同一性，而中国中古以前的书法经典塑造原则可以概括为"法象""道法自然"。西方古典时期的知识构成原则是追求差异性，或者说是以理性分析来表象、再现世界，而晚明以来的中国书法经典塑造有了形式上追求差异性的变化，使书法符号从所指脱离能指，彰显了强烈的个性语言而揭示表象。西方现代时期的知识构成原则是以现代意义上的"人"为核心，"人"是知识的合法性依据。从井上有一的前卫书法里，可以看出他对"人"的审视与确立。井上有一在1952年发表的《书法的解放》一文中提出了自己的主张："将书法从'书法家的书法（玩技巧）'中解放出来，变成'人的书法（能看见纯真心灵的书法）'。"[1]

1978年井上有一书写的文本，有《噫！横川国民学校》《东京大空袭》等，对昭和二十年三月十日"米机杀戮十万人，江东一夜化地狱"进行控诉，"我也是侥幸捡到的一条命，现在什么都不怕了"，悲愤、悲悯之情难以抑制，无所顾忌地挥洒笔墨，作品的视觉冲击力令人震撼。井上有一的书写称得上是"经典的再创造"，他特别以日课的方式向颜真卿致敬，颜真卿的忠直勇敢是引起井上有一共鸣的精神力量。井上有一说，书法的创新"不能自以为是"，要"用感动让自己和古典融为一体去写，把感动付之于形"，如果只是"孤芳自赏的临书"或者"自以为是的临书"，那么，"那种临书，即使坚持几年几十年，也只能落得个所谓书家的字。"在有一看来，临摹须进入创作状态，"创作的过程是每天反复摸索，某个瞬间抓住稍纵即逝的存在，唯有这一瞬产生作品。看过去的好书法，有时也能看见这种幽明闪烁，这正是芭蕉所说：'视物之光，务使言在心中不灭时。'"[2] 井上有一对于经典的认识以及对经典的再创造的认识，值得我们借鉴、思考，他对于颜真卿书法的"临创"，不是笔法上的复制、字形上的摹仿，而是在日记中所说的"直接触及其灵魂"，所以他的临创书迹，也是自觉的作品。书法是书写与文意的结合体，井上有一的书写形态、书写观念、书写内容完全是契合现代语境而非返回古典语境的，他反对古典式、士大夫式、技巧唯美的"孤芳自赏""自以为是"，他的书法成为了公共艺术，也就是他在墨人会中提出的"书法是万人的艺术"。虽然主张艺术的公共价值，但是井上有一反对鄙俗的低级趣味，强调伟大的创造性。

我们不应把井上有一视为孤立的、个别的书法家，应该看到他的代表性意义，从而思考为什么创新、何以创新，而不是为了创新而创新。如何"摈弃一切低级

---

1 海上雅臣：《井上有一：书法是万人的艺术》，杨晶、李建华译，中国人民大学出版社2012年版，第105页。
2 海上雅臣：《井上有一：书法是万人的艺术》，杨晶、李建华译，商务印书馆2018年版，第431页。

趣味",如何"创造伟大的书法的历史"?[1] 井上有一的呐喊,如同罡风砭骨,逼问灵魂,对于我们思考书法的现代性价值极具警醒意义。井上有一将颜真卿作为传统进行发掘,不是为了重复颜真卿的笔法,而是为了转化为现代书法。

经典是可以化约的,化约之后的经典以精神媒介的方式在场、出场了,这便是媒介考古学的叙事前提。更进一步说,知识型转变呼唤新的文化使命,书法创新亦面向新的社会文化语境,新经典的出现则可能形成新的文化记忆,并连接起文化传统,通过媒介化形塑了新的社会互动。

第三节 传承经典:教育与学术的范式转换

在先秦时期,作为"六艺"之一,书法已兼具文化媒介和艺术媒介属性。古代书法教育的共性特征,是从蒙童教学开始,就视识字与书写为整体,书写又以字学为规范,以此为基础学习经典,培育和植入主流意识形态。秦代李斯的《仓颉篇》七章、赵高的《爰历篇》六章、胡毋敬的《博学篇》七章,都是儿童识字教材和小篆书写范本。西汉萧何参照秦律,制订汉律九章,将识字与书写作为考核内容。西汉扬雄《训纂篇》是顺续《仓颉篇》编写的蒙学课本,字体已为隶书。东汉《熹平石经》是官定儒家经典的刻石,立于洛阳太学所在地,校正文字,勘定经文,立为典范。此后有魏三体石经、唐开成石经。石经对于扩大文字和儒家经典的影响力作用显著。太学是官学,为上层社会子弟提供书法教育是一种制度安排。从东晋、南北朝到隋唐,官方皆设书学博士。根据东汉、三国和魏晋南北朝文献,当时贵族子弟的"书学"教育,重视家学传承。如琅玡王氏家法,王羲之曾跟随伯父王导学习书法,至南北朝时期,王氏后人依然循此不变,《南齐书》卷四十六《王慈传》记载"少与从弟俭共学",卷四十七《王融传》记载"母临川太守谢惠宣女,惇敏妇人也,教融书学"。王慈是王导玄孙、王僧虔之子,王融是王导六世孙。唐代复兴汉代的太学,并在科举取士制度的促动之下,建立了从中央到地方的完备学制体系,村学、蒙学等私学发展迅速,夯实了中国封建社会的教育基础,也形成了对书法的普遍重视。有论者这样总结:"师法和家法的私学教育,最早来源于经学教育。……皮锡瑞《经学历史》云:'前汉重师法,后汉重家法,先有师法,而后能成一家之言。师法者,溯其源;家法者,衍其流也。'也就

---

[1] 海上雅臣:《井上有一:书法是万人的艺术》,杨晶、李建华译,中国人民大学出版社2012年版,第264-265页。

是说，在西汉之时，凡一经的大师得到朝廷尊信，立为博士，像董仲舒那样地位的，那么他所传授的经说，便可成为师法，再传下去，他的弟子更为章句，又可以发展成小的派别，这就叫家法，例如'颜氏公羊''严氏公羊'便是。中国书法教育最早也是遵循这种方法。"[1] 书法教育体现了书法的媒介化进程，即建构文化规范。

封建社会书法教育最大的弊端在于限制人的创造性，只是为了服务大一统的意识形态，此即福柯所说的"规训"，以隐性权力的方式压制自由。南宋朱熹制订《童蒙须知》，对学童如何研墨、如何执笔都作了具体规定。学童受到的写字教育如此模式化，刻板呆滞，怎么谈得上有创造性？胡小石批评科举制度导致的馆阁体现象："绳垂水平，字皆历历如算子，虽工整无匹，然桎梏性灵，摧毁天趣，书之厄至是极矣"，因此，他大声疾呼："言书教者，当思有以解放之也。"[2]

新文化运动以后，文言文的使用渐渐退出历史舞台，毛笔也逐步为硬笔所取代。用毛笔写字，不再是出于实用需要，而书法的艺术属性成为最重要的属性。中国现代教育将书法列入艺术、美术的范围之中，强调美育对于现代人格塑造的作用。书法教育的现代转型，朝着美术化的方向一路前行，高等教育、专业教育尤其如此，从民国至当代，大方向大格局没有变化。2012年，书法学成为一级学科美术学下面的二级学科，书法本科教育和研究生教育的课程体系，虽然注重多学科渗透，但是主干还是技法课程、书法史课程、书法理论与批评课程，对古文字学、中国古典文献学、中国古代文学、哲学、美学、史学等人文基础学科的重视不够，对中西文化的比较和中国现代化的思考更是重视不够。这就容易导致书法专业培养出来的人才"匠气"有余而学养不足，大多数人对书法缺乏理论思考，更谈不上理论自觉。如果人文底蕴不深厚，学术视野不开阔，审美眼光上不去，书法专业人才的创作水平就很难提高。目前书法人才培养同质化与书法创作同质化这两大问题是密切相关的。轻人文，缺思想，偏技法，重形式，这个问题不解决，专业书法教育难以担负守正创新的重任。

即使是关于技法、形式的训练，高等院校书法专业培养出来的人才，是否能够做到比没有经过高校专业培养的书家写得更好？其中能否涌现出明显高于"自学成才"的书家的优秀分子？虽然专业书法教育可以拉高这支队伍的整体书写水平，但是"有高原、无高峰"的现状依然存在。书法教育作为艺术教育的一门，应该注重艺术人才的个性化培养，中国古代的师法、家法传统，在因材施教方面显然比批量培养更具有优势。注重书法教育的个性化，就是为了强化书法人才的

---

1 金开诚、王岳川主编：《中国书法文化大观》，北京大学出版社1995年版，第432页。
2 胡小石：《中国书学史》，浙江人民美术出版社2022年，第32页。

主体意识、主体作用。1981年举行的首届全国大学生书法竞赛的佼佼者，今天已成为书法界的中流砥柱，他们中绝大部分学习的不是书法专业，但是综合素质高，故而能够厚积薄发。

2003年，在纪念中国美术学院（前身为浙江美术学院）书法专业成立四十周年之际，章祖安撰写了缅怀中国美术学院书法教育体系奠基人陆维钊的纪念文章。章祖安简述了他所概括的陆维钊书法教育思想："其一，强调人的素质和学术性，就是始终把人品和学问放在第一位，故第一是学术性；第二是系统性，即必须是系统的知识与系统的功力，功力有时也被称为基本功，也必须是系统的基本功，比如必须有系统地临摹历代法书，且真、草、隶、篆、行，全面展开；其三是因材施教，强调'取法乎上'，反对学生'克隆'自己；其四，因书法的手工操作性质，教学过程中不排斥传统的师徒授受方式，教师必须示范。"[1]文章还披露了1979年暑假陆维钊为浙江美术学院首届硕士研究生手订的《教学纲要》和课程表，除了书法、篆刻、书法史、书论之外，书法研究生还接受古汉语、金石学等方面的训练，强调理论与实践相统一。1979年9月入学的5位研究生朱关田、王冬龄、邱振中、祝遂之、陈振濂，如今都是既有书法理论建树又有书法创作成就的书坛中坚，这就从某种程度上验证了陆维钊书法教育思想的有效性。从中国书法史来看，著名的书法家都有一流的人品、学问，都有系统的基本功，都有自家面目，都有后世传承。用本书提出的文化纪统、审美传统和知识系统来概括传统书法教育的核心内容，也具有合理性。书法教育不是独立于社会、文化之外的一种技能教育、职业教育，而是建立在通识教育基础上的一种培养整体人格和创造精神的素质教育、实践教育，是跨学科、长周期、主题式的审美教育、心智教育。

陆维钊的书法教育思想，仍然不是现代意义上的，其课程设置均在古典知识系统内。书法教育如何建构现代思维或者对接现代化语境？有学者提出，"现代书法教育可能有一个任务，就是需要借鉴西方的音乐、美术教育"，"书法的教育规律也要从经典的作品里抽象提炼出来。让经典作品里面包含的规律、技术剥离出来，设计成科学的循序渐进的训练系列，通过这个系列掌握书法的技术，而不是去临摹王羲之、临摹颜真卿。如果能做到这一步，我觉得书法的训练就在科学化方面前进了一大步"。[2]这位学者的观点颇有代表性，一些高校书法专业的技法训练就是

---

[1] 章祖安：《缅怀国美书法教育体系奠基人陆维钊先生——从两份先生手书的资料谈起》，收录于陆维钊：《中国书法》，浙江古籍出版社2021年版，第95页。
[2] 郑晓华、宋涛：《现代书法教育访谈录》[Z/OL]，《书法欣赏》2012年5月9日。（http://www.yac8.com/news/7295.html.）

采取这种类似于"解剖"的方法，将前人经典肢解为一堆零部件，全然不体会书法的整体生命力。"把经典样式和艺术规律剥离开"，难道这是科学的书法教育方式吗？试问，游刃有余的庖丁是这样训练出来的吗？庄子早就借庖丁之口说清楚了，以技体道，技进乎道，以神遇而不以目视。书法教育不同于西方的音乐、美术教育之处，在于书法审美与西方的音乐审美、美术审美不同，不是出于工具理性，不是通过量化方式、分析方式去感受艺术，而是强调生命直觉、审美移情、意象表现，强调体会、意会，强调神采为上。清代包世臣说："性情得于心而难名，形质当于目而有据，故拟与察皆形质中事也。"[1] 中国书法所讲求的"形质"，是与"神采"相对应、相贯通的，不可简单地将形质拆解为独立的技法规律和分散的形式符号。米芾所谓"集字"法，并不是照葫芦画瓢，而是"拆肉还母，拆骨还父"，最后成为形神兼备的整全性生命表达。正因为经典和规律是合一的，书法教育又必须学习经典，所以对经典的理解必须同时阐释其文化纪统、审美传统和知识系统，而不是简化为某种视觉图式、某种表象形式、某种动作技巧。至于书法的现代化转型，更不是技术化转型、工具化转型，必须理解现代语境下人的解放、人的现代化，才能具有生机与活力。

陈振濂在讨论民国书法史时说，民国书法所经历的是"历千年未有之奇变"。[2] 中国书法的现代转型，正是发端于民国时期，民国书法"所遇到的很多历史疑问与时代挑战"，至今仍然需要回应。今天的书法教育和学术研究，不管是从文化层面，还是从艺术层面，都需要进行范式转换，陈振濂所概括的"一系列思想命题"，当然还不只是这些命题，皆为范式转换所面临的命题，亦即包括对书法文化纪统、审美传统和知识系统的重构与更新。陈振濂发起了书法学学科体系建设的讨论，倡导以现代学术架构为学科分类与价值判断的依据，这无疑是值得重视的。[3] 不过，书法教育是不是以培养书法家为目标？如同讨论中国语言文学专业、外国语言文学专业是不是以培养作家、诗人为目标一样，这个问题的答案又似乎不言自明。好的作家、诗人当然要接受文学经典的训练，但是更多地靠自己的意会式学习。书法经典传承应该被视为隐性知识而不是显性知识的习得。

范式转换无疑是复杂而艰难的，因为新的范式需要得到阐释和确认，以证明其合理性和有效性，从书法演变的应然与实然两个方面进行考量。当前需要抓紧去做的是基础性工作，即通过书法教育普及书法文化，通过学术研究寻求理论依据。

---

1 华东师范大学古籍整理研究室选编校点：《历代书法论文选》，第667页。
2 陈振濂：《定义民国书法》，《中国书画》2016年第12期，第124页。
3 陈振濂：《"书法学"学科研究整体观》，《美术观察》2022年第9期，第5-8页。

2022年，我国教育部发布了《义务教育课程方案和课程标准》。我国《中小学书法教育指导纲要》指出，中小学书法教育以语文课程中识字写字教学为基本内容，以提高汉字书写能力为基本目标，以书写实践为基本途径，适度融入书法审美和书法文化教育。脱离书法审美和书法文化教育，何以提高汉字书写能力呢？特别是在实用书写越来越遭遇键盘打字的替代的语境下，书法教育更应该着重于美育和传统文化教育。日本、韩国也将书法教育作为中小学教育的重要内容。2005年，日本政府出台了《文字活字文化振兴法》，从小学三年级开始，每学年开设30个课时的书法课；初一每学年开设28个课时的书法课，初二、初三每学年为11课时，高中每学年为6个课时。2018年12月，韩国制定了《书法振兴法》。根据《书法振兴法》，韩国政府派出500名书法专业的硕博士、专家，到各地中小学向青少年普及书法艺术。如果没有足够的书法人口作为基础，振兴书法就沦为空谈。对传统的改造、转化，需要从对传统的接受、继承开始，此为"与古为新"的方法论。所谓文化自觉、文化自信，如果缺乏对传统的理解与阐释，缺乏对异质文化、多元文化的观照与比较，就难以建立时代化、民族化的现实坐标，难以从媒介化的视角来思考文化传承之于新的文化语境和新的社会现实的使命意义。

关于学术研究，围绕书法史、书法理论和书法批评等不同方向，展开对经典传承与范式转换的深入研究，需要学术界创新研究方法和话语体系，既要吸收传统文化、传统学术的精华，又要具有时代眼光、世界眼光，借鉴人类文明的有益成分，有勇气解决一些重大的学理问题。当前的书法创作、书法展览、书法鉴赏、书法评价、书法教育，都离不开学理依据和方法指导，否则有可能走入误区，形成乱象。当前最为突出的问题是书法界普遍注重形式、技法而忽视内容、涵养，而且简单复制、摹仿所谓的"成功路径"，以致出现所谓的"展览体""获奖体"，缺乏主体性建构。

何以借助书法进行人的身体媒介的意义生产、身份媒介的意义生产、社会关系建构的意义生产和生命创造的意义生产？如何让古老的书法与今天的生活世界连接起来？如何脱离工具理性的操控而重塑主体性？书法家和书法研究者都需要思考书法教育与学术的范式转化问题。对于现代书法哲学、书法美学、书法传播学、书法社会学的研究，特别需要引起重视，否则书法研究会局限于传统知识的"内循环"而故步自封，难以进一步探讨新语境下的媒介观，难以进一步理解媒介的符号建构与社会、文化建构的时代性关系，难以进一步对比古今书迹、书史、书论的差异与延异。理论创新与实践创新如何互为作用、互为影响，需要经过长时间的探索与验证。

第四节　探问未来：中国书法的再媒介化转向

回顾中国书法史，空间和物质媒介对笔法、章法和作品形式的影响巨大，对书写功能、文化形态、传－受关系等亦影响巨大，前者涉及书法的内部问题，后者涉及书法的外部问题。今后，书法的创新发展，依然需要格外考虑空间和物质媒介的变化。考察书法的物质媒介和空间的历史变化，不是出于对技术的好奇，而是出于对在场的渴望，出于对再媒介化转向的探寻。"古"如何化为"今"而在场？如何重返过去、想象未来，重新理解"与古为新"？如何形成新的范式革命？

物质媒介的变化和空间的变化是连在一起的。笔者把空间分为三种：其一是身体空间，其二是物理空间，其三是文化空间。所谓身体空间，是书写时身体活动的空间。所谓物理空间，是书法呈现的空间，包括书帖的尺幅、简牍的形制、石碑的高广等。所谓文化空间，是书法功能体现的场所、语境，包括书法以手札、匾额、对联、条幅、长卷、中堂、扇面、题碑、题石等各种形式展现的空间及其所处的传播环境。此传播环境或为私人的、或为公共的。私人空间内，门厅与书房所承载的文化功能有别；公共空间则更为复杂多样，譬如宗教场所与休闲场所有别，办公机构与艺术展厅有别，等等。

再举例而言，毛笔的类型、形制、材料，变化极为丰富，与上述三个空间的关系也极为紧密。有研究者从媒介的物质性进行了考古研究，这无疑是具有媒介考古的眼光的。书写时身体活动的空间与毛笔的类型、形制、材料是密切关联的，通过稽考古代的墓壁画、绘本、陶瓷文物以及古籍文献，可得出从唐以前席地而坐到宋使用桌椅书写的结论，因此宋代出现枕腕、悬腕等书写姿势，笔法也有了变化。"面对中国书法史上最优秀的北宋大行草作品，不应该再单纯地视为书家个人的艺术创造，应该证实书写物质在此过程中所发挥的影响力"。[1] 书写使用的家具增高了，大尺幅的纸张取代了小尺幅的纸张或简牍，故而书法呈现的物理空间扩大了，书写者的身体活动空间也由此扩大，故而增加了笔杆的长度，在硬毫笔之

---

[1] 何炎泉说："先秦至魏晋时期的毛笔笔杆细而长，顶部削尖；唐及两宋时期，笔杆变短，笔杆直径变大。从笔毫制作材料来看，早期毛笔制作主要采用兔毫等硬质动物毛，笔锋毛量少，偏细长；唐宋开始，不仅是兔毫等硬毫，而且羊毫等软毫笔亦开始流行起来，笔锋粗壮。毛笔形制的变化又同以下因素息息相关，比如从先秦到魏晋南北朝时期，人们主要是席地跪坐，或者是跪在床或榻上，书写用具主要是低矮的家具，这种书写姿势影响了持笔姿势，就是一手执简或纸，一手执笔而书。由于竹简和木简每片的宽度不会太大，因此笔尖要偏细尖才方便写字，另外笔端与书写载体的距离也直接影响到笔杆的长度。隋唐时期，垂足而坐的高坐具，如绳床等逐渐流行，高足大案开始使用，如此影响下，将手腕和肘伏在书案上书写是最省力的书写姿势，唐太宗提出'腕竖、指实、掌虚'可达到'锋正'，就是针对高坐具提出的执笔姿势要求，太宗关于执笔姿势的阐释，就是五指执笔法的滥觞。"参见何炎泉：《物质、技法与书风：风格内的新视野》，浙江大学出版社2022年版，第91—112页。

外增加了软毫笔。宋代书法以尺牍、册页、长卷形制为主，明代晚期中堂、对联流行起来，这是由于建筑的变化，厅堂增高后可以悬挂大幅立轴字画，到了清代则更为普及。[1] 尺幅扩大以后，就要写大字，因此明清"在形制上出现了揸笔、斗笔、提笔、楂笔等大体型的毛笔"。[2] 对于不同的文化空间而言，书写者要考虑不同的书体、书风，也要考虑不同的媒介、载体，这些都会引起书法的嬗变。王铎、傅山的巨幅草书立轴线条变化幅度大，空间延伸感强，明显区别于赵孟頫、董其昌的小字手札、长卷，前者节奏奔放、以跃动为美，后者节奏舒缓，以娴静为美，前者以生猛的冲击力令人直视，后者以优雅的书卷气令人慢品，在观看方式上也是不同的。社会、文化需求之变导致了审美方式、审美观念之变。

使用不同的物质媒介则可能形成不同的书写效果。[3] 赵孟頫在《定武本兰亭十三跋》中说："书贵纸笔调和，若纸笔不称，虽能书亦不能善也。譬之快马行泥淖中，其能善乎？"纸、笔俱佳，且纸、笔相称，这是取得好的书写效果的物质条件。此外，物质媒介的创新注入了书写文化的趣味，如前文说到了日本假名书法与色纸的关系，色纸的物理空间对于假名书法的线条和章法创新，以及对于茶道文化空间的嵌入，都是耐人寻味的。雕版印刷技术兴起后，唐代已出现"薛涛笺"（又名"浣花笺"），艺伎风流，在杂色小笺上题诗别有情趣。至宋代，笺纸的书写已成为时尚，书信往来与诗词唱和皆以之为媒介。明人屠隆所著《考槃余事》记载了40多种文房雅玩，其中有各式诗笺。民国时期，采用木版水印的笺纸非常流行，文人绘画、古器拓片、书法诗文、金石印痕，莫不为图案。荣宝斋、清秘阁、松寿堂等数十家店铺制作笺纸，兼具清供、清玩功能，且受到西洋美术影响，故而宜于同好交流。鲁迅、郑振铎整理出版《北平笺谱》《十竹斋笺谱》，鲁迅主张"采用外国的良规，加以发挥，使我们的作品更加丰满，是一条路；择取中国的遗产融合新机，使将来的作品别开生面，也是一条路"[4]。含章蕴藻，跃然纸上，笺纸不仅展示了传统的书札交流空间，而且被鲁迅赋予了文化"融合新机"和"跨出世界"的内涵。

---

1 张朋川：《明清书画"中堂"样式的缘起》，《文物》2006年第3期，第87-96页。
2 刘洁：《笔造万端传千年——简论毛笔的名称及形制流变》，收录于北京画院：《大匠之门24》，广西师范大学出版社2019年版，第143-156页。
3 例如，刘洁认为："以著名书法作品为例，陆机《平复帖》主要采用秃笔的笔触。而《祭侄文稿》当为鸡距笔书写。颇具辨识度的瘦金体，是散卓笔的极致代表。而《寒食帖》正是苏轼喜爱的诸葛笔所书。陆游的《自书诗帖》的卷尾有提示为猩猩毛笔书写。陈献章《自书诗卷》用茅龙笔毫书写，与动物毛笔相比毛硬涩、吸墨性能差，运笔较干。"刘洁：《笔造万端传千年——简论毛笔的名称及形制流变》，第143-156页。
4 鲁迅：《且介亭杂文·〈木刻纪程〉小引》，人民文学出版社《鲁迅全集》1981年版，卷六，第48页。

有研究者通过媒介考古,证实了明代娄坚[1]对于苏、黄用笔不同的论述[2]。苏、黄二人择笔的差异体现了书风的悄然演变,即苏轼尚古法选择的是有心、硬毫、短锋笔,黄庭坚求新意选择的是无心、软毫、虚锋笔。由此亦可见,所谓"笔、手相谋",因人而异[3]。使用不同的毛笔,书写姿势不一样,身体空间也不一样。写大字不等于把小字放大,用写小字的方法去写,更不是用写小字的硬毫短锋小笔去写,宜换用大号、长锋、更柔的笔,有实践体验者自然明白。山谷善作大草,纵横开阖,长枪大戟,用软毫长锋更适合增强表现力。东坡曾自谓"吾本不善作大字",这与他对毛笔的选择是相关的。

邱振中在评价林散之的笔法时说:"笔法经过几千年的发展,各种可能的运动形式、节奏变化几乎已经开发殆尽,笔法被认为是书法创作中最不可能做出创造性贡献的区域,但林散之先生却在这里做出了他最重要的贡献。"[4] 林散之的草书笔法(图5-13),既利用了长锋羊毫的特点,又通过笔法操纵的个性,使长锋羊毫产生了各种出人意料的变形,涩中有润,涨中有收,线条出入、绞转的变化增多,形成了立体感和丰富性。清代以来,长锋羊毫毛笔的应用者越来越多,华人德认为"长锋羊毫的产生和盛行的原因,是由于生宣在

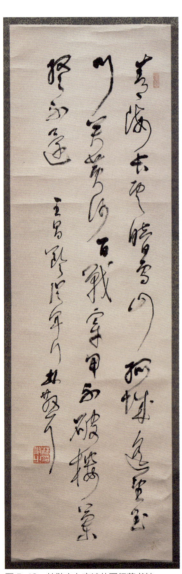

图5-13 林散之七言诗从军行草书轴

1 娄坚《学古绪言》卷二十云:"宋时笔工称宣城诸葛,然苏黄之论似微不同。东坡于诸葛之外,颇称程奕及吴说父子,且谓散卓笔非诸葛不能制。自余笔锋譬如著盐曲蟮,作字有筋无骨。而山谷极称吴无至无心散卓,且云试使人提笔去纸数寸,欲左右皆能如意则诸葛败矣。似又以悬腕枕几而分,非笔之通论也。"

2 朱友舟指出:"就姿势而言,苏轼习惯单钩着腕倚桌而书写,黄庭坚则喜欢双钩悬腕而书。就作品大小而言,苏轼多小字行书,黄庭坚多大字以及擅长草书。""宋代处在两种笔制交替的阶段,有心笔代表宋以前的缠纸法,而无心笔则是在北宋兴盛起来的散卓法。苏轼偏于守旧,喜欢短而健的有心笔或散卓笔,而黄庭坚为革新派,喜欢健中带柔的无心长锋笔。这对于两人的书风产生了直接的影响。"朱友舟:《择笔、笔的形制与书法风格》,《中国书法》2015年第13期,第160-173页。

3 苏轼《东坡题跋》卷五云:"近年笔工,不经师匠,妄出新意,择毫虽精,形制诡异,不与手相谋。"黄庭坚《山谷题跋》卷五云:"东坡平生喜用宣城诸葛家笔,以为诸葛之下者犹胜它处工者。平生书字,每得诸葛笔则宛转可意,自今谓笔论穷于此。见凡研间有枣核笔,必嗤消。以为今人但好奇尚意,而无入用之实。然东坡不善双钩回腕,故书家亦不伏此论。"

4 邱振中:《林散之与二十世纪书法史》,《光明日报》2022年11月3日,第11版。

书法上的应用,以及碑学书派的兴起"[1],长锋羊毫用于草书和篆隶书写时很可能达到蔡邕所说的"惟笔软而奇怪生焉"的效果。林散之把长锋羊毫和生宣结合起来用,又独创笔法,他改变了前人的书写姿势,故而做出了书法史上的新贡献。同笔的形制差异一样,浓墨、淡墨、宿墨、焦墨是如此,生宣、熟宣、半熟宣也是如此。对于书法的表现力而言,物质媒介与书写者共同成为"作者",对书法技艺的丰富起到了特殊作用。

图 5-14　王冬龄银盐书法

　　关于身体空间,有一个特别典型的例子,就是日本书法家井上有一的书写姿势。海上雅臣评价井上有一:"从传统的'手指技巧'中解放出来,把整个身体活动贯彻到书写上,他的书法开创的是一种空间概念,所以他的作品和一般人的不一样,我们面对他的作品时,能感受到这些字在直逼观众,如同要跳出来一般。"[2] 从井上有一书写大字书法的照片中,人们发现真的是用整个身体在写字。这样的书写方式完全打破了晋人帖学传统的执笔、用笔规律。值得思考的是,海上雅臣认为井上有一开创了一种空间概念,不仅是指井上有一书写时的身体空间,以及大字书法所占据的物理空间,而且是指"这些字在直逼观众,如同要跳出来一般"所形成的文化空间,这样的文化空间是现代的,突破了传统边界,其作品对观众、对现实产生了直接逼视而且义无反顾,让观众产生了强烈的在场感。这样的空间区别于文人书法所营造的闲适空间、雅玩空间,以鲜明意识介入了现实社会。以此为例理解具身性书写与文化性书写的关系,亦可为书法的创造性转化与创新性发展打开想象力。

　　进入现代社会以来,书法的日常实用功能逐渐消退,即书法作为信息传播、人际交往的媒介功能不再重要,但是书法仍然要与人们的日常生活相结合,一种新的现象出现了,笔者认为,它就是书法的再媒介化。这也可视为书法视觉化转向的新阶段、新形态。当书法被复制到照片、时装、书刊、招牌等现代载体,将书写、拼贴、形式构成、色彩进行杂态糅合之时,当书法与新的传播技术进行结合之时,当书法从平面扩展到立体空间之时,书法的再媒介化就成为一种新的媒介文化现象。当代书法家王冬龄在这方面作了一些探索。2013 年 3 月,王冬龄在香港举办个展,其独创的"银盐书法"首次公开亮相(图 5-14)。他在摄影暗房里,使用

---

[1]　华人德:《论长锋羊毫》,《中国书法》1995 年第 5 期,第 69-71 页。
[2]　海上雅臣、李建华:《井上有一"空间书"的诞生》,《东方艺术》2008 年第 24 期,第 64-73 页,第 2-3 页。

显影液在相纸上书写，再通过不同程度的曝光控制，形成了新的艺术语言。后来，王冬龄还用油漆替代纸墨，在不锈钢"镜面"上显像；用竹竿、亚克力板、油画布、玻璃等不同材质替代纸，形成陌生化的线条质感和墨色效果。王冬龄说："我认为现代的建筑和现代的科技、现代的书法之间，能够产生一种展现形式上的互动，比如可以在镜面不锈钢的建筑上进行书法创作。此外，书法还可以通过新媒体进行展示。传统书法的媒介主要是真迹和碑拓，而至今，书法的媒介、展示空间和展现形式均已被极大地被拓宽了。"[1] 王冬龄的"银盐书法""竹书""乱书"等一系列现代书法实验，建立在现代公共空间所生发的现代文化语境下，不仅利用了传统书法未曾借助的材质、建筑、科技，拓展了书法的物质媒介、展示空间和表现形式，而且通过书法的跨媒介传播和再媒介化，使他的书写与观者的观看形成了同时的互动，现代书法由此获得了公共的注意力。邱振中也提到"特定情境中产生的特定的形式构成"[2]，或许借用了戏剧学的概念，特定情境和特定形式的互生关系建构了特定的文化语义，也制造了吸引注意力的剧场效果。引起人们关注的不是作品的美丑问题，而是作品是否构建了一个公共文化空间，是否创造了人与环境的新关系。现代书法区别于古人的日常书写、私人空间书写，书法在公共空间的表达与展示，需要解决内容与图式、语境与意义的关系问题，这需要引起书法哲学和传播社会学等领域的学者关注与思考。书法的再媒介化，不是将书法降低到媒介技术的层面，而应通过技术和技艺的融通使书法成为有效的书写媒介，不至于走向缺乏生机、缺乏"灵晕"、缺乏主体间性的穷途末路。

波尔特指出，再媒介化是媒介化的媒介化，是语境和意义的转换，是媒介化与现实的结合。他指出，印刷术对书写的技术改变，计算机技术对印刷术的改变，都是新技术对原有技术的再媒介化，新技术吸收了原有技术的功能乃至取代了原有技术，从而改写了书写的空间。[3] 再媒介化是新媒介对原有媒介的一种重塑和重建，是原有媒介在新媒介中的延续和扩展、修复和补救。[4] 也就是说，再媒介化是双向互动，是新媒介对原有媒介的再媒介化，也是原有媒介对新媒介的再媒介化。书法的再媒介化，按照波尔特的理解，将形成新的文本和新的空间，将重塑我们对书法的认知。

---

1 《戛戛独造的精神书写——专访当代艺术家王冬龄》[Z/OL]，《新视觉艺术杂志》2019 年 9 月 12 日。(https://www.douban.com/note/734051419/?type=rec&_i=4034198jD5994I.)
2 邱振中：《笔法与章法》，江西美术出版社 2012 年版，第 118 页。
3 Jay David Bolter. Writing Space: Computers, Hypertext, and the Remediation of Print [M]. London: Routledge, 2001:4.
4 Jay David Bolter, Richard Grusin. Remediation: Understanding New Media [M]. Cambridge, MA: MIT Press, 2004:10.

关于书法的再媒介化，有学者借用媒介考古学"界面"的术语来替换传统意义上的"空间"。界面既是物，又是空间，还是关系，界面的意义在于实现人与媒介的连接与互动，乃至物质世界与精神世界的连接与互动。胡翼青等指出，"正是在界面的统合之下，人才能与内容、物质产生关联，完成意义的交流与共享，媒介才能贯通人的精神世界与物质世界"，"甚至可以说，界面本身就是内容的一部分"。[1] 王婷指出，媒介物具有其他的物所没有的属性——界面性。界面使传播内容得以呈现，并且使编码和解码发生交融。[2] 书写的内容与书写的形式整体展现于书写的界面（过去是碑或帖的实物及其空间，今天又借助了新的物质媒介、数字媒介及其空间，例如数字书法展厅、书写与增强现实的结合），人与界面的关联形成了意义的交流与共享。书法从文人书斋走向公共空间，从使用人格化的"文房四宝"到利用跨媒介的表现工具、呈现工具和展示空间、交互空间，中国书法的媒介物质性发生了极大变化，这是一种极大的文化转型和传播转型。

然而，对于再媒介化，必须具有反思意识。举例而言，人工智能和大模型创建了人机交互的全新界面和全新范式，在自然语言与图形、图像的融合方面重构了人与媒介、物质世界与虚拟世界的关系。全新技术的出现，也给我们提出了全新的问题：是要求人去学习机器的语言，还是要求机器学习人的语言？人的身体会不会与机器合二为一？人与机器的界限会不会失去区隔？人的主体性会不会退化？机器会不会侵犯人的主体性？人工智能和大模型在可见知识的学习方面超过人的能力似乎没有什么不可能，但是人的智慧和人的价值是不可以被消解的。AI对于书法书写的技能能够做到"以假乱真"，但是这样的书写是否具有本雅明所说的"灵晕"？具身性书写和大模型操作使用的是同一种语言吗？？人工智能能够和人形成一致的价值观吗？探问这些问题，必须回到自然性书写和生命性书写的本质上来，回到人的身体、情感、心智与人类社会以及完整世界的共在关系上来。

还需要看到的是，正如德布雷指出，"痕迹载体演化的最明显的一般趋势就是趋向于非物质化"[3]，例如无土栽培的农业（脱土）、无词语的语言（比特）和没有纸书的图书馆（数字图书馆），这就无情地去除了媒介的神圣性。如果书法的呈现远离人的心-手，远离毛笔和宣纸，远离物理空间，那么书法的文化记忆和精神象征还存在吗？如果"书肇于自然"被"书造于技术"所颠覆，人与世界的连接是

---

1 胡翼青、姚文苑：《重新理解媒介：论界面、内容、物质的三位一体》，《新闻与写作》2022年第8期，第5-16页。
2 王婷：《论媒介的"意义邀约"：从经典阅读探讨"界面"问题》，《教育传媒研究》2023年第3期，第42-46页。
3 雷吉斯·德布雷：《普通媒介学教程》，陈卫星等译，清华大学出版社2014年版，第241页。

否还保留本质的神秘和想象的自由？

现代社会是媒介化社会，现代媒介是社会化媒介。书法的现代化，其发展的很大可能性便是实现跨媒介化、再媒介化，而不只是停留于以文字表达为核心的传统媒介功用。也就是说，书法将越来越接近于意象，甚至越来越抽象，其表意功能不只是依靠文字的语义来实现，更多地是突破文字语义的限制而诉诸意象，甚至以抽象来表达胡塞尔所说的"本质直观"，使观者通过意象或抽象形式直接把握本质。日本书法家手导右卿的现代书法"崩坏"，为什么能够让不认识汉字的西方人看懂其中被急遽摧毁的意义？这就是"本质直观"，观者通过对作品的直观感受和自由想象，还原了作品的本质含义。有论者提出："运用现象学的方法论来观看书法艺术，就能够'看见'书法。这里的'看见'，既不是物理对象（如宣纸、墨团），也不是纯粹的观念（书法家的理念），而是介于二者之间的意象。沃尔海姆对'看作'（seeing-as）与'看见'（seeing-in）进行对照，认为'看作'是再现的看，而'看见'是现象学意义的'看'，即事物如何显现它本身，我们就如何来看待这事物。恰切地'看见'书法，并不忽视书法媒介及书法的物理属性，却不只是关注书法媒介（文字），要从中看出'形质'与'情感'来。'看见'书法，这种'看见'包括可视性的点画线条、造型变化，还包括不可视的'看时看后的感觉'，以及与书家情感的交融与碰撞。"[1] 这里特别要提到，在传播与接受的关系中，观者与书法的互动是观看之道，但是，其核心应该不是观者如何去"看见"，而是书家如何创造出能够让观者"看见"的作品，乃至创造出与观者互动的关系。进而言之，现象学意义的看见意味着打破审美经验、知识秩序、阅读期待之后，现代书法需要连接新的媒介，打开新的语境，找到新的界面。

现代书法实现再媒介化，区别于传统书法的一个重要方面，就是书法家不是借助其作品的主观意义与观者交流，而是借助作品的界面形成一个意义交流的场域，而且作品的意义是开放的、共享的、可协商的、可误读的。按照福柯的说法，是话语而非主体形成了表征话题。作品的意义不是被控制的，观者完全可以剥除作品及其作者的光环。现代书法对于环境和社会的介入也可能引起新的共情与认同，让书法在这个媒介化社会嵌入日常生活和社会生产之中，获得更多的文化增殖，获得更多的意义赋予。对于书法的再媒介转向，应该进行话语层面的再建构、再阐释和界面意义的新语境、新模式。

当然，我们要警惕的是书法的本体意义被篡改甚至被解构。稍微越过边界，

---

[1] 白锐：《何以"看见"书法》，《文艺报》2012年3月30日，第7版。

现代书法就有可能不再是书法。现代书法可以突破传统的意识形态边界和文化边界，突破传统的审美边界，突破传统的知识生产与知识传播边界，但是由中国书法经典所积淀下来的书法的核心不可丢失，比如汉字内容、笔法传统、人文意蕴、自然书写等。所谓核心，就是书法稳定持久而活力不减的"基因"。现代书法不是对书法的核心的抽离、消除，而是对书法的核心的提炼、外接。古干、邵岩、徐庆华等尝试的"写意书法"，王镛、石开、沃兴华等尝试的"丑书"，陈振濂提倡的"主题先行"式"学院派书法"，都试图提炼新语境下书法的核心，也许他们存在以偏概全、因小失大、变形走样、有意误读等各种问题，但是他们并未从根本上否认经典。至于所谓的"吼书""射书""盲书"之类，何异于江湖杂耍？王冬龄的现代书法实验，大部分没有放弃汉字书写和传统线质，也投入了人文思考和现代精神，但是也有些作品，或复制西方抽象表现主义，或复制西方行为艺术，或复制西方装置艺术，已经越过边界。还有一些人实验的水墨作品，以是汉字又不是汉语的图式，即汉字形体可辨而语意不知所云，消解了书写内容的所指意义，增强了作品的马赛克化，却抽空了书法的本体性。邱志杰有一件作品，将书法、行为艺术和新媒体艺术结合起来，他在同一张宣纸上书写一千遍《兰亭序》，整个过程进行完整的影像记录，最后作品呈现出来的是不见字形的、混沌一团的墨痕，他以此反抗和消解书法经典，虽然也有现代思想寄寓其中，但是这已经远离本体意义上的书法创作。徐冰的系列创作也是如此，它们是现代主义艺术作品，是对文字、书法、传统文化的解构乃至对意义的解构，虽然这些作品假借了书法的一部分形式语言，但是其内核不是书法。

另外，从书法的美术化、视觉化到再媒介化，书法作为视觉文本、文化符号的特征越来越鲜明，而作为表意文本、文化象征的特征越来越弱化。有学者指出："今天，不堪重负的观看状态和富裕过程的视觉形象，已成为一个时代的标志。一方面是主体视觉行为的过度重负，另一方面是人们理解世界越发地依赖视觉行为。"[1]人们越来越满足于快速的图像浏览而不再习惯于深度的文字阅读，越来越受到跨媒介的感官快感的刺激，失去了对抽象探索、理性沉思的耐心，如果剥离人文价值，书法的再媒介化也有可能异化为"媒介景观"，成为消费主义意识形态的表征。书法家不能够将书、写结合起来，从抄写古诗文到抄写网络流行文本，书法的表意功能越来越远离作者意图和主体性价值，这是值得忧虑的。

书法如何外接新的媒介或寻找新的界面？如何避免只是形成"媒介景观"的

---

[1] 周宪：《读图，身体，意识形态》，《文化研究（第3辑）》，天津社会科学院出版社2002年版，第67-87页。

窘境？法国学者德波指出，大众传媒已经成为景观社会的原动力，景观成为物化的意识形态，意识形态借助影像、图像、符号而完成了意识形态的形象化、具体化、实在化、物化[1]。在德波提出"景观社会"假说的基础上，道格拉斯·凯尔纳提出了"媒介景观"的概念，将其阐释为商业语境下符号化的视觉文化消费镜像。媒介景观是制造出来的，通过媒介化、再媒介化过程传播给大众而形成注意力。在当下符号化、视觉化、媒介化的消费文化语境之中，"媒介景观"已经成为一种新的意识形态和一种新型权力关系[2]。这恰恰是应该予以批判的。按照詹姆斯·罗尔的观点，大众媒介和文化产业"压缩的不仅是信息，也包括情感"，"目的是制造出最大限度的身体快感"，"媒介化的情感"是紧张刺激的，也是被文化资本所操纵的。[3]

书法的再媒介化不是要虚拟或再现不真实的世界，不是要表达非我的、虚假的精神生活。书法的再媒介化，目的在于表达和分享新的人类经验和人类价值，形成文化、审美与知识的新连接，返回人与世界的共在，让人感受到深层时间的贯通和生命空间的阔大。对现代性的反思，其中一点，是人对于存有、对于自然性的遗忘，由此导致人的异化、生存的碎片化和交往的茧房化。德布雷在谈到媒介域的演化时说："在我们的灵魂中，同时有一个书法的东方、一个印刷的欧洲、一个大屏幕上的美国，这些大陆在我们之间协商，但从来不会中断它们各自的地位。"[4] 这就是我们所处的媒介时间以及对文化认同的理解。中国儒家经典《中庸》所说的"尽人之性""尽物之性""与天地参"，为我们描绘了美好理想，书法的"灵晕"永远不会消失。现代书法实现再媒介化，"为新"乃不得不借助于新的媒介乃至跨媒介而形成界面，然而万变不离其宗，回到书法本体论上来，还是以本质直观的现象学还原和主体间性的对话来赋予"与古"全新的阐释性。"尽人之性""尽物之性""与天地参"就是返本开新、唯变所适、多元开放的哲学表达、诗意表达、心灵表达。

---

1 王昭风：《景观意识形态与隐形奴役：居伊·德波〈景观社会〉解读与批判》，南京大学出版社2022年版，第146-162页。
2 袁志坚：《作为媒介景观的书法实验》，《宁波日报》2015年11月3日，A8版；袁志坚：《汉字波普与书法之变》，《宁波日报》2021年8月3日，B4版。
3 詹姆斯·罗尔：《媒介、传播、文化——一个全球性的途径》，董洪川译，商务印书馆2005年版，第198-199页。
4 雷吉斯·德布雷：《普通媒介学教程》，第458页。

结　语

笔者对中国书法经典媒介化的研究，通过对书法史（主要包括汉字演变、字体和书体演变、书风演变的历史和书法实用、书法审美、书法传播的历史）的回溯，发掘了书法在不同历史阶段被媒介化的传播印记。书法作为信息交流、意义生产、知识传播、技艺应用、审美蕴藉、身份建构、文化资本流通、权力话语渗透的各种符号，在不同传播情景和历史语境下被赋予不同的媒介功能，它是兼具形象含义与抽象含义的精神象征，又是统合具身性书写与社会性书写的主体实践，其核心价值被萃取为经典，或者说经典反映了其核心价值，在文化纪统上塑造成象征性权力，在审美传统上形成了主体间性，在知识系统上表现为文化技艺的递归。本书关于"三体""三统"的概括，是为了便于阐释至今仍在继续的书法经典媒介化所映射的各种互动关系的叙事。也就是说，信息、意义、知识、技艺、审美、身份、文化资本、权力话语等都被媒介化了，而且它们相互作用，形成了"三体""三统"的复杂结构。

笔者之所以采用以媒介考古为主的研究方法，首先是因为齐林斯基所指出的对多种复杂线条和多层文化结构进行集纳的方法有助于分别考察"三体""三统"构成的多元维度，有助于发掘"三体""三统"贯通的深层时间，并且将"三体""三统"理解为书法经典媒介化的叙事逻辑和传播框架。唐代书法家、书法理论家孙过庭在《书谱》里表述的"古不乖时，今不同弊"，是极具代表性的书法史观，后世关于古今关系的书论皆受此影响，认同古今之间的差异，又消融古今之间的区隔，它和媒介考古学所揭示的媒介深层时间是近似的表述。对媒介深层时间的考古，是为了"发现"中国书法被忽视的媒介属性及其所反映的社会历史信息和话语关系，笔者由是尝试书写不同于前人写法（或进行断代分期而给人以文化断裂的印象，或持总体论而忽视了媒介的异质性，或将书法史假设为按照时间顺序而连续变化的线性进程）的另一种书法媒介史。"与古为新"反映的是在"三体""三统"的复杂关系中的时间反思性，因为历史不是封闭的，所以可以不断被打开，不断被延后，不断被转化。

正如埃尔基·胡塔莫所说，"尽管或许我所用到的很多材料是文本的或文学的，我们却总是从不同的角度来看待它们，基础的元素就在那里，但是它们可以发掘出诸多不同的联系"[1]，笔者采用的材料很多是文本的或文学的，是基础的元素。对古代书迹及古人所用工具、载体的物理性描述难以言表，不得不借助文本的或文学的基础材料，也适当插入了一些图片；历代的书史记录和书论阐发，本身就是文本的或文学的；中国化的媒介考古学注重传统的考据学研究方法，而考据的资源来自文本的或文学的实物文献、金石文献和古籍文献。笔者力求将它们关联起来，通过发掘古典话语或文化纪统、审美传统和知识系统之下的媒介文本，综合性解读书法之于媒介物质、文化技艺、主体间性以及话语权力的结构性关联。媒介考古的方法侧重于让媒介物质、媒介文本、媒介时空及媒介话语自身开口说话，"文本之外无世界"，"文本"或"档案"是媒介考古学研究不可缺失的经验材料。媒介和传播从来不是孤立于事物之外的，不可狭隘地把传播研究理解为单一媒介的媒介化结果，而是需要发现媒介与人、社会、物质、自然、宇宙等多元主体的互动关系或曰复数主体、主体间性的在场。

媒介考古学致力于构建更加普泛的学术谱系，即使是前人反复使用过的文本或档案，如果能够进行重新组织和阐释，仍然可以发现新的研究成果。古代书迹、书史、书论中有大量文本需要以新的媒介史观进行再认识，在媒介考古学视域下研究中国书法经典的媒介化，可以解读若干历史秘密，还原若干历史样貌，进而思考中国书法的传承与创新问题。

笔者之所以采用以媒介考古为主的研究方法，其次是因为媒介考古学认为媒介与历史之间不存在"前景""背景"的关系，旧与新巡回复现，古与今相互作用。对于书法史的回溯，是为了发现书法经典中蕴含的共性价值和内在活力。关于媒介考古学"回溯-前瞻"式的研究取向，埃尔基·胡塔莫表述为"旧事物也可能为文化的创新和重新定位提供'模板'"[2]，这和中国古典话语中的"与古为新"有共通之处。笔者对中国书法经典的媒介化历程进行媒介考古研究，获得了大量的经验材料，而它们皆可实证"与古为新"是中国书法流动的媒介主题，也是中国书法经典媒介化的动态规律。

本书对"与古为新"进行了多元而细致的阐释，丰富了媒介考古学关于华夏传播"返本开新"研究议题的自主知识体系。本书聚焦于中国书法的文化纪统、审美传统和知识系统，梳理文化史、艺术史和传播史视野下中国书法经典媒介化的脉络，旨在回归媒介认识论的本源，理解人在技艺操作链中的主体性递归，阐述书法媒介

---

[1] 唐海江、肖楠、袁艳：《媒介考古学：渊源、谱系与价值——访加州大学洛杉矶分校埃尔基·胡塔莫教授》，《国际新闻界》2020年第2期，第121-129页。
[2] 埃尔基·胡塔莫、尤西·帕里卡编：《媒介考古学：方法、路径与意涵》，第14页。

与中国社会文化的深层联系。

在关于中国书法的文化纪统的论述中，本书关注了汉字作为"近取诸身，远取诸物"的象形构造与书法作为汉字手写媒介建立起身体－生命－自然的一致性之间的同构关系，揭示了"书肇于自然"的哲学本体和"言－象－意"统一的语言本体，而"自然"在中国古典话语体系中蕴含着"万古之初"的象征意义，在这个维度上，对"与古为新"的阐释，就是对书法经典的想象和理解需要不断返回到"太初有言"的诗性本原，返回到古老汉字作为原初媒介的先验原理，返回到心手合一的玄妙书写显现的生命直觉，返回到物性、人性、灵性共通的有机整体主义宇宙观。基特勒认为最初的书写媒介是形而上的，人通过自然性和生命性的书写来确立自我认同或主体性的存有，确立自我与宇宙万物的联系，这与"道法自然"的中国哲学观念相契合。换言之，有了汉字书写便有了书法，书法的媒介自反性体现了人与自然的整全共在。

唐代张怀瓘在《书断》中提出神品、妙品、能品之说，所谓书法的神品是天工，而妙品、能品是人工。"道法自然"，道是元媒介，而书法"肇于自然"，故而具有连接人工与天工、沟通人与自然的媒介功能，以书问道，以书悟道，以书成道。"与古为新"，意味着中国书法经典以天工、神品为终极目标，体现人、媒介、世界的共生关系。本书考察了字体、书体演变的历史与中国文化转折、转型的关系，字体的简化和书体的形变表现为草体对正体的破坏和正体对草体的改造，甚至新的正体产生于俗写的雅化。实用性与艺术性的彼此冲突、彼此调和则受到权力话语的影响。也就是说，字体、书体演变内嵌于社会文化结构及话语体系之中，而中国书法经典的演化一再反抗权力话语，一再努力返回书法本体，从这一维度看，"与古为新"就意味着对书写自由的渴望，对主体间性的彰显，突破形而下、模式化的书写规则。中国书法审美向来崇尚"古拙""质朴"，贬抑"时弊""工巧"，主张从古代传统中汲取影响，这与儒家文化"信而好古"、道家文化"尚古归根"的观念皆有联系。"字学规范：儒家价值和王政话语的工具模型""书礼约定：文本伦理与文化规训"分别从中国书法曾长期附庸于字学、受制于书礼的维度，批判了书写的游戏性遭到压抑的历史背景、制度形态和文化语境，王政话语、伦理规训影响了书法的审美独立品格，也改造了书法的媒介文化功能。字学规范和书礼约定都是出于统治意识形态的需要，体现了古为今用、以今易古的权力话语策略。通过媒介考古，我们从诸多实证材料中发现书法一再被意识形态建构的历史，包括汉字构形的媒介化、字体与书体的媒介化、字学体系的媒介化和书礼的媒介化等过程，然而，中国书法的媒介本体论始终以肇于自然且归于自然为根性、起源和指向、理想。由此展开对儒释道融合的中国文化精神或哲学思想之于中国书法的影响的分析，参照基特勒关于1800浪漫主义话语网络的描述，将中国书法的话语网络描述为"自然－诗－哲学"。中国书法经典演化的"与古为新"，乃是为了突破有形的笔墨语言和经验的媒介内容，借助言外之意、象外之意的诗性言说和道进乎技、艺通乎神的传达媒介，创造新的自然和新的意义世界。"自然－诗－哲学"是无限循环的动态回路，"与古为新"是未有穷期的超越实践，"道法自然""天人感通"的终极价值同"书正笔正""经艺王政"的教化功能共同形成中国文化纪统的内在张力，"与古为新"的边界也由此不断扩展。

对于中国书法的审美传统的挖掘，是为了从内视角阐释"与古为新"之于书法经典演化的内涵价值。中国书法的审美主体不是单一主体，古代书论反复强调师古人、师造化、师本心，例如清代刘熙载提出的"古化为我""我化为古"指的是"我"与"古人"之间的对话，汉代蔡邕提出的"书肇于自然""纵横有可象者，方得谓之书矣"指的是"我"与万物、自然、宇宙之间的对话，汉代扬雄提出的"书为心画"指的是"我"的反身性、内视性自我对话。师古人、师造化、师本心，突破了个体视域而建立了主体间性，建立了审美共感，区别于西方人本主义的主体性认识。"与古为新"之"古"，统合了前人之高古、造化之远古、本心之初古，由于主体间性的古今对话，书法不断滋生新变、创造新生，一再试图抵抗被权力话语媒介化，又始终难以超越媒介之于文化表征的符号化。从主体认识图式来考察，书法的图像语言与精神语言的转化、形式空间与精神空间的转化，体现为言、象、意之间的动态关系、媒介作用和审美面向。本书借用了"文化技艺"概念，"文化技艺"是基特勒等学者对前现代媒介的表述。本书将中国书法的"技艺"与"法度"进行了对应，以此阐释"与古为新"的审美要素。法度的属性是"古"，沉积了前人经验、共性认同、文化约定，但是中国书法从来主张"师古不泥古"，既能进入法度又能出乎法度，所谓"法无定法""万法在心"，强调了创新求变的审美自觉和主体价值。

对于中国书法的书风流派的考察，本书借用了埃尔基·胡塔莫的"复古风格－未来风格"概念和齐林斯基"媒介主题的变体"概念，将中国书法在不同历史时期形成的多元风格理解为汲古化新、掘古开新的审美实践，强调了历史的在场，强调了媒介深层时间的穿越，强调了传统的断裂与接续的贯通性，强调了"技艺"媒介化和社会化的操作网络。本书重新阐释了中国书法的碑学、帖学理论，将碑与帖的不同物理介质、不同书写与观看空间同它们所对应的不同技艺、不同符号意义和传播功能进行了观照，并对碑帖分流的媒介史观和碑帖对立的审美观进行了批判，强调碑帖同源之"古"与碑帖融合之"新"的历史叙事之传递、整合。中国书法的审美传统是流动的，且不是线性流动的，形成了古今互动的开放生态。

对于中国书法的知识系统的多元、多维观照，本书提炼出中国书法经典的传播信道（将秦以前的史官书写、宋以前的从家法到师法传授归纳为以人为媒介，将宋以后的刻帖临摹归纳为以图像为媒介）、传播策略（分析了意会或隐性知识传播、具身性书写与文化性书写的主体性递归、物的复制与文化资本的流通）、传播语境（对比研究中国书法在日本和朝鲜半岛传播的同源性和异质性，重点讨论了各自在经典转化中出现的民族化和现代化问题），并置于知识系统的传播关系之中。本书将书法的知识生产、传播、消费同政治、社会、文化的变迁联系起来，揭示了书写活动从存史立言转向表意言志、从上层垄断转向下层普及、从精英秘传转向知识群化的复杂过程。

阐释"与古为新"，需要思考历史文化"背景"的"前景化"问题，也就是说，书法的知识传播还是要回到主体性递归上来，在非线性结构中，递归可以将中国书法经典分成若干维度进行考察，而主体性递归指向循环的历史，指向人的主体性与知识系统的主体性，以此确认人的丰富性、世界的丰富性和知识的丰富性。正是因其具有丰富性，"与古为新"才可能体现主体创造的无限可能。"古化为我，我化为古"意味着存在"普遍的自己"和人文共同体，意味着对自由意志的体验和演绎。对"与古"的理解，也就是对人的本原、历史的本原和媒介的本原的理解。在这个意义上，媒介考古学是一种溯源的哲学，一种认为存在皆有迹可循的理论。"递归性是语言、生命、数学、逻辑以及文化传统的一个基本性质，几乎能够解释为什么一种存在具有不变与万变的一体化性质。"[1]根据赵汀阳的论述，"与古为新"具有重启本源、复制基因的方法意义，也具有复现本源、创造变化的方法意义，虽然"存在的变易不可测"，但是"每一种本源都具有顽固性或'封印性'而不会彻底消失，而且总会有得以复活的某种情势"[2]。"与古为新"通过对"技艺"或"隐性知识"的"复现"与"意会"，打开了延展、变化、创新的可能性。

就本书的的结构而言，前四章是对古典语境下中国书法经典媒介化的阐发，并概括为"与古为新"的实践进程，为讨论当下语境下中国书法经典的传承提供了理论参考，第五章则侧重于探寻中国书法在当下的创新性转化和创新性发展，这是体现本书的研究目的和研究意义的重要一章。也就是，前四章关于何为经典、何以经

---

[1] 赵汀阳：《关于形而上学的评论》，《社会科学战线》2021年第7期，第12-23页。
[2] 同上。

典的论述是本体论、认识论层面的，而第五章关于经典何为的论述，是方法论层面的。

清末民国以来文字改革、文化变更、制度革命以及福柯意义上的"知识型"转变，形成了中国书法的美术化、视觉化和再媒介化的几次重大转向，如何借用媒介化理论和媒介考古方法对中国书法面临断裂、转型的叙事进行面向未来的思考，显然是一个既有学术价值又有实践价值的问题。媒介化理论关于媒介与具体社会文化情境互动的认识，媒介考古学关于重建媒介本体论和对于注重主体的复数进路的主张，启发了笔者站在人的自觉、文化的自觉的立场上，思考"与古为新"的当代阐释。从媒介化层面了解书法的传播接受问题，可以明显看到书写内容、书写形式、书写工具、书写空间和展示媒介、展示空间、观看方式、观看意图发生了巨大变化，最根本的变化是文化语境与文化观念之变。尤其值得注意的是书法的再媒介化问题，"界面"是连接物质、技艺、意义、空间的开放场域，其媒介功能是统合性的。本书认为，在现代、后现代语境下，"与古"是形而上的，即恢复我们同世界的直接联系，拒绝被权力话语或意识形态控制；"为新"是形而下的，接受多元化、异质性、不确定性的变革，打破传统的工具、介质、符号、空间的局限，尝试新的交流互动可能性。

本书同时指出了当下语境下出现了书法异化为"媒介景观"的趋势，这是消费主义意识形态对人的异化，需要回到书法本体论上才能予以抵制和消解。"与古为新"指向的是文化转型与文化认同的互相接洽，中国书法的传承与创新需要通过新的界面为人的安身立命、为文化的本立道生而探寻具体的哲学方法，既是溯源、穷源，又是开流、竞流。

"穷源竞流"是沙孟海所倡导的学书方法，他认为"穷源"是取法古人，继承传统，"竞流"是寻找后世影响，一变古法而创新。[1] 这是"与古为新"在方法论上的含义。以此打开思路，笔者认为，中国书法经典叙事可以描述为"源流互济"的结构。西方本雅明、阿多诺对于历史哲学、对于世界价值有着"星丛"概括，这对媒介考古学的媒介史观起到了启示作用。有研究者指出，"针对媒介领域所呈现的谱系，媒介考古学作为一种独特的方法论为历史研究提供价值。在众多媒介考古学者的历史哲学中，时常可见将事物的共时性、共通性视为一种话语网络。这里的网络，并非就空间、地理而言，而更类似于地质学，将各种元素横截、并置为一个星丛，并与生态的概念发生关联"[2]，对媒介史进行"星丛"式话语网络的描述，强调了其整体性

---

[1] 沙孟海：《近三百年的书学》，第130页。
[2] 陈捷琪、唐海江：《中国新闻史的新书写：基于媒介考古学的视角》，《青年记者》2023年第10期，第32-35页。

与共通性，但更强调了其差异性与分化性。但是，在中国文化语境中，"求同存异"的传统观念更加强调历史叙事的源流互济、分合一体。

本书提出"与古为新"是中国书法经典的媒介化叙事机制这一命题，以"源流互济"描述书法媒介史既非进化又非断裂的样貌，合乎华夏传播的历史事实，也具有理论上的新意。理解中国本土的传播思想，离不开对经典的建立、演化与传播的发现、挖掘。经典关系到文化生产、审美生产和知识生产。对经典的媒介化、再媒介化考察意味着对经典的辩证性认同，意味着对经典所蕴含的华夏文明的动态性阐释。

"百花齐放，百家争鸣"。书法可以存在各种发展可能性。经典的再生产、经典的再创造可以并行不悖，任何创新都不可能失去本原、脱离经典。"执古之道，以御今之有，能知古始，是谓道纪。"《道德经》告诉我们应从本原上认识古今之变。《诗经·周颂·载芟》云"匪今斯今，振古如兹"，意在言说古今的连续与转换关系。对中国书法经典演化的考察，需要破除的是对经典进行割裂和抛弃的文化心理，应通过一再回溯传统和重新审视经典来批判当下、对话当下，从而思考中国书法实现"两创"的可能性，用对话理性来探讨书法进行当代表达的主体间性意义和媒介文化转型意义。

中国书法经典所蕴含的文化价值、审美规律、知识原理，是本民族的精神密码，组成本民族的深层心理结构，不管历史如何发展，书法的未来走向不可能与传统断裂，否则将失去存在的本原意义。江河万古，日夜不息；源流互济，多元接纳；迤逦向海，循环往复。

图书在版编目(CIP)数据

与古为新:中国书法经典的媒介化研究/袁志坚著.
上海：复旦大学出版社,2024.8.
ISBN 978-7-309-17603-2
Ⅰ.J292.1
中国国家版本馆 CIP 数据核字第 202437JG36 号

与古为新:中国书法经典的媒介化研究
袁志坚　著
责任编辑/谷　雨
装帧设计/"閒与"文创设计/ 刘水

复旦大学出版社有限公司出版发行
上海市国权路 579 号　邮编：200433
网址：fupnet@fudanpress.com　　http://www.fudanpress.com
门市零售：86-21-65102580　　团体订购：86-21-65104505
出版部电话：86-21-65642845
上海雅昌艺术印刷有限公司

开本 787 毫米×1092 毫米　1/16　印张 17　字数 333 千字
2024 年 8 月第 1 版
2024 年 8 月第 1 版第 1 次印刷

ISBN 978-7-309-17603-2/J・515
定价：158.00 元

如有印装质量问题,请向复旦大学出版社有限公司出版部调换。
版权所有　　侵权必究